Fachwörterbuch / Professio
Rechnungslegung · Steuern · B
Accounting · Tax · Bank

GW01080115

SCHÄFFER
POESCHEL

Fachwörterbuch
Rechnungslegung · Steuern · Bankwesen
EDV
Deutsch-Englisch / Englisch-Deutsch

Professional Dictionary
Accounting · Tax · Banking · EDP
German-English / English-German

4. Auflage / 4. Edition
völlig neu überarbeitet und ergänzt / totally revised and updated

Herausgegeben von:

Arthur Andersen
Wirtschaftsprüfungsgesellschaft
Steuerberatungsgesellschaft mbH

1996
Schäffer-Poeschel Verlag Stuttgart

Gedruckt auf chlorfrei gebleichtem, säurefreiem und alterungsbeständigem Papier

Die Deutsche Bibliothek – CIP-Einheitsaufnahme

Fachwörterbuch Rechnungslegung, Steuern, Bankwesen, EDV:
deutsch-englisch/englisch-deutsch = Professional dictionary, accounting, tax, banking, EDP /
hrsg. von Arthur Andersen Wirtschaftsprüfungsgesellschaft Steuerberatungsgesellschaft mbH.
– 4., völlig neu überarb. und erg. Aufl. – Stuttgart : Schäffer-Poeschel, 1996
   ISBN 3-8202-1055-5
NE: Arthur Andersen und Co. <Düsseldorf>

© 1996 Schäffer-Poeschel Verlag für Wirtschaft · Steuern · Recht GmbH
Satz: Typomedia Satztechnik GmbH, Ostfildern
Druck: Franz Spiegel Buch GmbH, Ulm
Printed in Germany

Schäffer-Poeschel Verlag Stuttgart
Ein Tochterunternehmen der Verlagsgruppe Handelsblatt

Abschnitt I / Section I

Deutsch-Englisch

German-English

Vorwort zur Neuauflage

Weltmärkte wachsen weiter zusammen. Eine größer werdende Anzahl von deutschen Gesellschaften präsentiert ihre Jahresabschlüsse bereits in IAS oder US-Format. Die Zahl der Gesellschaften, die dies in Erwägung ziehen, wird ebenfalls größer.

Dies Wörterbuch ist dazu konzipiert, Übersetzern schnell eine zutreffende Übersetzung für Fachausdrücke zu liefern. Es ist vornehmlich für Unternehmen und Übersetzer in deutschsprachigen Ländern gedacht und soll dazu beitragen, das Verständnis der relevanten Fachausdrücke zu erleichtern. Aber auch Firmen und Übersetzern in englischsprachigen Ländern sollte dieses Wörterbuch hilfreich sein.

Um den praktischen Gebrauch des Wörterbuches nicht durch einen zu großen Umfang zu erschweren, wurden weniger gebräuchliche Ausdrücke fortgelassen. Hier finden nur die Begriffe und Ausdrücke Aufnahme, die in der täglichen Praxis immer wieder benötigt werden.

Im Unterschied zu den Vorauflagen sind in der vorliegenden Auflage die Ausdrücke für die Bereiche Steuern, Banken und Rechnungswesen zusammengefaßt worden. Dies folgt der Anregung von Benutzern, die häufig Schwierigkeiten hatten, den einzelnen Begriff den Kapiteln zuzuordnen.

Ziel dieser überarbeiteten Auflage ist neben der Ergänzung von neueren Ausdrücken die Berücksichtigung von Ausdrücken, die im britischen Englisch gebräuchlich sind. Bei dieser Aufgabe hat der britische Kollege Greg Tate einen wesentlichen Beitrag geleistet. Es ist seiner Hilfe zu verdanken, daß wir auch die gebräuchlichsten Jahresabschlußformen nach dem Companies Act berücksichtigt haben.

Auch wenn wieder eine Vielzahl von Begriffen hinzugefügt worden ist und sich das Wörterbuch auf jahrelange Praxis stützt, so sind wir doch für Anregungen und Ergänzungsvorschläge jederzeit dankbar.

Düsseldorf, April 1996

Fachwörterbuch Rechnungslegung · Steuern · Bankwesen · EDV Deutsch-Englisch

Inhaltsverzeichnis

Hinweise für den Gebrauch
des deutsch-englischen Abschnittes
dieses Wörterbuches
(Seiten 5–131)

In diesem Teil des Wörterbuches erscheinen die deutschen Fachausdrücke in der Regel in alphabetischer Reihenfolge. Es wurden jedoch die zu einem festumrissenen Fachgebiet gehörenden Begriffe unter dem entsprechenden Sachwort zusammengefaßt; hierdurch wird in einigen Fällen die alphabetische Anordnung unterbrochen.

Zu den oben genannten Sachworten gehören vor allem folgende:

Abschreibung	Geschäft	Prüfung
Aktien	Gesellschaft	Rechnung
Arbeit	Gesetz	Recht
Bar	Gewinn	Scheck
Bestand	Grund	Schuld
Betrieb	Handel	Steuer
Buch	Kapital	Verkauf
Einkünfte	Konto	Vermögen
Fabrik	Kosten	Versicherung
Fertigung	Kredit	Wechsel
Forderungen	Kurs	Wert
Geld	Lohn	Zahlung
Gemeinkosten	Produkt	

Bei Gebrauch des deutsch-englischen Abschnittes des Wörterbuches muß der Leser entscheiden, ob der Fachausdruck einem Sachwort unter- oder zugeordnet ist; ist dies der Fall, sollte zuerst unter dem wahrscheinlichen Sachwort nachgesehen werden. Diese Schwierigkeit wird bei häufigem Gebrauch schnell überwunden.

Steuerfachausdrücke sind in einem gesonderten Abschnitt zusammengefaßt.

Die deutschen Umlaute: Ä, Ö und Ü erscheinen alphabetisch als: A, O und U.

Hinweise für den Gebrauch
des englisch-deutschen Abschnittes
dieses Wörterbuches
(Seiten 133–231)

In diesem Teil des Wörterbuches erscheinen die englischen Ausdrücke in der Regel in alphabetischer Reihenfolge. Ähnliche und abgeleitete Begriffe wurden jedoch unter dem entsprechenden Sachwort zusammengefaßt. Dies führt in einigen Fällen zu einer Abweichung von der alphabetischen Anordnung.

Zum Beispiel erscheinen unter dem Begriff AUDITOR „Auditors' certificate" und „Auditors' report"; diese Begriffe sind nicht noch einmal unter „Certificate, auditors'" oder „Report, auditors'" aufgeführt.

Beim Gebrauch des englisch-deutschen Abschnittes dieses Wörterbuches muß der Leser entscheiden, ob der Ausdruck einem im Rechnungswesen und Geschäftsverkehr allgemein gebräuchlichen Sachwort zu- oder untergeordnet ist; ist dies der Fall, muß er zuerst unter dem wahrscheinlichen Sachwort nachschlagen. Diese Schwierigkeit sollte bei häufigem Gebrauch schnell überwunden werden.

Der englisch-deutsche Abschnitt enthält keine englischen Übersetzungen derjenigen Ausdrücke des Rechnungswesens und Geschäftsverkehrs, die nur in Deutschland verwendet werden; zum Beispiel ist „Transportation tax" als Übersetzung des deutschen Begriffes „Beförderungssteuer" in diesem Teil nicht enthalten, da der übersetzte Ausdruck in den englisch-sprechenden Ländern nicht allgemein gebräuchlich ist.

1. Deutsch-Englische Fachausdrücke
Rechnungswesen · Steuern · Bankwesen

1. German-English Terms
accounting · tax · banking

A

Abbruchkosten dismantling costs

abbuchen to charge to (a bank account), to write off

Abbuchungsverfahren direct debitged to the debtor's bank account

Abfindung indemnity, severance payment, termination payment, redundancy payment

Abgabe levy

Abgabefrist filing due date

Abgaben, öffentliche public levies

Abgaben, soziale social security levies/dues/contributions

Abgabenordnung general tax code, fiscal code

Abgabepreis sales price

Abgänge retirements disposal, leavers (personell)

Abgrenzung, aktive prepayment, deferred charge, deferred expenses

Abgrenzung, passive accrual, deferred income

Abgrenzung, periodische Abgrenzung von Aufwand und Ertrag accrual basis of accounting

Abgrenzung der Verkäufe sales cut-off

Abgrenzung des Einkaufs purchase cut-off

Abgrenzung von Zinsaufwand oder Zinsertrag accrued interest payable or receivable

Abhebung withdrawal

Ablage file

Ablage bezahlter Rechnungen paid invoice file

ablaufen (einer Frist) to expire

ablegen to file

Ablösung (einer Schuld) redemption, repayment

Abmachung agreement, term, condition

Abnahmeverpflichtung purchase commitment/obligation

Abnutzung wear and tear

Abrechnung invoicing, billing, settlement (of accounts)

Abrechnungssystem clearing system

Abrechnungstag settlement day

Abrechnungszeitraum accounting period

abrufbar callable

Absatz sales volume

Abschlagzahlung down-payment, installment

Abschluß financial statements

Abschlußbenachrichtigung closing statement

Abschlußbilanz annual balance sheet

Abschlußbuchung journal/closing entry

Abschluß der Bücher closing the books, to close off

Abschlußprüfer auditor

Abschlußprüfung audit

Abschlußtag cut-off date

Abschlußtermin closing date

Abschlußzahlung final payment

abschreiben to depreciate, to write off

Abschreibung depreciation

Abschreibung auf Basis der Wiederbeschaffungskosten replacement cost method of depreciation

Abschreibung auf Basis von Produktionseinheiten unit-of-production method of depreciation

Abschreibung auf immaterielle Vermögenswerte amortization of intangible fixed assets

Abschreibung auf zweifelhafte Forderungen bad debt expense/write-off

Abschreibung geringwertiger Wirtschaftsgüter write off of low value items

Abschreibung wegen Substanzverzehr (amortization to account for) depletion

Abschreibung, abzugsfähige allowable/deductible depreciation

Abschreibung, aufgelaufene Abschreibung (auf Sachanlagevermögen) accumulated depreciation

Abschreibung, außerordentliche extraordinary depreciation/write-off

Abschreibung, buchmäßige balance sheet depreciation

Abschreibung, degressive reducing/declining-balance method of depreciation

Abschreibung, digitale sum-of-the-years-digits method of depreciation

Abschreibung, direkte depreciation booked against the asset, net book value presentation

Abschreibung, indirekte gross book value presentation

Abschreibung, kalkulatorische imputed depreciation (for costing purposes)

Abschreibung, lineare straight-line method of depreciation

Abschreibung, planmäßige normal depreciation

Abschreibung, Sofort- immediate write off, expensing

Abschreibung, Sonder- accelerated or special depreciation

Abschreibung, steuerbegünstigte tax favored accelerated depreciation

Abschreibung, steuerliche depreciation for tax purposes, writing down capital allowances

Abschreibungsaufwand depreciation expense

abschreibungsfähige Kosten eines Wirtschaftsgutes depreciable cost

Abschreibungsgesellschaft tax shelter company

Abschreibungsgrundlage basis of depreciation

Abschreibungsmethode depreciation method/policy

Abschreibungssatz depreciation rate

Abschreibungsverfahren depreciation method/policy

Abschrift duplicate, copy, carbon

absetzbar deductible

Absetzung wegen Substanzverringerung depreciation allowance for wear and tear

absichern to safeguard, to hedge

abstimmen to tie in, to reconcile, to agree

Abstimmung, Bank- bank reconciliation

Abstimmung, von Zahlen reconciliation

Abstimmungsdifferenz difference, unreconciled balance

Abstimmungsposten reconciling item

Abteilungsdirektor division manager

Abtretung assignment

Abtretungserklärung declaration notice of assignment

Abtretungsurkunde deed of assignment

Abweichung variance

Abweichung bei Standardkosten standard cost variance

abwerten to write-down

Abwertung devaluation, write-down

Abwesenheit absence

Abwesenheitsrate absentee rate

Abwicklung liquidation, settlement

Abwicklungsbilanz statement of assets and liabilities, liquidation balance sheet

Abwicklungszeitraum period of liquidation

Abzahlungs-Finanzierungsgesellschaft personal loan company (retail), finance company

Abzahlungsgeschäft installment transaction, installment sale

Abzahlungskäufe installment purchases

Abzahlungskredit installment credit/loan

Abzahlungsverkäufe installment sales

Abzahlungsvertrag installment contract, finance/credit agreement

Abzinsung discounting, net present value calculation

Abzinsungsfaktoren discount factors

Abzinsungssatz discount rate

Abzug deduction

abzugsfähig deductible

abzugsfähige Ausgaben deductible expenses

abzugsfähige Betriebsausgaben (tax) deductible expenses

Abzugssteuern withholding taxes, taxes withheld at source

addieren to foot, to add

Addition footing, addition

Additionsmaschine adding machine

Additionsstreifen tape, adding machine tape

Additionszähler counter, item counter

Adresse, erste first rate, blue chip, first-class name, prime name

AfA-Grundsatz depreciation rule/policy

Agio premium

Agio, Aufgeld bei Aktienemissionen share premium

Agio, bei Ausgabe von Schuldverschreibungen bond premium

Akkordarbeit piece-work

Akkordzettel job time ticket

Akkreditiv letter of credit

Akkreditiv, bestätigtes/unwiderrufliches confirmed/irrevocable letter of credit

Akkreditivbegünstigter beneficiary of a letter of credit
Akkreditiv stellen to open a letter of credit
Akkreditivinhaber holder of a letter of credit
Akte record, file
Aktennotiz memorandum for the files
Aktenzeichen reference
Aktie share, stock
Aktie, an Betriebsangehörige ausgegebene stock issued to employees, employee shares
Aktie, an der Börse notierte listed stock, share quoted on the stock exchange, quoted shares
Aktie, ausgegebene issued stock, issued share
Aktie, besonders sichere oder wertbeständige blue chip stock
Aktie, börsenfähige share suitable for quotation
Aktie, Börsenwert der Aktie (ausschließlich der erklärten, noch nicht gezahlten Dividende) quoted market value (ex dividend)
Aktie, dividendenberechtigte participating share, ordinary share
Aktie, nicht sofort dividendenberechtigte deferred share/stock
Aktie, noch nicht ausgegebene unissued share/stock
Aktien, eigene (zurückgekaufte) treasury stock
Aktien, Gratisaktien stock dividend, bonus stock/issue
Aktien, junge newly issued shares/stock
Aktien, Kaduzierung von forfeiture of shares/stock
Aktien, nicht an der Börse eingeführte unlisted shares/stock
Aktien, nicht notierte unquoted shares/stock
Aktien, Stamm- common shares/stock
Aktien, stimmberechtigte voting shares/stock
Aktien, Vorzugs- preferred shares/stock
Aktienagio share/stock premium
Aktienausgabekosten share/stock issue expenses

Aktienbesitz shareholdings, portfolio, stock
Aktienbesitz von Handel, Banken, Versicherungen, etc. institutional holdings, institutional investments
Aktienbörse stock exchange
Aktienbuch share/stock register
Aktienemission share/rights issue, flotation, public offering
Aktiengesellschaft public stock corporation, corporation, plc, public company
Aktiengesetz stock corporation law/act, company law
Aktienhandel stockbrokerage, stockbroking
Aktienindex share index
Aktienkapital capital stock, share capital
Aktienkapital, ausgegebenes capital stock issued
Aktienkapital, ausstehendes capital stock outstanding, non paid up share capital
Aktienkapital, eingezahltes capital stock paid-in, paid up share capital
Aktienkapital, genehmigtes capital stock authorized for issue
Aktienkurs stock, share price
Aktiennotierung stock quotation, share/stock listing
Aktie ohne Bezugsrecht ex rights share/stock
Aktionär shareholder, stockholder
Aktiva assets
aktivieren to capitalize
Aktivierung capitalization
Aktivierungspflicht must be capitalized, obligation to capitalize
aktivierungspflichtig must be capitalized
aktivierungspflichtige Ausgabe capital expenditure
Aktivierungsverbot must be expensed
Aktivierungswahlrecht option to capitalize
Aktivwert (einer Rückdeckungsversicherung) policy reserve/value
Akzept acceptance, draft, note
Akzeptant acceptor, drawee
Akzeptkredit acceptance credit, banker's acceptance credit
Akzeptprovision acceptance credit
Alleininhaber sole proprietor

allgemeine und Verwaltungskosten general and administrative expenses
alternatives Verfahren alternative procedures
Alters- und Hinterbliebenenversicherung old age and dependants' insurance
Altersfreibetrag old age allowance, old age exemption
Altersrente, -ruhegeld old age pension
Altersversorgung und -unterstützung retirement benefits
Amortisation amortization
amtliche Sammlung official publication
Amtshilfe administrative (mutual) assistance
Amtsvorsteher, beim Finanzamt head of tax office
Analyse eines Kontos analysis of an account, detail of an account
Analyse eines Sachgebietes survey
Änderung change, alteration, amendment
Änderung, Zusatz amendment, addendum
Andienungsrecht put option
Anfangsbestand opening balance
Anfangsgehalt initial salary
Anforderung (Kauf-) requisition
Angehörige, (abhängige) family members (dependents)
Angemessenheit adequacy
Angestelltendarlehen employee loans
Angestellter employee
Angestellter, leitender key employee, executive
Anhang appendix, attachment
Anhang, im Jahresabschluß notes to financial statements
Anlage, bei Berichten exhibit, appendix
Anlage, von Geld investment
Anlageberater investment counselor, financial advisor
Anlagefonds investment funds
Anlagegüter, immaterielle intangible assets
Anlagekonto fixed asset account
Anlagen, Sach- fixed assets
Anlagen, stillgelegte idle plant/machinery
Anlagenbuch fixed asset register/ledger
Anlagengitter analysis of fixed assets

Anlagen im Bau fixed assets, construction in progress
Anlagenkartei fixed asset register
Anlagenkarten fixed assets cards
Anlagenkonto fixed assets accounts
Anlagespiegel analysis of fixed assets, development of fixed assets
Anlagevermögen property, plant and equipment (and financial assets), tangible assets
Anlagevermögen, immaterielles intangible property, intangible assets
Anlage zum Jahresabschluß exhibit to financial statements
Anlaufkosten start-up expenses/cost
Anlaufverluste start-up losses
Anlaufzeit start-up period
Anleger investor
Anleihe loan, bond
Anleihebedingungen loan terms
Anleihegarant underwriter
Anleihekonversion loan conversion
Anleihemarkt bond market
Anleihenemission bond issue
Anleihentilgung loan redemption
Anleiheschuldner loan debtor
Anleihezinsen loan interest
Anmerkung footnote
Anmerkungen zum Jahresabschluß notes to financial statements
Annahme (beim Wechsel) acceptance
Annahme, Waren- receiving
Annuität annuity
Anrechnung ausländischer Steuern foreign tax credit
Anrechnungsverfahren imputation system, tax credit system
Anreiz, Vergünstigung incentive
Anrufungsauskunft, einholen letter of inquiry for binding ruling
Anschaffung acquisition, purchase
Anschaffungskosten acquisition cost
Anschaffungskosten, ursprüngliche original cost, historical cost
Anschaffungskostenprinzip historical cost method, original cost principle method
Anschaffungsnebenkosten sundry/incidental acquisition expenses
Anschaffungswert acquisition value, cost value

Anspruch claim
Anspruch, Erstattungs- claim for refund
Anspruch, Schadensersatz- claim for damages
Anteil share
Anteil an einer Kapitalgesellschaft stock/shareholding in a corporation
Anteil eines Gesellschafters an einer Personengesellschaft interest of a partner in a partnership
Anteile in Fremdbesitz minority interests, shares held by third parties
Anteilsbesitz shareholding, investments
Anteilseigner shareholder
antizipative Aktiva accrued income
antizipative Passiva accrued expenses/liabilities
Antrag application
Antrag, auf upon application
Antrag auf Fristverlängerung request for extension of time
Antrag vor Gericht motion
anwachsen to accrue to
Anwalt attorney, lawyer, solicitor, barrister
Anwartschaftsrecht beneficial entitlement
anwendbar applicable
Anwendungsbereich scope of application
Anwesenheitskarte time card
Anzahlung down-payment, advance payment, deposit
Anzahlungen auf Anlagen advance payments/prepayment on fixed assets, deposits
Anzahlungen, erhaltene advances/deposits received, deposits made
Anzahlungen, geleistete advance payments made
aperiodisch relating to prior or future periods
Arbeit labor, work
Arbeiten, in Ausführung befindliche work in process, work in progress
Arbeiter worker, hourly-paid employee
Arbeitgeber employer
Arbeitnehmer employee, work force
Arbeitsauftrag work order, job
Arbeitsdirektor director (UK)/executive (US) for labor relations
Arbeitsgemeinschaft joint venture

Arbeitshäufung peak load
Arbeitskostenverteilung labor cost distribution/allocation
arbeitslos unemployed, jobless
Arbeitslosenunterstützung unemployment benefits
Arbeitslosenversicherung unemployment insurance
Arbeitsplatzbeschreibung job description
Arbeitsstudien time and motion studies
Arbeitsvergütung compensation, remuneration
Arbeitsvertrag employment contract
Arbitrage arbitrage
assoziiertes Unternehmen associated enterprise/company
aufbewahren to store
aufbewahren, von Unterlagen to file records
Aufbewahrungsfristen retention periods
Aufbewahrungspflicht record retention requirements
Aufdeckung stiller Reserven release/disclosure/reversal of hidden reserves
aufeinanderfolgend successive
Auffüllung replenishment
Aufgabe, des Gewerbebetriebs discontinuance/winding up of an enterprise
Aufgeld agio, premium
aufgerundet rounded up
aufheben, ein Urteil to reverse a decision/verdict
auflösen, eine Gesellschaft to dissolve a company, to liquidate
Auflösung von Reserven reversal of reserves, release of reserves
Auflösung von Wertberichtigungen und Rückstellungen reversal of allowances and accruals, release of provisions
Aufschlüsselung eines Kontos analysis of an account
Aufschub, Verzögerung delay, time lag
Aufsichtsrat supervisory board, non executive directors
Aufsichtsratsmitglied member of the supervisory board
Aufsichtsratsvergütungen board members' remuneration
Aufsichtsratsvorsitzender chairman of the supervisory board

Aufspaltung/Aufgliederung disembodiment; split-up; split
Aufstellung statement, schedule
Auftrag, jederzeit widerruflicher open order, revocable contract
Auftrag (Kauf-) order (purchase order)
Auftragsbestand order backlog
Auftragsbestätigung order confirmation, order acknowledgment
Auftragsbuch order book
Auftragseingang orders received
Auftragskalkulation job cost estimate
Auftragskosten job costs
Auftragskostenblatt job cost record
Auftragskostenrechnung job costing
Auftragsnummer order number
Auftragsrückstand past due order backlog
Aufwand expense
Aufwand, aktivierungspflichtiger capital expenditure
Aufwand, außerordentlicher extraordinary expense/charge
Aufwand, neutraler non-operating expense
Aufwand, sonstiger other expense
Aufwandsentschädigung expense allowance, -reimbursement
Aufwandsentschädigung, pauschal für Reisekosten travel allowance, per diem allowance
Aufwandsrückstellungen accruals for future expenses
Aufwendungen expenses
Aufwendungen aus Verlustübernahme von Beteiligungen losses absorbed from affiliates
Aufwendungen für die Ingangsetzung und Erweiterung des Geschäftsbetriebs start-up and business expansion expenses, expenses incurred in connection with the start-up and the expansion of the business
Aufwendungen für Roh-, Hilfs- und Betriebsstoffe sowie für bezogene Waren cost of raw materials, supplies and purchased merchandise
Aufwendungen, betriebsfremde nonoperating expenses

Aufwendungen, soziale (freiwillige) voluntary social dues/contributions
Aufwendungen, soziale (gesetzliche) social security dues/contributions
Aufwertung revaluation, write-up
Aufzinsen to accumulate interest
Ausbauten, in gemieteten Räumen leasehold improvements
Ausbeute yield
Ausbildung training, education
Ausbildung am Arbeitsplatz on-the-job training
Ausbreitung, Ausdehnung expansion, extension
Ausbuchung write-off, charge-off
Auseinandersetzungsguthaben settlement capital and accounts
Ausfallbürgschaft letter of indemnity, guaranty
Ausfallzeit einer Maschine downtime
Ausfuhrkredite export financing/credits
Ausführungsbedingung für einen Börsenauftrag, d. h., ohne Preislimit instructions to a bank to buy or sell at the most favorable price available.
ausfüllen to fill in, to complete
Ausgabe, Bezahlung mit Bargeld oder über Bank cash or bank disbursement
Ausgabe von Wertpapieren issue, issuance
Ausgabekurs issue price, offer price
Ausgaben expenditures
Ausgaben, abzugsfähige deductible expenses
Ausgaben, aktivierungspflichtige capital expenditures
Ausgabenbeleg voucher
Ausgangsfracht freight (-out)
ausgebucht (von Forderungen) written-off
Ausgleichsabgabe equalization levy
Ausgleichsanspruch des Handelsvertreters salesmen's compensation claim
Ausgleichsforderung balancing receivable (special item in DM-opening balance sheet of companies in the former GDR)
Ausgleichsposten aus der Konsoldierung difference in consolidation, consolidation balance
Ausgleichsverbindlichkeit balancing payable (special item in DM-opening bal-

ance sheet of companies in the former GDR; inserted to adjust the equity to a ›normal‹ level)

Ausgleich von Verlusten loss absorption

Auskunftsersuchen (bez. Kredit) letter of enquiry (credit check)

Auskunftsrecht right of information

Auslage (Bar-) outlay (cash-)

ausländische Betriebsstätte foreign permanent establishment

ausländische Kapitalgesellschaft foreign corporation

ausländisches Einkommen foreign source income

Auslandsanleihe foreign bond

Auslandsgeschäft foreign business, business abroad

Auslandsguthaben foreign balances

Auslandsinvestitionsgesetz foreign investment tax law

Auslastung (der Kapazität) work load, usage

Auslauf eines Verlustvortrages expiration of a tax loss carry forward

auslegen, vorschießen to advance

Ausleihung loan

Ausleihungen mit einer vereinbarten Laufzeit von mindestens vier Jahren, davon durch Grundpfandrechte gesichert loans with a contracted maturity of at least four years – thereof secured by mortgages

Ausleihungssatz loan rate, borrowing rate

Auslosung (von Wertpapieren) by lot, by tender

Ausnahme exception

ausrechnen to compute

Ausrechnung computation

Ausschreibung invitation to tender

Ausschuß committee, scrap, spoilage, wastage

ausschütten to distribute

Ausschüttung distribution

Ausschüttungsbelastung corporate income tax burden, charge on distributed profits

Außendienst (Verkaufs-) people (sales force) in the field

Außenhandelsbank foreign trade bank

Außenprüfung, steuerliche tax field audit, tax audit

Außensteuergesetz foreign transaction tax law

Außenwirtschaftsgesetz foreign trade law

Außenwirtschaftsverordnung foreign trade law regulations

außerbörslicher Effektenhandel over-the-counter trade

außergerichtlicher Vergleich out-of-court settlement

außergewöhnliche Belastungen exceptional burdens, extraordinary expenses/charges

außerordentliche Aufwendungen extraordinary expenses

außerordentliche Erträge extraordinary income

außerordentliches Ergebnis extraordinary profit or loss

Aussetzung der Vollziehung suspension /deferral of collection

Aussetzungszinsen interest on suspension/deferral of collection

ausstehende Einlagen auf das Grundkapital capital stock subscriptions receivable

Aussteller (eines Wechsels) drawer/issuer (of a note)

Ausstellung exhibition, trade fair

Ausstellungsdatum date issued

Ausstellung von Wechseln issuing of notes

Ausweis (in der Bilanz) presentation, disclosure, classification, inclusion

Ausweispflicht disclosure requirement

Ausweisstetigkeit consistency in presentation (classification)

Auszahlung payment

Auszahlungskurs payout rate

Auszug abstract

Auszug, aus Sitzungsprotokollen abstract of minutes

Auszug, Bank- bank statement

automatisch automatic

Aval guarantee (GB.), guaranty (US)

Avalkredit surety acceptance, surety credit

Baisse, Preissturz bear market, slump, price drop

B

Bank bank
Bankabstimmung bank reconciliation
Bankakzept bank acceptance
Bankauszug bank statement
Bankautomat automatic teller (machine), ATM, cash machine
Bankbestätigung bank confirmation
Bankbuch, bei Sparkonten passbook
Bankdiskont bank discount
Bankdiskontsatz bank discount rate
Bankeinzahlung bank deposit
Bankeinziehungsauftrag standing order, direct debit
bankfähig discountable, eligible, negotiable
Bankgarantie bank guarantee
Bankgeheimnis bank confidentiality
Bankguthaben cash in bank
Bankkassierer teller
Bankkredit (Überziehungskredit) bank loan (overdraft facility)
Banknote bill, banknote
Bankprovision bank commission
Bankrott (criminal) bankruptcy
Bankrott machen to go bankrupt
Banksaldenbestätigung confirmation of bank balances
Bankscheck certified check, bankers draft
Bankschulden amounts due to banks
Bankspesen bank charges
Banküberziehungskredit bank overdraft facility
Bankzinsen bank interest
bar in cash
bar, gegen for cash
Barauslagen out-of-pocket expenses
Bardepot bardepot
Bardividende cash dividend
Bareinkauf cash purchase
Bareinnahmen counter/cash receipts
Bareinzahlung cash deposit
Bargeld cash, cash on hand
Bargeschäft cash transaction
Barkauf cash purchase
Barkredit cash credit
Barliquidität cash position
Barpreis cash price
Barscheck open check

Barüberweisung cash transfer, bank transfer
Barverkauf cash sale
Barvermögen liquid assets, cash
Barvorschuß cash advance
Barwert present value, cash value
Barwert einer zukünftigen Rente present value of a deferred annuity
Barzahlung cash payment, in cash
Bau building
Baugenehmigung building permit, planning consent
Baukastensystem building block design, module construction system
Baukostenzuschuß building cost subsidy, key-money
Bausparkasse building and loan association, building society (UK)
Bausparvertrag building loan contract
Bauten auf fremden Grundstücken buildings on non-owned land
Beamter civil/public servant, official, officer
beanspruchen to claim, to demand
Beanstandung exception, complaint
beantragen to apply for
Bedarfsmeldung purchase requisition
Bedingung condition, term
Bedingung, auflösende oder nachfolgende condition subsequent
Bedingung, aufschiebende condition precedent
Bedingung, unerläßliche condition sine-qua-non
Bedingung, Zug-um-Zug condition concurrent
befreiender Konzernabschluß statements, consolidated financial statements releasing group companies from presenting individual financial statements
befreit (steuer-) exempt (tax-free)
Befugnis authorization
begebbar, börsenfähig negotiable
beglaubigen to certify, to attest
Begünstigter beneficiary
beherrschender Einfluß dominant influence, control
Beherrschungsvertrag dependency agreement, contract of domination, control agreement

Beirat advisory council, advisory board
bei Sicht at sight
Beitrag (für eine Mitgliedschaft) contributions (dues)
Beitrittsgebiet refers to former GDR; territory joining the Federal Republic
Beklagter defendant
belasten to charge, to debit
Belastung charge, debit
Belastung, außergewöhnliche extraordinary expense
Belastung, buchhalterische oder Kostenbelastung charge
Belastung, Sollbuchung debit entry
Belastung, steuerliche tax burden
Belastungsanzeige debit note
Belastung von dinglichen Rechten oder Sachen encumbrance, lien, pledge
Beleg voucher
Belegschaftsaktie employee share (UK), employee stock (US)
Belegunterlage voucher support
beleihbar acceptable as collateral, security
beleihen to lend against security
Bemessung assessment
Bemessungsgrundlage basis of assessment
benachrichtigen to notify
benachrichtigen, innerhalb angemessener Frist to notify within a reasonable time
benachrichtigen, schriftlich to notify in writing
benachrichtigen, unverzüglich to notify without delay
Berater consultant, adviser
Beratungsausschuß advisory committee
Berechnung, von Waren charge, billing
Berechnung, von Werten computation, calculation
berechtigt sein to be entitled to
Berechtigung authorization
Bereichsleiter head of department
Bereitstellung, von Geldmitteln appropriation
Bereitstellungsprovision arrangement fee
Bergbaurechte mining claims/rights
Bergungswert salvage value
Bericht report, statement
Berichterstattung reporting
Berichtigung adjustment

Berichtigungsbuchung adjusting entry
Berichtszeitraum reporting period
Berlinförderungsgesetz Berlin development tax law, law for the promotion of the economy of West Berlin
Berlinhilfegesetz Berlin aid law
Berlinklausel Berlin clause
Berlinvergünstigungen Berlin preferences
Berufsgenossenschaft workmen's compensation board
Berufsgrundsätze professional standards
Berufung (jur.) appeal
Berufung einlegen to file an appeal
Berufungsfrist time limit for filing an appeal
Berufungsgericht appellate court
Beschaffung procurement, purchasing
Beschaffungsmarkt supply market
Beschäftigung employment
Beschäftigungsgrad work load, employment rate
bescheinigen to certify
beschleunigen to expedite, to accelerate
beschränkte Steuerpflicht limited tax liability
beschränkt Steuerpflichtiger taxpayer subject to limited taxation
beschränkt steuerpflichtig subject to limited taxation
Beschwerde, Verfassungsbeschwerde complaint, constitutional complaint
Besitz, im in possession of
Besitz, von Aktiva property, assets
Besitzentzug, Enteignung dispossession, confiscation
Besitzer owner
Besitzrecht property right
Besitzwechsel, zum Diskont gegebene notes receivable discounted
Besitzwechsel, zum Inkasso gegebene notes receivable out for collection
Besitzwechsel (von Eigentum) change of ownership
Besitzwechsel (Wertpapier) note receivable on hand
Besserungsschein deferred debt
Bestand amount on hand
Bestand an flüssigen Mitteln cash balance/on hand

Bestand an Waren merchandise stock, goods
Bestand auf einem Konto account balance
Bestand aufnehmen to take inventory, to take stock
Bestandsaufnahme, körperliche physical inventory taking, inventory count, stock take
Bestandsbewertung, -ermittlung inventory pricing
Bestandsfortschreibung inventory roll-forward
Bestandskarte stock card
Bestandskonto inventory account
Bestandsüberschuß overage, surplus
Bestandsveränderung inventory increase/decrease, stock movement
Bestandsverlust inventory shrinkage
Bestandsverluste, durch kleine Diebstähle pilferage
Bestandsverzeichnis inventory listing
Bestätigung confirmation, certification
Bestätigung, eines Urteils durch die höhere Instanz confirmed decision
Bestätigung von Dritten third party confirmation
Bestätigungsvermerk des Wirtschaftsprüfers auditors' opinion/certificate
Bestätigungsvermerk, eingeschränkter qualified auditors' opinion/certificate
Bestechung bribe, corrupt practices; palm greasing (UK)
Bestellobligo purchase commitment
Bestellung, Bestellschein purchase order
Bestellung eines Abschlußprüfers appointment of an auditor
Besteuerung taxation
Besteuerungsgrundlage basis for taxation
Besteuerungszeitraum taxable period
Bestimmungen terms, provisions, regulations
Bestimmungen, ändernde amendments
Bestimmungen, Ausführungsbestimmungen implementation, provisions, instructions
Bestimmungen, ergänzende supplementary provisions
Bestimmungen, Übergangs- transitional provisions

Bestimmungen, Zusatz- supplementary provisions
Bestimmungen, zwingende mandatory provisions
Beteiligung participation, interest, shareholding
Beteiligung, als Bilanzposition investment, participation
Beteiligung, stille silent partnership
beteiligungsähnliches Darlehen loans with certain ownership rights
Beteiligungserträge income from investments, dividends
Beteiligungserwerb purchase of an equity interest
Beteiligungsgesellschaft subsidiary, investment company
Beteiligungsveräußerung sale of an equity interest
Betrieb business, plant, factory
Betrieb, dem Betrieb gewidmet used in the business
Betrieb, Hoheits- government enterprise
Betrieb, land- und forstwirtschaftlicher agricultural and forestry enterprise
Betrieb, öffentlicher Hafen- port authority
Betrieb, öffentlicher Verkehrs- public transportation authority
Betrieb, selbständiger independent business
Betrieb, Versorgungs- public utility
betriebliche Vermögensbildung staff capital formation
betriebliche Zwecke business purposes
Betriebs- und Geschäftsausstattung fixtures, furniture and office equipment
Betriebs- und Hilfsstoffe supplies
Betriebsablauf operating cycle
Betriebsabrechnung cost accounting
Betriebsabrechnungsbogen (BAB) cost distribution sheet
Betriebsanlagen machinery and equipment
Betriebsaufgabe termination of a business
Betriebsaufspaltung splitting up of a business
Betriebsaufwendungen, insgesamt total operating expenses

Betriebsausgabe expense, business related expense, business deduction, operating expense
Betriebsberater business consultant
Betriebsbuchhalter cost accountant
Betriebsbuchhaltung cost accounting department
Betriebseinnahme income, business related income
Betriebseinrichtung plant and equipment
Betriebsergebnis operating result
Betriebserweiterung plant expansion
betriebsfremder Aufwand non-operating expense
betriebsfremder Ertrag non-operating income
Betriebsgewinn operating income
betriebsgewöhnliche Nutzungsdauer assumed useful life, economic life
Betriebshaftpflichtversicherung public liability insurance
Betriebsingenieur plant maintenance engineer
Betriebsjahr business year
Betriebskalkulator cost estimator
Betriebskapital, kurzfristiges working capital
Betriebskosten operating costs
Betriebskreislauf operating cycle
Betriebsleiter plant/production manager
Betriebsmittelkredit working capital loan
Betriebsorganisator plant/process engineer
Betriebspachtvertrag, Betriebsüberlassungsvertrag lease of business operations
Betriebsprüfer tax auditor, field tax auditor
Betriebsprüfung (field) tax audit
Betriebsrat workers' council
betriebssicher foolproof
Betriebsstätte permanent establishment
Betriebsstätte, ausländische permanent establishment abroad
Betriebsstillegung plant shut down, plant close down/closure
Betriebsstoffe operating supplies
Betriebsunterbrechungsversicherung business-interruption insurance

Betriebsveräußerung sale of a business, disposal of an enterprise
Betriebsverfassungsgesetz codetermination law
Betriebsvermögen assets used in the business, business property
Betriebsverpachtung lease of a business
Betrug fraud
Bevollmächtigung authorization, power of attorney
Bevollmächtigung eines Dritten in der Hauptversammlung proxy
bevorrechtigte Forderung preferred claim
bewegliche Sache chattel
Bewegungsbilanz statement of changes in financial position
Beweis evidence, proof
Beweislast burden of proof
Beweispflicht burden of proof
Bewerbung employment application, resume
Bewertung (Schätzung) valuation (appraisal)
Bewertung nach dem Stuttgarter Verfahren appraisal/valuation following the Stuttgart formula
Bewertung, vorsichtige conservative/prudent valuation
Bewertungsabschlag valuation adjustment
Bewertungsfreiheit valuation privilege, elective valuation
Bewertungsgesetz valuation law
Bewertungsgutachten valuation study/report, appraisal
Bewertungsgutachten nach dem Ertragswertverfahren valuation study/report following the earnings method
Bewertungsgutachten nach dem Substanzwertverfahren valuation report/study following the asset value method
Bewertungsmethode valuation method
Bewertungsstetigkeit consistency in applying valuation (accounting) methods and principles
Bewertungsvorschriften valuation rules
Bewertungswahlrecht optional valuation
Bewertung zu Anschaffungs- bzw. Herstellungskosten oder zum Marktpreis, je nachdem, was niedriger ist (Niederst-

wertprinzip) valuation at the lower of cost or market

Bewilligung approval

Bewirtungsspesen, -kosten entertainment expenses

Bezogener drawee

Bezüge remuneration, compensation

Bezüge, Bar- remuneration in cash

Bezüge, Sach- remuneration in kind

Bezugskosten (bei Waren) incidental purchasing costs

Bezugsrecht subscription right, preemption right

BGB-Gesellschaft joint venture, partnership

Bilanz balance sheet

Bilanz, vorläufige preliminary balance sheet

Bilanz, zusammengefaßte modified/abbidged/condensed balance sheet

Bilanzanalyse analysis of financial statements

Bilanzänderung retroactive balance sheet change, restatement of balance sheet, subsequent/retroactive balance sheet change

Bilanzaufstellung preparation of financial statements

Bilanzberichtigung retroactive balance sheet adjustment

Bilanzfrisur window dressing

Bilanzgewinn retained earnings

Bilanzierungs- und Bewertungsmethoden accounting and valuation methods

Bilanzierungshilfe accounting convenience, option to capitalize an asset

Bilanzierungsverbot restriction to include in the balance sheet

Bilanzierungsvorschriften accounting principles

Bilanzierungswahlrecht option to include in the balance sheet

Bilanzinhalt content of balance sheet

Bilanzkonto balance sheet account

Bilanzpolitik, bilanzpolitische Maßnahmen balance sheet influencing measures (e.g. treatment of judgemental provisions etc)

Bilanzposition balance sheet position

Bilanzrichtliniengesetz accounting directives act

Bilanzstichtag balance sheet date

Bilanzsumme balance sheet total, total assets

Bilanzverlust, i.d. Bilanz accumulated deficit

Bilanzvermerk (foot-)note to the balance sheet

Bildung einer Reserve creation of a reserve

Bildung von Rücklagen to transfer earnings to reserve/surplus accounts

Bildung von Rückstellungen to provide for accruals/provisions

Bildung von Wertberichtigungen to provide for, to make a provision

Billigkeitserlaß waiver/remission of tax for reasons of equity

Binärziffer binary digit

Bindung an eine (andere) Bezugswährung tied to (another) defined currency

blanko blank

Blankoindossament endorsement inblank

Blankoscheck blanc check/cheque

Blankoscheckformular counter check

Blaupause blueprint

Bonität credit standing, credit rating

Bonus bonus

Börse (stock) exchange

Börsenaufsichtsbehörde Securities and Exchange Commission (USA); Securities and Investments Board (UK); Stockexchange supervisory authorities (Germany)

Börseneinführungsprospekt registration statement, (flotation) prospectus

börsenfähig quotable

Börsengeschäfte stock exchange dealings

Börsenhändler securities dealer, stockbroker

Börsenkurs, -notierung quotation

Börsenmakler broker

Börsentermingeschäft forward trading, trading in futures

Börsentermingeschäft (Kauf) forward purchase

Börsentermingeschäft (Verkauf) forward sale

Bretton Woods System Bretton Woods System
Briefkurs offer price/rate
Bruchteil fraction
brutto gross
Bruttoausweis presented gross
Bruttobetrag gross amount
Bruttoeinkommen gross income
Bruttoertrag gross revenues, gross proceeds
Bruttogewinn, als Rohertrag gross profit, gross margin
Bruttolohn gross wage
Bruttoumsatz gross sales
Buch book, ledger
buchen to book, to record, to post
Buchfälschung falsification of accounts
Buchführung accounting, bookkeeping
Buchführung, doppelte double entry bookkeeping/accounting
Buchführung, einfache single entry bookkeeping/accounting
Buchführung, Einnahmen- und Ausgabenrechnung cash basis of accounting
Buchführung, periodengerechte accrual basis of accounting
Buchführungspflicht obligation/duty to keep accounting records
Buchhalter accountant, bookkeeper
Buchhaltung accounting
Buchhaltungsabteilung accounting department
Buchhaltungsgrundsätze accounting principles
Buchhaltungshandbuch accounting manual
Buchprüfer auditor
Buchprüfung audit
Buchung (journal) entry
Buchung, statistische memo entry
Buchungskreislauf accounting cycle
Buchungssatz, einfacher simple entry
Buchungssatz, zusammengesetzter compound entry
Buchungszeitraum accounting period
Buchwert book value, carrying value
Buchwert, Übernahme zum Netto- transfer at net book value
Budget budget
Budgetabweichung budget variance

Budget der betrieblichen Aufwendungen und Erträge operating budget
Budget der Einnahmen und Ausgaben cash budget
Budget der Investitionen capital budget
Bund federal government
Bundesamt für Finanzen federal treasury department, federal department of finance
Bundesanzeiger federal bulletin (paper publishing statutory notices)
Bundesbank Federal Reserve Bank, Bundesbank
bundesbankfähig discountable/negotiable at the Federal Reserve Bank
Bundesfinanzhof (BFH) supreme tax court
Bundesgesetzblatt federal gazette (paper publishing law and regulations)
Bundessteuerblatt federal tax bulletin
Bürge guarantor
Bürgerliches Gesetzbuch (BGB) civil code
Bürgschaft guarantee, warranty
Bürgschaft, insbesondere für eine Wechselverpflichtung guarantee, typically for the payment of a note
Bürgschaftsverpflichtungen guarantee obligations
Büro office
Bürobedarf office supplies
Büroeinrichtung office furniture and equipment
Büromaterial office supplies, stationary

C

Clearing clearing
Clearingstelle clearing house
Courtage courtage

D

Damnum debt discount expense
Darlehen loan

Darlehen, beteiligungsähnliches loan with certain equity rights
Darlehensforderungen loans receivable
Darlehensverbindlichkeiten loans payable
Daten data
Datenausgabe output
Dateneingabe input
Daten eingeben to input
Datenverarbeitung data processing
Dauerakte, bei einer Prüfung continuing audit file
Dauerschuld long-term loan, permanent debt
Dauerschuldzinsen interest on long-term debt/permanent debt
Debitoren accounts receivable
Debitorenkontokorrent accounts receivable sub-ledger
debitorische Kreditoren suppliers/creditors with debit balances
Deckung, Versicherungs- coverage, insurance cover
Deckungsbeitragsrechnung cost accounting system on the basis of contribution
Deckungsgeschäft hedge
Delkredere collection risk
Delkrederrückstellung provision/allowance for doubtful receivables/debt
Deport forward discount
Depot portfolio
Depotgebühren deposit fees, safe deposit fees
Depotwechsel promissory note
Deputat allowance in kind, salary in kind
Deutsche Bundesbank German Federal Reserve Bank
Devisen foreign exchange, foreign currency
Devisen, nicht frei konvertierbare regulated currencies
Devisenarbitrage exchange arbitrage
Devisenausländerkonten non-resident accounts
Devisenbeschränkungen foreign exchange restrictions
Devisenbörse foreign exchange market, forex (for short)
Devisenengagements, Aufstellung der position sheet

Devisengeschäfte foreign exchange transactions
Devisenhandel foreign exchange business, forex (for short)
Devisenkassahandel spot exchange transactions
Devisenkassakurs spot rate
Devisenkurs exchange rate
Devisenmakler foreign exchange broker/dealer
Devisenposition foreign exchange position
Devisenposition, aktive long position
Devisenposition, passive short position
Devisentermingeschäft forward exchange contract
Devisenterminhandel forward exchange transactions
Devisenterminkurs forward rate
Devisenverluste und -gewinne exchange losses and gains
Dezimal-Binär-Umwandlung decimal-to-binary conversion
Dezimalsystem decimal system
Dienstalter years of service
Dienstleistung service
Differenzposten, bei einer Abstimmung reconciling item
Direktlieferung drop shipment
Direktor manager
Direktversicherung direct insurance
Disagio debt discount
Diskont discount
Diskontkredit discount loan
Diskontsatz discount rate
Dividende dividend
Dividende, ausgeschüttete distributed dividend
Dividende, erklärte declared dividend
Dividende, rückständige auf Vorzugsaktien cumulative preferred dividend in arrears
Dividende, Verbindlichkeiten aus erklärter dividends payable
Dividende in Form von Aktien (Gratisaktien) stock dividend, bonus shares
Dividendenerträge dividend income
Dividendensatz dividend rate
Divisionsstufenkalkulation process cost system
Doppelbesteuerung double taxation

Doppelbesteuerungsabkommen double taxation agreement, tax treaty
doppelt double
doppelte Haushaltsführung double household
drohende Verluste anticipated losses, contingent losses
Dualsystem binary arithmetic
dubiose Forderung doubtful account
Durchführungsverordnung regulation
Durchschnitt average
durchschnittliche Nutzungsdauer average useful life, average productive life
durchschnittliche Zahlungseingangsfrist average collection period, days of sales outstanding
Durchschnittsbesteuerung taxation by income averaging
Durchschnittsgemeinkostensatz average overhead rate
Durchschnittskosten average cost

E

Effekten securities
Effektivverzinsung yield
Ehrenvorsitzender honorary chairman
eidesstattliche Erklärung affidavit
eigene Aktien, zurückgekaufte treasury stock
Eigenfinanzierung financing out of retained earnings/equity/reserves
Eigenkapital owners'/shareholders equity, net worth, net equity, net assets
Eigenkapital, verwendbares available net equity
Eigenkapitalgliederung net equity classification for income tax purposes, split-up of tax net equity
Eigenleistungen, aktivierte own costs capitalized
Eigentum ownership, title
Eigentum, persönliches personal property
Eigentum, übertragen to transfer title
Eigentumsübergang effective date of transfer of title
Eigentumsübertragung transfer of title

Eigentumsvorbehalt retention of title
Eigentumswechsel change of ownership
Einbauten in gemieteten Geschäftsräumen leasehold improvements
Einbehalt retention
Einbehaltungsrechte, vertragliche contractual retention rights
Einbruchsversicherung burglary insurance
Einfuhrabgaben customs duties
Einfuhrkredit import credit/loan
Einführungsangebot introductory offer
Einfuhrzoll import duty
Eingabe (Behörde) petition
Eingang (Geld) receipt
Eingang (Waren) receipt of merchandise
Eingang (Zahlungen) payments received
Eingang abgeschriebener Forderungen bad debts recovered
Eingangsfracht freight-in
Eingangsmeldung, von Waren receiving report, goods received note
eingetragener Verein (e.V.) registered association
einheitliche Leitung uniform control, central control
Einheitswert assessed value
Einkauf purchase
Einkäufer purchasing agent/clerk
Einkaufsabteilung purchasing/procurement department
Einkaufsbuch purchase journal register, purchase order file
Einkaufsbüro procurement/buying office
Einkaufsverpflichtung purchase commitment
Einkommen income
Einkommen, zu versteuerndes taxable income
Einkommensermittlung determination of income
Einkommensteuerdurchführungsverordnung income tax ordinance
Einkommensteuererklärung income tax return
Einkommensteuergesetz income tax law
Einkommensteuerrichtlinien income tax regulations
Einkünfte income
  – **außerordentliche** extraordinary income

– **ausländische**
foreign (source) income
– **inländische**
domestic (source) income
– **aus Land- und Forstwirtschaft**
from farming and forestry
– **aus Kapitalvermögen**
from (capital) investments
– **aus Gewerbebetrieb**
from trade or business
– **aus nicht selbständiger Arbeit**
from employment
– **aus selbständiger Arbeit**
from self-employment
– **aus Vermietung und Verpachtung**
from rental and leasing, rental income
– **sonstige**
from other sources
– **aus Spekulationsgeschäften**
from speculative dealings
Einkunftsart income source, type of income
Einlage capital contribution
Einlage, befristete time deposit, fixed deposit
Einlagen, ausstehende capital not paid-in, capital outstanding
einlösbar redeemable
Einlösung redemption
Einnahmen cash receipts
Einnahmen- und Ausgabenplan cash budget, cash flow forecast
Einnahmen-Ausgabenrechnung cash based accounting
Einrede, beim Gericht plea
Einrichtungen, soziale employee facilities
Einrichtungsgegenstände (bewegliche und eingebaute) furniture, fixtures and fittings
Einrichtungszeit set-up time
Einspruch protest, appeal
Einspruch einlegen to file a protest
Einspruch, gegen einen Steuerbescheid protest, against a tax assessment
Einstandspreis acquisition cost
einstellen in Rücklagen to transfer to reserves
Einstellung aus dem Jahresüberschuß in die Rücklagen earnings appropriated to

earned surplus, earnings transferred to reserves
Einstellung in Gewinnrücklagen earnings appropriated to earned surplus/reserves
Einstellung in Sonderposten mit Rücklageanteil gemäß §6b EStG deferral of gains on the disposal of fixed assets in accordance with §6b of the German income tax law
Eintauschwert trade-in allowance
eintragen to record
Eintragung, ins Handelsregister registration, in the trade register
Einwand defense
Einwendung objection
einzahlen to deposit, to pay in
Einzahlungsbeleg deposit slip
einzel single
Einzelabschluß individual company financial statements, single entity financial statements
Einzelakkordsatz piecework labor rate
Einzelhandel retail trade
Einzelkaufmann, Einzelunternehmer sole proprietor
Einzelkosten unit costs, direct costs
Einzelunternehmen sole proprietorship
Einzelunternehmer sole trader
Einziehung collection
eiserner Bestand base stock
Emission, Anleihen- issue, bond issue, public offering
Emissionskonsortium underwriting syndicate
Emissionskurs issue price
Empfangsbestätigung receipt
Endbestand closing balance
Ende end, close
Endlosformular continuous form
Endsaldo ending balance
Endsumme grand total
Energiekosten energy costs
Engpaß bottleneck
Enteignung dispossession
Entlassung dismissal, layoff, redundancy
Entlassungsgelder severance payments
Entlastung (des Vorstands) discharge, release (of the officers)
Entlohnung remuneration, employee compensation

Entnahme withdrawal
Entnahme, aus Rücklagen transfer from surplus/reserves
Entnahmekonto drawing account
Entschädigung indemnification
Entscheidung decision
Entscheidungen der FG (Finanzgerichte) district tax court rulings/decisions
Entscheidungen des BFH (Bundesfinanzhof) federal supreme tax court rulings/ decisions
Entscheidungen, höchstrichterliche supreme court rulings/decisions
entwerfen to design, to draft, to plan
Entwicklungskosten development expenses
Entwurf draft
Erbbaurecht transferable leasehold land interest
Erbe heir, beneficiary
Erbschaft inheritance
Erfolgsbeteiligung profit sharing
Erfolgshonorar contingent fee
Erfolgskonto profit and loss account
Erfolgsrechnung (G. u. V.) profit and loss statement /account(P & L), income statement
Ergänzung, Vertrags- amendment
Ergänzungsabgabe surtax, supplementary tax, surcharge
Ergänzungsbilanz, steuerliche supplementary balance sheet
Ergebnis result
Ergebnisabführung profit/loss absorption
Ergebnisabführungsvertrag profit and loss transfer (absorption) agreement
Ergebnisverwendung disposition of earnings
Ergebnisvortrag earned surplus balance brought forward, opening retained earnings
Erhaltungsaufwand maintenance costs, maintenance expenses
erhöhte Absetzungen accelerated allowance
Erhöhung increase
Erklärung, eidesstattliche affidavit
Erlaß, Verordnung, decree
Erlaß, einer veranlagten Steuer abatement
Erläuterungen, zum Jahresabschluß explanatory comments/notes, to the financial statements
Erlöse proceeds, income, revenues
Erlösschmälerungen sales deductions
ermäßigter Steuersatz reduced tax rate
Ermäßigung reduction
Eröffnung opening
Eröffnungsbilanz opening balance sheet
Eröffnungsbuchung opening entry
Eröffnungssaldo opening balance
Errechnung computation
Ersatzbeschaffung replacement
Ersatzlieferung, kostenlose replacement free of charge
Erstattungsanspruch claim for refund, repayment claim
Erstaufzeichnung original entry
Ersteinlage, bei Geschäftsgründung initial/original investment
Ertrag income
Erträge aus Beteiligungen income from equity investments
Erträge aus dem Abgang von Anlagevermögen income from disposal of fixed assets
Erträge aus der Auflösung von Rückstellungen income from reversal of accruals/reserves
Erträge, außerordentliche extraordinary income
Erträge, neutrale non-operating income
Erträge, sonstige other income
Ertragskraft earning power
Ertragslage earnings position, earnings and performance
Ertragsrechnung income statement
Ertragsschwelle break-even point
Ertragswert earnings value
Erweiterung expansion
Erwerb, Kauf acquisition
Erwerbsunfähigkeit disablement
Erzeugnis, fertiges finished product
Erzeugnis, unfertiges (halbfertiges) work-in-process
Erzeugnisse, Bestand an fertigen und unfertigen inventories of finished goods and work-in-process
Etikett label
Eurodevisenmärkte eurocurrency markets
Eurokredite eurocredits, euroloans

Eventualverbindlichkeit contingent liability
Existenzminimum subsistence level
Export- und Importfinanzierung foreign trade financing

F

Fabrik, vollautomatische plant, fully-automated
Fabrikat make
Fabrikation manufacturing
Fabrikationsbetrieb manufacturing plant/unit
Fabrikationseinrichtungen manufacturing facilities
Fabrikationsgemeinkosten manufacturing overhead (expenses)
Fabrikationskonto work-in-process account
Fabrikgebäude plant building
Fabrikpreis price ex factory
Fachanwalt für Steuerrecht tax attorney
Fachmann expert, specialist
Factoring factoring
Factoringgeschäft factoring
fahrlässig negligent
Fahrtkosten transportation/travel expenses
Fahrtkosten zur Arbeitsstelle commuting expenses
Fakturierung billing
fällig due, payable
fällige Steuerschuld tax due
Fälligkeit, bei on maturity
Fälligkeitsablage due date file
Fälligkeitstermin due date, maturity date, deadline
Fälligkeitswert maturity value
fälschen, von Unterlagen to falsify documents
falsch forged, false, wrong
Falschgeld counterfeit money
Fälschung forgery
falsch zählen to miscount
Familiengesellschaft family owned company

Familienstand marital status
Familienzulage family allowance
Farbband ribbon
Faustregel rule of thumb
Fehlbetrag deficit, shortage
Fehlbetrag, nicht durch Eigenkapital gedeckter capital deficit, net liabilities
Fehler error, mistake
Fehler aufdecken to locate errors
Fehlinvestition bad investment
fertige Erzeugnisse finished goods
Fertigung production, manufacturing
Fertigungsgemeinkosten manufacturing overhead expenses
Fertigungsgemeinkosten, umgelegte absorbed manufacturing overhead expenses
Fertigungsgemeinkostenkonto manufacturing overhead account
Fertigungsgemeinkostenüberdeckung over-absorbed manufacturing expenses
Fertigungsgemeinkostenunterdeckung under-absorbed manufacturing expenses
Fertigungsgemeinkostenzuschlag manufacturing overhead rate
Fertigungskosten cost of goods manufactured
Fertigungskostenstelle manufacturing cost center
Fertigungslohn direct labor
Fertigungsmaterial direct material
Fertigungsplanung production scheduling
Fertigungsplanung und -steuerung production planning and control
Fertigware finished goods
Fertigware, Bestand an finished goods inventory
fest fixed
Festbestand, bei Kassen imprest fund
Festgeld time deposit
festlegen, im Vertrag to stipulate
Festpreis fixed/firm price
Feststellung determination, conclusion
Feststellungsbescheid notice of determination
Feststellungsklage action for declaratory judgment, application for directions
festverzinslich fixed interest-bearing
Festwert fixed value, base value
FIFO-Verfahren FIFO-method

fiktive Buchung fictitious entry
fiktive Steueranrechnung deemed tax credit
Filiale branch, branch office
Finanzamt tax office, finance office
Finanzanlagen financial assets
Finanzbedarf cash requirement
Finanzbehörde tax authorities
Finanzbuchhalter financial accountant
Finanzdirektor treasurer
Finanzergebnis financial results
Finanzgericht tax court, lower tax court
Finanzgerichtsordnung tax court code
Finanzgerichtsverfahren fiscal court proceedings/litigation
finanzielle Eingliederung financial integration
Finanzierung financing
Finanzierungsgesellschaft finance company
Finanzierungskosten cost of financing
Finanzierungsmittel means of financing
Finanzierungswechsel finance bill
Finanzkontrolle cash control
Finanzlage financial position
Finanzministerium ministry of finance, department of treasury (US), treasury (UK)
Finanzplan, kurzfristiger short-term cash flow
Firma firm
Firmengruppe group
Firmenmantel shell company
Firmenwert goodwill
fiskalisch fiscal
Fiskus treasury
Fixkosten fixed costs
Fließbandfertigung mass production
Fluchtgeld hot money
flüssige Mittel liquid assets
flüssige Mittel und Forderungen quick assets
Fonds fund
Fördergebietsgesetz support area act; refers to former GDR; law on subsidies for former GDR
Forderung receivable, claim
Forderung, bevorrechtigte preferred claim
Forderungen accounts receivable, receivables

Forderungen aus noch nicht abgerechneten Leistungen accrued receivables, unbilled receivables
Forderungen aus Warenlieferungen und Leistungen trade accounts receivable
Forderungen gegenüber verbundenen Unternehmen accounts receivable due from affiliated/associated companies
Forderungen mit einer Restlaufzeit von mehr als einem Jahr accounts receivable with a remaining term of more than one year
Forderungen, dubiose doubtful accounts
Forderungen, fällige current receivables
Forderungen, kurzfristige short-term receivables (US)
Forderungen, langfristige long-term receivables (US)
Forderungen, nach ihrem Alter aufgeschlüsselt aged receivables
Forderungen, Saldenliste dem Alter nach aufgeschlüsselt aged trial balance
Forderungen, sonstige other accounts receivable
Forderungen, überfällige overdue receivables
Forderungen, uneinbringliche uncollectible accounts, bad debts
Forderungen, Verkauf von factoring, invoice discounting
Forderungen, Wertberichtigung auf allowance for doubtful accounts
Forderungsabtretung assignment of accounts receivable
Forderungsausfälle bad debts, losses from receivables
Forderungsumschlag accounts receivable turnover, debtor turnover
Forderungsverzicht waiver of receivable
Forfaitierung assigment
  – **mit Rückgriffsrecht** with recourse
  – **ohne Rückgriffsrecht** without recourse
Formular, Geschäftsformular business form
Formvorschrift formal requirement
Forschung und Entwicklung research and development
Fortschreibung roll forward

Fortschreibung, des Einheitswertes adjustment of assessed value
Frachtbrief bill of lading (B/L)
frei an Bord (fob) free on board (fob)
frei auf Waggon (fot) free on track (fot)
Freibetrag allowance
– **Altersfreibetrag**
old age allowance (exemption)
– **Kinderfreibetrag**
child allowance
– **Haushaltsfreibetrag**
homekeeping allowance
– **Weihnachtsfreibetrag**
Christmas allowance
– **Arbeitnehmerfreibetrag**
employee allowance
Freigabe release
Freigrenze exemption limit
frei längsseits des Schiffes (fas) free alongside ship (fas)
frei Schiff (fos) free on ship (fos)
Freiverkehrsbörse deregulated exchange
frei Versandbahnhof (for) free on rail (for)
freiwillige soziale Aufwendungen voluntary employee benefit expenses
fremd, nicht gehörig not owned
Fremdanteil third party's share, minority share, minority interest
Fremdfinanzierung financing with borrowed funds
Fremdkapital debt
Fremdlager consigned inventory
Fremdleistung third party work/service
Fremdvergleich arm's length principle
Fremdwährung foreign currency, foreign exchange
Fremdwährungskonto foreign currency account
Fremdwährungsumrechnung foreign currency translation
Fremdwährungsverpflichtung foreign currency commitment
Frist; Zahlungsfrist period, term; credit period
Frist, für die Einreichung einer Steuererklärung filing deadline
Fristablauf expiration
Fristverlängerung extension of time to file
Fristverlängerungsantrag application for extension of time to file

Frühinvalidität disablement before retirement age
Frühpensionierung early retirement
Fuhrpark (car) fleet, automobiles and trucks, vehicles
Führung management
Führungskräfte, mittlere middle management
Führungskräfte, obere top management, executives
Führungsposition management position
Fusion merger
Fußnote footnote

G

Garant guarantor
Garantie (i.S. von bürgen) guaranty
Garantie (Produkt-) warranty
Garantieforderung guarantee claim
Garantie guaranty
garantieren, eine Wertpapieremission to underwrite
Garantieverpflichtung guarantee, warranty obligation
Gästehaus guest house
Gebäude building
gebietsfremde Körperschaft non-resident entity
Gebühr fee, charge
Gebührensatz; pro Zeiteinheit billing rate
gedachte (Lizenz) notional (royalty)
Gefälligkeit favour
Gefälligkeitsindossament accommodation endorsement
Gefälligkeitsscheck accommodation check (US)/cheque (UK)
Gefälligkeitswechsel guaranteeing a note without any interest in the transaction
gegen contra, against
Gegenakkreditiv back-to-back credit
Gegenangebot counteroffer
Gegenanspruch counter-claim
Gegenbuchung contra entry, reversing entry
Gegenguthaben compensating balance (US)

Gegenkonto contra account
Gegenleistung consideration
gegenseitige Bankguthaben interbank deposits
gegenseitige Bankverpflichtungen interbank balances
Gegenstand eines Unternehmens business of an enterprise
Gegenwartswert present value
Gegenwert equivalent
Gehalt salary
Gehaltsabrechnung payroll
Gehaltsabzüge payroll deductions
Gehaltsempfänger salaried employee
Gehaltskonto eines Angestellten individual earnings record
Geld money
Geld, bares cash
Geldabwertung devaluation
Geldaufwertung revaluation
Geldausgang cash disbursement
Geldeingang cash receipt
Geldeinzug collection
Geld festlegen (auf Konto) to put on time deposit
Geldkurs bid, bid price/rate, buying rate
Geldmarkt money market
Geldmittel cash resources
Geldstrafe fine, penalty
Geldüberweisung money transfer
Geldüberweisung, telegrafische cable/wire transfer
Geldumlauf currency in circulation
Geldunterschlagung embezzlement
Geldwäsche money landering
geldwerter Vorteil compensation in kind
gemeiner Wert fair market value
Gemeinkosten overhead expenses
Gemeinkosten, verrechnete overhead expenses absorbed
Gemeinkosten, verschiedene miscellaneous overhead expenses
Gemeinkostenabweichung overhead variance
Gemeinkostenlöhne indirect labor
Gemeinkostenmaterial indirect material
Gemeinkostensatz overhead rate
Gemeinkostenüberdeckung overabsorbed overhead, positive variance

Gemeinkostenunterdeckung underabsorbed overhead, negative variance
Gemeinkostenverrechnungsbasis overhead distribution/allocation basis
Gemeinkostenverrechnungssatz overhead absorption rate
Gemeinkostenwertanalyse overhead cost analysis
Gemeinkostenzuschlag der Kostenstelle cost center overhead rate
gemeinnützig nonprofit
gemeinnützige Organisation non profit institution/organization
gemeinnütziger Verein benevolent and charitable association, charity
Gemeinschaftsunternehmen joint venture
Genauigkeit accuracy, precision
genehmigtes Aktienkapital capital stock authorized for issue
Genehmigung approval, permission, authorization
Generalbevollmächtigter general manager, vice president
Generaldirektor general manager
Generalumkehr reverse entry (as negative debit or credit)
Genosse associate, member (of a cooperative)
Genossenschaft co-operative (co-op)
Genußschein certificate of participation
Gericht court
Gerichtsstand court of jurisdiction
Gerichtsverhandlung trial, session
geringfügig minor, immaterial
geringwertige Wirtschaftsgüter low value items
geringwertig low value
Gesamtbasis overall basis
Gesamtbetrag total amount
Gesamtkostenverfahren cost-summary method (cost and expense classification by expense category)
gesamtschuldnerische Haftung joint and several liability
Gesamtschuldner joint and several debtor
Gesamtsumme total amount
Geschäft (Laden) shop
Geschäft business
Geschäfte, schwebende pending transactions

Geschäfte, Termin- forward transactions
Geschäftsanteil share
Geschäftsaufgabe termination of business
Geschäftsausgaben business expenses
Geschäftsbauten office buildings
Geschäftsbedingungen, allgemeine general business terms, general conditions
Geschäftsbereich business segment, division
Geschäftsbericht, jährlicher annual report
Geschäftsbetrieb business operations, business organisation
Geschäftsformular business form
geschäftsführender Gesellschafter managing partner
Geschäftsführer general manager, managing director
Geschäftsführungsorgan management body
Geschäftsjahr business year, fiscal year
Geschäftsjahr, laufendes current fiscal year
Geschäftsleitung management
Geschäftspolitik business policy
Geschäftsreise business trip
Geschäftssitz, Ort der Geschäftsleitung seat/place of management, head office
Geschäftsstelle branch office
Geschäftstätigkeit business activity, operations, business operations
Geschäftstätigkeit, gewöhnliche ordinary operations/activities
Geschäfteilhaber partner, co-owner, co-proprietor
Geschäftsübertragung transfer of business
Geschäftsusancen usual business practice
Geschäftsvolumen business volume
Geschäftsvorfall business transaction
Geschäftswert goodwill
Geschäftszweig business segment
geschätzt estimated
Geschenke, Ausgaben für expenses for business gifts
Geschmacksmuster design pattern/patent
Gesellschaft company
Gesellschaft mit beschränkter Haftung (GmbH) limited liability company
Gesellschaft mit doppelter Ansässigkeit dual resident company

Gesellschaft, beherrschte controlled company
Gesellschaft, herrschende controlling company
Gesellschaft, Kommandit- limited partnership
Gesellschaft, nahestehende affiliate, affiliated company
Gesellschaft, Ober- parent company
Gesellschaft, oberste Gruppen ultimate parent company
Gesellschaft, offene Handelsgesellschaft (OHG) general partnership
Gesellschaft, Personen- partnership
Gesellschaft, stille silent partnership
Gesellschaft, Unter- oder Tochter- subsidiary company, subsidiary, group company
Gesellschafter, einer Kapitalgesellschaft shareholder
Gesellschafter, einer Personengesellschaft partner
Gesellschafterdarlehen shareholders' loan
Gesellschafterversammlung shareholders' meeting or partners' meeting
Gesellschaftsanteil shareholder's or partner's interest
Gesellschaftskapital partnership capital, share capital
Gesellschaftsrecht company law
Gesellschaftssitz registered office
Gesellschaftsstatuten bylaws, article of association
Gesellschaftsvermögen company or partnership net assets
Gesellschaftsvertrag, einer Kapitalgesellschaft articles of association, bylaws
Gesellschaftsvertrag, einer Personengesellschaft partnership agreement
Gesetz code, law
Gesetzeslücke loophole
Gesetzesrecht statute law
Gesetzesumgehung evasion
Gesetzesvorlage bill before the legislature, proposed legislation, draft legislation
gesetzliche Bestimmung legal provision
gesetzliche Feiertage public holidays
gesetzliche Rücklage legal reserve
gesetzliche soziale Aufwendungen compul-

sory employee benefit expenses, social security expenses

gesetzliche Vorschriften legal requirements/provisions

gesetzwidrig unlawful, illegal

gesichert secured

gesonderte Feststellung von Besteuerungsgrundlagen separate determination of tax basis, dertermination of basis of taxation

gespaltener Steuersatz split tax rate

gesperrtes Guthaben stopped account

Gestaltungsmißbrauch abose of form over substance, abuse

gewähren to allow

Gewährleistung, bei Waren warranty

Gewährleistungsansprüche warranty claims

Gewährleistungsverpflichtungen warranty obligations

gewährte Skonti discounts granted

Gewährung, gegen Gewährung von in exchange for

Gewerbe trade

Gewerbebetrieb business

Gewerbeertrag trading profit, income for trade tax purposes

Gewerbekapital trading capital, capital for trade tax purposes

Gewerbesteuerhebesatz municipal trade tax (levy) rate

Gewerbetreibender businessman

gewerbliche Einkünfte trade or business income

gewerbliches Schutzrecht trademark

Gewerkschaft labor union, trade union

Gewerkschaftsbeiträge union dues

Gewerkschaftszwang closed shop

gewillkürtes Betriebsvermögen voluntary business property

Gewinn profit, gain

Gewinn aus Gewerbebetrieb business profits

Gewinn, akkumulierter retained earnings

Gewinn, ausgeschütteter distributed income/profits, dividend

Gewinn, ausschüttungsfähiger earnings available for distribution

Gewinn, einbehaltener retained earnings

Gewinn, entgangener lost profit

Gewinn, in Rücklagen eingestellter earnings appropriated to reserve/surplus accounts

Gewinn, mit Gewinn (Verlust) arbeiten to operate in the black (red)

Gewinn, nach Steuerabzug net income after taxes, after-tax profit

Gewinn, nicht ausgeschütteter undistributed income

Gewinn, nicht realisierter unrealized gain

Gewinn, realisiert beim Verkauf von Anlagegütern oder Beteiligungen capital gain

Gewinn, realisierter realized gain

Gewinn, reiner net income, net profit

Gewinn, steuerpflichtiger taxable income

Gewinn- und Verlustrechnung income statement, profit and loss statement

Gewinn, unerwarteter windfall profit

Gewinnabführungsvertrag profit and loss absorption/transfer agreement

Gewinnanteil profit share

Gewinnanteilschein coupon

Gewinnausschüttung distribution of earnings, dividend distribution

Gewinnausschüttung, verdeckte hidden profit distribution

Gewinn bei Veräußerung von Vermögensteilen capital gain

Gewinnbeteiligung profit participation, profit sharing

Gewinnermittlung income determination

Gewinnermittlungsart method of income determination

Gewinne und Verluste aus dem Abgang von Gegenständen des Anlagevermögens gains and losses on the disposal of fixed assets, capital gains/losses

Gewinnfeststellung, einheitliche und gesonderte uniform and separate determination of elements of income

Gewinngemeinschaft profit and loss pooling, agreement to pool profits and losses

Gewinnmarge, -spanne profit margin, gross margin

Gewinnrealisierung income/profit recognition, profit realization

Gewinnrücklagen earned surplus, earnings reserves

Gewinnrücklagen, vorläufige provisional earnings reserves/earned surplus

Gewinnverbesserung profit improvement

Gewinnverlagerung profit shifting

Gewinnverteilung profit distribution, distribution of retained earnings

Gewinnverwendung appropriation of (retained) earnings

Gewinnverwendungsbeschluß resolution on appropriation of retained earnings

Gewinnverwendungsvorschlag proposal on appropriation of retained earnings

Gewinn vor Ertragsteuern net income before income taxes, pre-tax profit, profit before tax (PBT)

Gewinn vor Ertragsteuern und Zinsen earnings before interest and tax (EBIT), profit before interest and tax (PBIT)

Gewinnvortrag retained earnings brought forward, retained earnings beginning of year

gewöhnlicher Aufenthalt customary place of residence/domicile

gezeichnetes Kapital subscribed capital

glaubhaft machen to substantiate

Gläubiger creditor

Gläubiger, bevorrechtigter preferred creditor

Gläubiger, einen Gläubiger befriedigen to satisfy a creditor

Gläubiger, gesicherter secured creditor

Gläubigerschutz protection of creditors

Gleichbehandlung non discrimination

gliedern to classify

Gliederung classification

Gliederungsvorschriften (legal) requirements for the classification of accounts

Globalabtretung general assignment

G.m.b.H. & Co. KG limited partnership with limited company as general partner

G.m.b.H., GmbH limited liability company, private limited company (UK), closed corporation (US), privately-held corporation (US)

Goodwill, erworbener purchased goodwill

Goodwill, originärer non purchased goodwill, created goodwill

Gratifikation bonus

Gratisaktie bonus stock, stock dividend

Grenzertrag marginal income

Grenzkosten marginal costs

Grenzkostenrechnung marginal costing

größenabhängige Befreiungen exemptions dependent upon size

Größengliederung classification by size

Größenkriterien size criteria

Großhandel wholesale

Grundbesitzabgaben real estate levies

Grundbesitz real estate

Grundbuch, bei Grundstücken real estate register

Grundbuchauszug abstract of title

Grundbücher, in der Buchführung books of original/prime entry

Grundbuchung original/prime entry

Grunddienstbarkeit easement

Grundeigentümer landowner

Gründer, Stifter founder

Grundgehalt base salary

Grundgesetz constitution

Grundkapital capital stock, share capital

Grundkapital, eingezahltes paid-in capital stock, paid up share capital

Grundkapital, genehmigtes capital stock authorized for issue

Grundlagenbescheid basic notice

Grundlohn base pay

Grundmietzeit minimum term of lease

Grundpfandrecht mortgage lien

Grundsätze ordnungsmäßiger Buchführung (GOB) generally accepted accounting principles (GAAP)

Grundsätze ordnungsmäßiger Prüfung generally accepted auditing standards (GAAS)

Grundsätze ordnungsmäßiger Rechnungslegung generally accepted accounting principles (GAAP)

Grundschuld land charge, mortgage

Grundstück land, site

Grundstücke, grundstücksgleiche Rechte und Bauten einschließlich der Bauten auf fremden Grundstücken freehold land and leasehold rights/interests and buildings including buildings on land not owned

Grundstücke und Gebäude land and buildings

Grundstückseigentum freehold estate
Grundstückseinrichtungen land improvements
grundstücksgleiche Rechte leasehold rights
Grundstücksübereignung conveyance of real estate/property
Grund und Boden land
Gründung, einer Gesellschaft formation, incorporation
Gründungsbericht statutory report on formation
Gründungskapital original capital
Gründungskosten incorporation expenses, organization expenses, formation expenses
Gründungsprotokoll einer Kapitalgesellschaft articles of incorporation
Gründungsprüfung formation audit, compulsory audit on incorporation
Grundvermögen real estate assets, real property
Gruppenabschreibung composite rate method of depreciation
gültig valid
Gutachten expertise/expert opinion
gutgläubig bona fide
Guthaben bei Kreditinstituten cash in/at banks
Gutschrift (in den Büchern) credit entry
Gutschriftsanzeige credit note

H

Habenbuchung credit entry
Habensaldo credit balance
Haben/Soll credit/debit
Habenzinsen interest income
Hafteinlage risk capital
Haftpflichtversicherung public liability insurance
Haftung aus der Bestellung von Sicherheiten für fremdeVerbindlichkeiten liability from the extension of collateral securities for others, third party guarantee liabilities
Haftungsbescheid notice of liability

Haftungsbeschränkung limitation of liability
Haftungsverhältnisse contingent liabilities
Halbfabrikate, unfertige Erzeugnisse work in process
halbjährlich semiannually, halfannually
Handbuch manual
Handel business, trading
Handelsbilanz commercial balance sheet;
  – **volkswirtschaftliche:** balance of trade
Handelsbrauch business custom
Handelsembargo embargo
Handelsgeschäfte trading transactions
Handelsgesellschaft, offene (OHG) general partnership
Handelsgesellschaft trading company
Handelsgesetzbuch (HGB) commercial code
Handelskammer chamber of commerce
Handelsmarke brand
Handelsrabatt trade discount
Handelsrecht commercial law
Handelsregister trade register
Handelsregister (-auszug) trade register (abstract)
Handelsspanne trade margin, wholesale margin
Handelsvertreter sales agent
Handelsvertreter-Ausgleichsanspruch termination claim by a free sales agent, sales agent idemnification payment claim (as defined by the German commercial code)
Handelswarenbestand merchandise, trading stock
Handelswechsel commercial paper, bill of exchange
Händlermarke dealer's brand
Handlungsbevollmächtigter authorized representative, assistant manager
Handlungsvollmacht authorization, power of attorney
Hauptabschlußübersicht general ledger trial balance, nominal ledger
Hauptabteilungsleiter head of division
Hauptausschuß executive committee
Hauptbuch general ledger
Hauptgeschäftsführer managing director (UK), general executive manager (US)
Hauptlieferant key/prime supplier

Hauptveranlagung basic assessment
Hauptversammlung der Aktionäre stockholders'/shareholders' general meeting
Hauptzollamt regional customs office
Hausbank borrower's bank, company's bank
Hausse boom, bull market
Hebesatz levy rate
Herabsetzung reduction, decrease
herrschendes Unternehmen controlling enterprise
Herstellungsaufwand, Herstellungskosten manufacturing cost
Herstellungskosten, Aufstellung der manufacturing cost statement
Herstellungskosten cost of goods manufactured, cost of production
Herstellungskosten der verkauften Waren cost of sales, cost of goods sold
Hilfs- und Betriebsstoffe manufacturing supplies
Hilfsbuch subsidiary ledger
Hilfskonto sub-account
Hilfskostenstelle service cost center
Hilfslöhne auxiliary wages
Hilfslöhner casual labour
Hilfsspeicher auxiliary storage
Hinterbliebenenbezüge payments to survivors, next of kin
Hinterlegung deposit
Hinterlegungsbescheinigung certificate of deposit
Hinterlegung von Urkunden bei Dritten placing of documents into escrow
Hinterziehung von Steuern tax fraud, tax evasion
Hinzurechnung add back
Höchst- und Niedrigstkurse high and low stock quotations/share prices
Höchstbetrag maximum amount
Höchstgrenze für Steueranrechnung limitation for tax credit
höchstrichterliche Entscheidungen supreme court decisions/rulings
Höchstwert ceiling value
höhere Gewalt force majeure, act of God
Holdinggesellschaft holding company
Honorare fees
Hypothek mortgage
Hypothekarkredit mortgage loan

Hypothekenanteilschein mortgage certificate
Hypothekenforderung mortgage claim
Hypothekenpfandbrief mortgaged bond
Hypothekenpfandrecht mortgaged security
Hypothekenschuld mortgage debt

I

ideeller Firmenwert goodwill
immaterielle Anlage- oder Vermögenswerte intangible assets
Immobilien real estate
Immobilienfonds real estate investment trust
Imparitätsprinzip principle of prudence
Importkredit import credit
Importkredite import financing
Importwarenabschlag special deduction allowed against imported inventories, allowance on imported goods (German tax)
im voraus in advance
inaktives Konto dormant account
Inanspruchnahme utilization
Index index
indirekte Besteuerung indirect taxation
indirekte Löhne indirect labor
indirekte Steueranrechnung indirect tax credit
Indossament endorsement, signature
Indossament mit Weitergabeverbot restrictive endorsement/crossed cheque (UK)
Indossament ohne Obligo endorsement without recourse
Indossament, Blanko- blank endorsement
Indossament, übertragbar durch negotiable, endorsable
Indossamentverbindlichkeit contingent liability from endorsements
indossieren to endorse
Industrie- und Handelskammer chamber of commerce
Industrieobligationen industrial bonds, commercial bonds

Informationsaustausch exchange of information

Ingangsetzung des Geschäftsbetriebes start-up of operations

Ingangsetzungskosten pre-operating expenses, start-up expenses

in gutem Glauben bona fide

Inhaber bearer, holder

Inhaberaktie bearer stock

Inhaberpapier bearer certificate

Inhaberschuldverschreibung bearer bond

Inkasso collection

inkrafttreten to come into force

Inland domestic, German territory

inländisch domestic

inländische Einkünfte income from domestic sources

Inlandsgeschäft domestic business

Inlandslieferung domestic shipment/ delivery, delivery within the German territory

Innenrevision internal audit

Innenrevisor internal auditor

Innenumsatz intracompany sales, intragroup sales

innerbetrieblich intracompany, interdivisional

innerer Wert intrinsic value

Insolvenz insolvency

Instandhaltungskosten repair and maintenance costs

Instandhaltung und Reparaturen repairs and maintenance

Instanz, dritte (Revision) court of appeal

Instanz, erste lower court

Instanz, zweite (Berufung) appellate court

Interessengemeinschaft joint venture

Interimsschein, Interimsaktie script

Internationaler Währungsfonds (IWF) International Monetary Fund (IMF)

interne Kontrolle internal control

internes Berichtswesen management/internal reporting

Intervallfertigung intermittent production

Intervention intervention

Interventionspunkte intervention points

Interventionswährung intervention currency

Invalidenrente disability benefit

Invalidenversicherung disability insurance

Inventar, Büro- office equipment

Inventarbücher fixed assets records

Inventur, permanente perpetual inventory taking

Inventuraufnahmeblatt tally sheet, count sheet

Inventurbewertungsmethode, f.i.f.o. Fifo (first-in, first-out) method

Inventurbewertungsmethode, l.i.f.o. Lifo (last-in, first-out) method

Inventurbewertungsmethode inventory valuation/pricing method

Inventur durch körperliche Bestandsaufnahme stocktaking (Br.), physical inventory count/taking

Inventurzettel inventory tag

Investition investment

Investitionen capital expenditure

Investitionskredit investment credit

Investitionsplan capital expenditure budget

Investitionszulage investment grant (tax free), investment premium (tax free)

Investitionszulagengesetz investment premium/grant law

Investitionszuschuß (durch Steuerermäßigung) investment tax credit

Investitionszuschuß investment grant (taxable), investment subsidy (taxable)

Investmentgesellschaft investment company, fund

in Zahlung geben to trade-in

isolierende Betrachtungsweise isolating approach

Ist-Kosten actual cost

Ist-Kosten der Vergangenheit historical cost

J

Jahresabschluß annual financial statements, year-end closing

Jahresabschluß mit Vergleichszahlen financial statements with comparatives

Jahresabschluß, geprüfter audited financial statements

Jahresabschlußprüfung annual audit
Jahresbudget annual budget
Jahreseinkommen annual income
Jahresgewinn net income for the year
Jahresüberschuß (Fehlbetrag) net income (net loss)
Jornalbuchung journal entry
juristische Person legal entity, legal person

K

Kabelauftrag cable order
Kabelüberweisung cable/telegraphic transfer
Kalenderjahr calendar year
Kalkulation cost estimation
Kalkulationsabteilung cost estimating department
kalkulatorische Kosten imputed costs
Kannvorschrift discretionary clause
Kapazität capacity
Kapazität, freie spare/excess capacity
Kapazität, maximale theoretical capacity
Kapazität, optimale optimum capacity
Kapazität, ungenutzte idle capacity
Kapazitätsausnutzung utilization of capacity
Kapazitätsausweitung expansion of production facilities
Kapazitätskosten capacity costs, fixed costs
Kapital, ausgewiesenes stated capital
Kapital, bedingtes conditional capital
Kapital, betriebsnotwendiges capital needed for operations
Kapital, eingefordertes called up capital
Kapital, eingezahltes paid-in capital
Kapital, Geld- capital, funds
Kapital, genehmigtes capital authorized for issue
Kapital, gezeichnetes capital subscribed
Kapital, Grund- oder Stamm- share capital, capital stock
Kapital, investiertes invested capital
Kapital, noch nicht eingezahltes, davon ein- gefordert capital not yet paid-in, thereof called up
Kapital, Rücklagen und Gewinnvortrag capital, surplus/reserves and retained earnings
Kapitalanlage investment
Kapitalanlagegesellschaft investment company/fund/trust
Kapitalanlagegesellschaft auf Gegenseitigkeit mutual fund
Kapitalansammlung accumulation of capital
Kapitalanteil capital share
Kapitalaufbau capital structure
Kapitalbedarf capital requirements
Kapitaleinlage capital share paid in
Kapitalerhöhung capital increase
Kapitalerhöhung aus Gesellschaftsmitteln increase in share capital out of retained earnings
kapitalersetzendes Darlehen shareholders' loan instead of capital, quasi equity
Kapitalertrag capital yield
Kapitalerträge investment income
Kapitalflußrechnung statement of sources and uses of cash, statement of cash flows, statement of source and application of funds
Kapitalgesellschaft corporation
Kapitalgesellschaft, ausländische foreign corporation
Kapitalgesellschaft, personenbezogene closely-held corporation
Kapitalherabsetzung reduction of share capital
kapitalisieren to capitalize
Kapitalisierungszinsfuß discount rate, discount factor
Kapitalkonsolidierung capital consolidation
Kapitalkonsolidierung bei Interessenzusammenführung consolidation using the pooling of interest method
Kapitalmarkt capital market
Kapitalreserven capital reserves
Kapitalrücklage paid-in surplus, capital surplus, capital reserves
Kapitalumschlag capital turnover
Kapital und Zinsen principal and interest

Kapitalverhältnisse capital ownership, ownership structure, share ownership
Kapitalverlust capital loss
Kapitalverzinsung return on investment
Kapitalzins interest on principal/capital
Kartell trust
Kartellgesetz anti-trust law
Kassageschäft cash transaction
Kassakurs spot rate
Kasse cash
Kasse, kleine petty cash
Kassenbeleg, Barzahlungsbeleg petty cash voucher
Kassenbericht cash report
Kassenbestand cash on hand
Kassendifferenz, Mehr- oder Minderbetrag cash over or short
Kasseneinnahmen receipts
Kassenkonto cash account
Kassenprüfung cash audit
Kassierer cashier
Kauf purchase
Kaufkraft purchasing power
Kaufkurs buying rate
Kaufmann businessman
kaufmännische Übung business custom
Kaufoption call option
Kaufpreis purchase price
Kaufteil purchased part
Kaufurkunde bill of sale
Kaufvertrag mit Eigentumsvorbehalt conditional sales contract/sales contract with retention of title
Kaution security, bail (court), bond
Kautionswechsel bill of exchange deposited as security
Kellerwechsel dummy note
Kennziffer (mit Kennziffern versehen) code (to code)
Kennziffern, Kerndaten key data
Kilometergeld mileage allowance
Kindergeld family allowance
Klage law proceedings,suit, legal action
Klage, gegen eine Einspruchsentscheidung appeal against a tax office decision (regarding a taxpayer's protest)
Klageentgegnung plea
Klage erheben, verklagen to sue, to file a law suit, commence proceedings
Klagegrund cause of action

Klagerecht claim, right of action
Klageschrift complaint, writ
Klageverjährung limitation of action
Klammerzahl, negativer Saldo bracketed figure
Klassifikation grading
Klausel clause, stipulation
Kleinkredit small loan, consumer loan
Kommanditgesellschaft (KG) limited partnership
Kommanditgesellschaft auf Aktien (KGaA) limited partnership on shares
Kommanditist limited partner
Kommission consignment
Kommissionär consignee, broker
Kommissionsgebühr commission
Kommissionsverkauf consignment sale, commission sale
Kommissionsware consigned goods
Kommunalanleihe municipal loan
Kommunalschuldverschreibung municipal bond
Kompagnon partner
Kompensationsgeschäft barter transaction
Komplementär general partner
Konjunkturzuschlag prosperity surtax
Konkurrenz competition
Konkurs bankruptcy
Konkurs anmelden initiate bankruptcy proceedings, to file for bankruptcy
Konkursaufhebung discharge in bankruptcy
Konkursbilanz realization statement
Konkurseröffnung adjudication/declaration of bankruptcy
Konkursgläubiger creditor of a bankrupt
Konkursmasse estate of a bankrupt
Konkursordnung bankruptcy code
Konkursschuldner bankrupt
Konkursverfahren bankruptcy proceedings
Konkursverwalter receiver, trustee in bankruptcy
Konkursverwaltung receivership
Konossement bill of lading
Konsignation consignment
Konsignationsgeschäft consignment transaction
Konsignationslager consignment stock
Konsignationsverkauf consignment sale

Konsignationswaren goods on consignment

Konsolidierung consolidation

Konsoldierungsgrundsätze principles of consolidation

konsolidierte Bilanz consolidated balance sheet

konsolidierter Abschluß consolidated financial statements

Konsolidierungskreis consolidated companies, companies included inconsolidation

Konsortialbank member bank of a syndicate

Konsortialgeschäft joint venture, syndicate business

Konsortium financial syndicate, consortium

Konsument consumer

Konten accounts

Kontengliederung accounts classification

Kontenplan chart of accounts

Kontenrahmen, vorgeschriebener standard chart of accounts

kontieren to do the account distribution

Kontierung account distribution

Kontinuität consistency

Konto account

Konto, abgeschlossenes closed account

Konto, gemischtes mixed account

Konto, gesichertes secured account

Konto, laufendes current account

Konto, Sperr- restricted account, blocked account

Konto, Unter- oder Hilfs- sub-account

Kontoabschluß closing statement

Kontoabstimmung reconciliation of an account

Kontoanalyse account analysis

Kontoaufschlüsselung account analysis

Kontoauszug statement of account

Konto belasten to debit

Kontobezeichnung account title/name

Kontoblatt ledger sheet

Konto erkennen to credit

Konto eröffnen to open an account

Kontokorrentbuch customers' and suppliers' sub ledger

Kontokorrentkonto current account

Kontokorrentkredit overdraft

Kontokorrentzinsen interest on current account

Kontrollbericht inspection report

Kontrolle control, check

kontrollieren to check

Kontrollkarte für Lohnermittlung clock card

Kontrollmitteilung control notice

Kontrollspalte control column

Konventionalstrafe penalty for nonfulfilment of contract

konvertierbare Währung convertible currency

Konvertierung conversion

Konzern group

Konzernabschluß consolidated financial statements

Konzernabschluß, befreiender exempting consolidated financial statements

Konzernanhang notes to consolidated financial statements

Konzernbilanz consolidated balance sheet

Konzernbilanzgewinn consolidated retained earnings

Konzerngesellschaft group company, affiliate

Konzerngewinn consolidated profit/income

Konzern Gewinn- und Verlustrechnung consolidated/group income statement, consolidated/group profit and loss account

Konzernlagebericht group management report

Konzernobergesellschaft (ultimate) parent company

Konzernverlust consolidated accumulated deficit

Konzession franchise

Koordinierungsstelle coordination center (office)

Kopie copy

kopieren to copy, to duplicate

Kopplungsverkauf combination sale

Körperschaft corporate body, corporation, corporate entity

Körperschaft des öffentlichen Rechts public corporation

Korrespondenzbank correspondent bank

Kosten costs, expenses, fees, charges

Kosten abzüglich aufgelaufener Abschreibung depreciated cost, net book value

Kosten für Dienstleistungen fees for services

Kosten, abschreibbare depreciable costs

Kosten, aktivierte capitalized costs

Kosten, anteilige share of costs

Kosten, fixe fixed costs

Kosten, Gemein- overhead expenses

Kosten, geschätzte estimated cost

Kosten, Grenz- marginal cost

Kosten, Grenzkostenrechnung direct costing, marginal costing

Kosten, Ist- actual cost

Kosten, kalkulatorische imputed cost

Kosten, kontrollierbare controllable cost

Kosten, Kredit- borrowing cost, loan expense

Kosten, nicht kontrollierbare non-controllable cost

Kosten, proportionale variable costs

Kosten, vorausbezahlte prepaid expenses

Kosten, vorkalkulierte predetermined cost

Kosten, weiterbelastete on-billed/passed on costs

Kostenabrechnung cost sheet

Kostenabweichung cost variance

Kostenanalyse cost analysis

Kostenangaben cost data

Kostenansammlung cost accumulation

Kostenbeteiligung cost sharing

Kostendeckung cost recovery, break-even

Kosten der verkauften Erzeugnisse cost of goods sold, cost of sales

Kosten einschließlich vereinbartem Gewinn cost-plus-profit

Kosteneinsparung cost saving

Kostenermittlung costing

Kostenerstattung cost recovery

kostenfrei free of charge

Kostenkonto cost account

Kostenrechner cost accountant

Kostenrechnung cost accounting

Kostenrechnung nach Einzelaufträgen job order cost system

Kostenremanenz cost lag

Kostensenkung cost reduction

Kostenstelle cost center

Kostenstellengemeinkostenzuschlag cost center overhead rate

Kostenstellenrechnung departmental costing

Kostenumlage cost allocation, cost distribution

Kostenverantwortlichkeit cost responsibility

Kostenwert cost value

Kouponbogen coupon sheet

Kraftfahrzeug automobile, car, vehicle

Kraftfahrzeugbetriebskosten automobile/car/motor expenses

Kraftfahrzeughaftpflichtversicherung automobile liability insurance, motor insurance

Kraftfahrzeugpark car fleet, automobiles and trucks, vehicle park

Krankengeld sick pay

Krankenversicherung health insurance

Kredit, Bank- credit, loan

Kredit, Beistands- stand-by credit

Kredit, Blanko- unsecured credit

Kredit, durchlaufender transmitted loan

Kredit, eingefrorener frozen loan

Kredit, eingeräumter line of credit, credit line, overdraft facilities

Kredit, in Anspruch genommener borrowings

Kredit, kurzfristiger short-term credit (or loan)

Kredit, langfristiger long-term credit (or loan)

Kredit, laufender standing credit

Kredit, öffentlicher public loan

Kredit, Rahmen- credit line

Kredit, Raten- installment loan

Kredit, Rediskont- rediscount credit

Kredit, Rembours acceptance credit

Kredit, revolvierender revolving credit

Kredit, Überbrückungs- accommodation loan, stand-by credit

Kredit, vorzeitig kündbarer call loan, loan repayble on demand

Kreditabteilung credit/loan department

Kreditakte credit folder, loan file

Kreditantrag loan application

Kreditauftrag credit order

Kreditauskunft credit report, D&B report

Kreditbedarf borrowing requirements

Kreditbeschaffungskosten loan issue expense, arrangement fee

Kreditbesicherung loan security
Kreditbrief letter of credit
Kreditbürgschaft credit guarantee
Krediteinschätzung rating
kreditfähig solvent, sound, credit worthy
Kreditfazilitäten loan/credit facilities
Kreditgeber lender
Kreditgebühr stand-by fee, front-end fee, arrangement fee
Kreditgewinnabgabe burden equalization levy (on loan profits)
Kreditkonditionen credit terms, loan terms
Kreditkosten borrowing costs
Kreditlimit credit limit
Kreditlinie line of credit
Kreditnehmer borrower
Kreditoren, in der Bilanz accounts payable
Kreditorenjournal purchase register/ledger
kreditorische Debitoren customers with credit balances
Kreditprolongation renewal of credit
Kreditprovision loan commission
Kreditrahmenkontingent credit line quota
Kreditrisiko credit risk
Kreditvereinbarungen, allgemeine general business terms (of a bank)
Kreditverkäufe charge/credit sales, sales on credit, sales on account
Kreditverkehr loan transactions
Kreditversicherung credit insurance
Kreditverwalter credit manager
Kreditwesengesetz banking law
Kreditwürdigkeit credit standing
Kreditwürdigkeitsprüfung credit investigation/check
Kreditzusage grant of credit
Kulanz cost absorption without obligation
kumulative Vorzugsaktie cumulative preferred stock
kündbar callable, terminable
Kunde customer, client
Kunden, zweifelhafte doubtful trade receivables, doubtful accounts
Kundenausfall bad-debt loss, write off
Kundendienst customer service
Kundengelder customers' deposits
kündigen to give notice, to terminate

kündigen, fristlos to terminate/dismiss without notice
Kündigung notice, termination
Kündigung, schriftliche written notice, notice of termination
Kündigungsfrist period of notice
Kündigungsgeld time deposit
Kupons, noch nicht eingelöste unredeemed coupons
Kuppelprodukt joint product
Kurs quote, rate
Kurs, Brief- offer, ask
Kurs, Geld- bid
Kurs, Schluß- close
Kursbericht market quotation
Kursdifferenzbuchung foreign exchange adjustment
Kursgewinn exchange profit
Kursnotierung, amtliche official quotation
Kursnotiz quotation
Kursrisiko exchange risk, currency/exchange exposure, foreign exchange risk
Kurssicherung hedge
Kurstabelle quotation record
Kursumrechnung currency conversion
Kursverlust exchange loss
Kurswert market price, quoted value
kurzfristig short-term
kurzfristig (ein Jahr) realisierbare Aktiva current assets
Kurzüberblick highlights, executive summary
Kux quota in a mining corporation, mining share

L

Ladenhüter slow moving and obsolete items
Lagebericht management report
Lager; Bestand warehouse; stock, inventory
Lager, unverzolltes bonded stock
Lagerbestand inventory on hand
Lagerbestandsbericht stock status report
Lagerfachkarte bin card

Lagergebühren warehouse fees, stock holding cost, storage charges
Lagerkarte stock record
Lagerort stock location
Lagerreichweite months in inventory
Lagerschein warehouse receipt
Lagerschwund, durch kleine Diebstähle pilferage
Lagerumschlag inventory turnover, stock turnover
Lagerumschlagshäufigkeit inventory turnover ratio
Land land
Land, Grundstück und Gebäude real estate
Länder states
Landeswährung local currency
Landwirtschaftsbank agricultural bank
langfristig long-term
langfristige Verbindlichkeiten long-term debts, liabilities
Lastenausgleich equalization of war burden
Lastenausgleichsabgabe war burden equalization levy
Lastenausgleichsgesetz (LAG) equalization-of-war-burden law
Lastschrift debit entry, charge
latente Steuern deferred taxes
laufendes Konto current account
Laufzeit term
Leasing, Finanzierungs- capital lease
Leasingdauer term of lease
Leasinggeber lessor
Leasinggegenstand object of lease, leased asset
Leasingnehmer lessee
Leasing-Vertrag lease contract
Lebensdauer, eines Gutes useful life
Lebensversicherung life insurance
Lebensversicherung, Rückkaufswert cash surrender value
Lebensversicherung auf den Todesfall straight-life/death insurance
Lebensversicherung auf den Überlebensfall term insurance
Leerkosten, der nicht genutzten Anlagegüter idle-plant expense
Leerverkauf short sale
Lehre apprenticeship

Lehrling apprentice
Leibrente single-life annuity, life annuity
Leistung; Ausstoß performance, efficiency, output
Leistung, innerbetriebliche self provided service
Leistung/Arbeit (elektrische) demand/energy (electrical)
leistungsabhängige Kosten direct/variable costs
Leistungsbeurteilung performance rating
Leistungsbewertung merit rating
Leistungsgradabweichung, bei Standardkostenrechnung labor efficiency variance
Leistungslohn incentive wage
leitender Direktor general manager
Leiter der Personalabteilung head of personnel department, personnel manager
Leiter der Rechtsabteilung head of the legal department, general counsel
Leiter des Rechnungswesens controller
leitfähige Tinte electrographic ink
Liebhaberei hobby activity
Lieferant supplier
Lieferbedingungen delivery terms
Lieferpreis sales price
Lieferung delivery
Lieferungsrückstand order backlog
Lieferverpflichtung sales commitment
Lieferzeit lead time, delivery time
LIFO-Verfahren LIFO-method
limitierter Kauf- oder Verkaufsauftrag stop-loss order
lineare Abschreibung straight-line method of depreciation
Liniendiagramm line graph
Liquid liquid, solvent
Liquidation liquidation
Liquidationsbilanz liquidation balance sheet/statement of affairs, statement of outcome
Liquidationsgewinn liquidation surplus
Liquidationsverlust liquidation loss
Liquidationswert liquidation value
Liquidator liquidator
liquide Mittel liquid assets
liquide Mittel und Forderungen quick assets

Liquidierung, einer Gebühr invoicing of
  charges
Liquidität liquidity
Liquidität ersten Grades acid ratio
Liquiditätskennzahl liquidity ratio
Liquiditätslage liquidity position, cash
  position
Liste list, schedule
Lizenz license
Lizenzeinnahmen license income, royalty
  income
Lizenzfertigung production under license
Lizenzgebühr royalty, license fee
Lohn wage
Lohn, Brutto- gross pay
Lohn, Netto- net pay
Lohn- und Preiskontrollen wage- and
  price controls
Lohnabrechnung payroll calculation
Lohnabzug, für Steuer, Versicherung, usw.
  payroll deductions
Lohnänderung change in pay rate
Lohnarbeit day work
Lohnbuch payroll register/file
Lohnbüro payroll department
Lohnkonto individual payroll account
Lohnkostenverteilung labor cost distribu-
  tion/allocation
Lohnliste payroll sheet
Lohnniveau wage level
Lohnsteuereinbehalt wage tax withheld
Lohnsteuerjahresausgleich annual wage
  tax equalisation
Lohnsteuerkarte wage tax card
Lohnsteuerprüfung wage tax audit
Lohnstop wage freeze
Lohnstreifen pay slip
Lohnstundensatz hourly rate of pay
Lohntag pay day
Lohntüte pay envelope
Lohnverarbeitung tolling
Lohnverhandlungen wage negotiations
Lohnvorschuß advance on wages
Lombardsatz prime rate
Lorokonten deposit accounts of other
  banks, loro accounts
löschen to clear
Lose-Blatt-Buchführung loose-leaf book-
  keeping

M

Magnetband tape, magnetic tape
Magnetbandeinheit tape unit
Magnetplattenspeicher magnetic disk
  storage
Mahnbescheid court order to pay
Mahnbrief dunning letter, reminder
mahnen dunning, to dun, to send out re-
  minders
Mahnung reminder, dunning letter
Mahnverfahren dunning procedures,
  credit control procedures
Makler broker
Maklergebühr brokerage, broker's com-
  mission
Maklerprovision brokerage
Makler von Wertpapieren stockbroker
Mandant client
Mangel fault
mangelhaft faulty
Mängelrüge complaint
Manteltarifvertrag umbrella agreement
  with unions and industrial federation
manuelle Buchung manual posting
Marge spread
Marke trademark, brand
Markenzeichen trademark, brand
Markt, schwacher thin market, bear mar-
  ket
Markt, starker strong market, bull mar-
  ket
Marktanalyse market survey market
  analysis
Marktpreis market price
Marktpreis, angemessener fair market
  price
Marktwert market value
Maschinen machinery
Maschinenarbeiter operator
Maschinenbelastung machine load
Maschinengang cycle
Maschinengruppe production unit
Maschinenkostensatz machine overhead
  rate
Maschinen und maschinelle Anlagen ma-
  chinery and equipment
Maßgeblichkeitsprinzip principle that the
  treatment followed for book purposes
  must also be adopted in the tax balance

sheet, principle that the valuation method used in the tax balance sheet must follow that used in the commercial balance sheet

Materialabrechner cost clerk for materials

Materialausgabe issue of material

Materialbewegungsliste material transaction register, material usage file

Materialentnahme withdrawal of material

Materialgemeinkosten material overheads

Materialgemeinkostenzuschlag material cost overhead rate, material handling charge

Materialkostenermittlung material costing

Materialschwund, -verlust material shrinkage, scrap

Materialtransportzeit handling time

Materialverbrauch material usage

materielles Recht substantive law

Matrize stencil

Matrizenkarte master card

Mehrgewinn additional income/profit

Mehrheit majority

Mehrheit, mit Mehrheit beteiligtes Unternehmen majority held enterprise

Mehrheitsbeteiligung majority holding, controlling interest

Mehrsteuern, als Ergebnis einer Betriebsprüfung tax deficiency claims, additional tax assessment following a tax audit

Mehrstimmrecht cumulative voting right

Mehrwert additional value

Meistbegünstigungsklausel most-favoured-nation clause

Meister foreman

Meldepflichten reporting requirements

Menge quantity

Mengenbonus volume allowance, quantity discount

Mengeneinheit unit

Mengenkontrolle, buchmäßige quantity control

Mengenrabatt quantity discount

Mengenstandard, -vorgabe quantity standard

Merkposten residual value

Messe trade fair

Mietanlagen, aktivierte capitalized leases

Mietaufwand rental expense, rent

mieten to rent, to lease

Mieter tenant, lessee

Mietertrag rental income

Mietnebenkosten ancillary rental costs

Mietvertrag lease contract, rental agreement

Mietvertrag, langfristiger long-term lease contract/agreement

Mietvorauszahlung rent paid in advance

Mindergewinn reduction in profit

Minderheitsaktionär minority shareholder

Minderheitsanteil am Reinvermögen minority interest

Minderjähriger minor, person under age

Minderlieferung short delivery

Minderung reduction

Minderwert, durch Veralterung loss in value, through obsolescence

Minderzahlung underpayment

Mindestbeteiligung minimum participation

Mindesthaltbarkeitsdatum expiry date, best before date, minimum pull rate; preserved until, best before date

Mindestkapital minimum capital

Mindestreserve statutory reserve, minimum reserve

Mindestreservevorschriften reserve requirements

Mißbrauch von Gestaltungsmöglichkeiten abuse of legal structurings

Mitbestimmung codetermination (by employees)

Miteigentum co-ownership, joint property

Mitglied member

Mithaftung secondary liability

Mitinhaber co-owner

Mitschuldner joint debtor

Mittel means, funds

Mittel, eigene own funds

Mittel, flüssige liquid funds, cash, working capital

Mittel, fremde borrowings

Mittel, verfügbare available funds, disposable funds

Mittelherkunft source of funds

Mittelherkunfts- und -verwendungsrech-nung statement of changes in financial position, statement of source and application of funds, cash flow statement
Mittelkurs spot rate
mittelständische Industrie small business
Mittelverwendung application of funds
Mitternachtsklausel midnight clause
Mitunternehmer partner for tax purposes
Mitunternehmerschaft partnership for tax purposes
Mitwirkungspflicht obligation to cooperate
Mobiliar furniture
Monatsgehalt (Grund-) (Basic) monthly salary
Montage assembly
Moratorium moratorium
multinationale multinational
mündelsichere Kapitalanlage trustee investments
mündliche Verhandlung trial, hearing
Münze coin
Muster sample
Muster, technisches pattern
Muster, unverkäufliches free sample
Muster ziehen to sample
Muttergesellschaft parent company, parent

N

Nachaktivierung additional capitalization
Nachbestellung additional order
Nachforderung additional billing
Nachfrage, lebhafte good demand
Nachfrage, starre inelastic demand
Nachfrage, steigende growing demand
Nachfragepreis bid price
Nachfrist extended term
nach geltendem Recht according to present law
nachgeschaltete Zwischengesellschaft second tier intermediate company
nach herrschender Rechtsprechung according to present jurisdiction

Nachholverbot (steuerliches) claimed when claimable rule
Nachkalkulation actual cost determination
Nachlaß estate
Nachlaß, Preis- price reduction
Nachlaß, Steuer- tax abatement/reduction
Nachnahme cash on delivery (c.o.d.)
Nachschußpflicht liability to pay an additional amount
Nachsteuern back taxes, extra taxes, supplementary taxes
Nachtrag amendment
nachträglich subsequently
Nachversteuerung back taxation
Nachweis evidence
Nachzahlung, Lohn back pay
Näherungswert approximate value
nahestehende Gesellschaft affiliate
Namensaktie registered share
Namenspapier registered security
Natura, in in kind
Naturalleistung payment in kind
Naturallohn wages in kind
Naturalrabatt trade rebate in kind
natürliche Person individual
Nebenkosten ancillary expenses (costs), additional charges
Nebenprodukt by-product
Nebenstelle branch office
negative Saldenbestätigung negative confirmation
Negativklausel negative clause, restrictive covenant
Nennbetrag nominal value, par value
Nenner denominator
Nennkapital authorized share capital
Nennwert face value, par value
Nennwert einer Aktie par value of a share
Nennwert, über dem above par
Nennwert, zum at par value
nennwertlose Aktie no-par share
netto net
Nettoausweis net presentation
Nettobetrag net amount
Nettobuchwert net book value
Nettoergebnis net gain or loss
Nettoerlöswert net realizable value
Nettogewinn net income, net profit
Nettolohn net pay

Nettolohnvereinbarung net salary agreement

Nettoumlaufvermögen working capital

Nettoumsatz net sales/turnover

Nettoverkaufserlös net sales

Nettoverlust net loss

Neubewertung reappraisal, revaluation, reassessment

Neufestsetzung der Kapitalverhältnisse, endgültige final reassessment (redetermination) of the equity structure

Neufestsetzung der Kapitalverhältnisse, vorläufige provisional reassessment (redetermination) of the equity structure

neutraler Aufwand non-operating expenses

neutraler Ertrag non-operating income

neutrales Ergebnis non-operating results

Neuveranlagung reassessment

nicht abzugsfähige Betriebsausgaben non deductible (business) expenses

Nichtbeachtung noncompliance

nicht durch Eigenkapital gedeckter Fehlbetrag capital deficit

Nichterfüllung failure to perform

nichtig null and void

Nichtigkeitserklärung annulment

nicht realisierter Gewinn oder Verlust unrealized gain or loss

nicht umgelegt (Gemeinkosten) unapplied/unallocated (overhead)

Nichtzahlung nonpayment

Niederlassung branch

Niederstwertprinzip lower of cost or market principle

Niedrigsteuerland low tax country, tax shelter

Nießbrauch beneficial interest

Nominalbetrag nominal value, face value

Nominalwert nominal value

Norm standard

Normalbeschäftigung normal capacity

Normalkostenrechnung average standard cost system, cost accounting based on experience standards

Normalsatz basic rate

Nostrokonto account of a bank with another bank, nostro account

Notar notary public

Notenbank central bank

Notierung quotation

notleidend overdue

notwendiges Betriebsvermögen assets necessary for the business, essential business property

Null zero, nil

Nummer number, digit

Nutzefekt, Wirkungsgrad efficiency

Nutzen, entgangener lost benefit

Nutznießer beneficiary

Nutzung use

Nutzungsdauer useful life

Nutzungsdauer, durchschnittliche average useful life

Nutzungsdauer, voraussichtliche expected useful life

Nutzungsrecht beneficial interest

Nutzungswert use value

O

Oberfinanzdirektion (OFD) regional tax office

Obergesellschaft parent company

Obergrenze ceiling, cap

Oberlandesgericht first court of appeal

Obermeister general foreman

Oberster Gerichtshof supreme court

Obligation bond

Obligation, eingetragene registered bond

Obligation mit Zinsabschnitt coupon bond

Obligationsausgabe bond issue

Obligationsdisagio bond discount

Obligationsgläubiger bond creditor, bond holder

Obligationsschuldner bond issuer

Obligo liability, commitment

Offenbarungseid oath of disclosure

offene Handelsgesellschaft (OHG) general partnership

offener Markt open market

Offenlegungspflichten disclosure requirements

offenstehende Beträge open items

öffentliches Recht public law, state law

öffentlich-rechtliche Körperschaft corporation under public law, public body
ohne Berechnung free-of-charge
ohne Gewährleistung oder Obligo without recourse
ohne Verpflichtung without obligation
optimale Betriebsgröße optimal size
Optimalkapazität des Betriebes optimum plant capacity
Option option
Optionsscheine warrants
Orderpapier negotiable instrument, order instrument
Ordner file, folder
Organgesellschaft subsidiary in organic unity/integrated group
Organisationshandbuch organization manual
Organisationskosten (Aufwendungen für Gründung und Kapitalbeschaffung) organization costs (incorporation and initial issueexpenses), start-up expenses
Organisationsplan organization chart
Organisationsplan, graphisch dargestellter Arbeitslauf flow chart
organisatorische Eingliederung organizational integration
Organschaft organic unity (group), integrated companies
Organträger parent in organic unity/integrated group
Outright-Geschäft futures

P

pachten to lease
Pachtgegenstände, Aufwendungen des Pächters für leasehold cost, leasehold improvements
Pachtvertrag lease
Pachtvertrag eines Schiffes charter
Pachtwert rental value
Pari, über above par, at a premium
Pari, unter below par, at a discount
Pari, zu at par
Parität parity, fixed rates

partiarisches Darlehen profit participating loan
Passiva liabilities and equity/capital
Passiva, transitorische deferred income, unearned income
passivieren to set up liabilities
Passivierungsverbot »non accountable liability«
Passivierungswahlrecht »optionally accountable liability«
Passivseite consolidation balance, negative goodwill
Patent, beantragt applied for patent
Patentgebühr (amtlich) patent fees
Patentgebühr (Nutzung) royalty
Patentrecht patent right
Patentverletzung patent infringement
Patronatserklärung letter of comfort
Pauschalbesteuerung lump-sum taxation, taxation at flat rates
Pauschalbetrag lump-sum amount
Pauschalpreis all-inclusive price
Pauschalwertberichtigung lump-sum/general allowance
Pauschalwertberichtigung zu Forderungen general bad debt allowance/general bad debt provision
Pauschbetrag lump-sum amount
Pauschbetrag für außergewöhnliche Belastungen lump-sum allowance for extraordinary financial burdens
Pension pension, retirement income
Pension - Barwert present value of pension
Pension - Rückkaufswert redemption value
Pension - Teilwert fractional value of pension
Pensionsanwartschaft pension right
Pensionanwartschaft, unverfallbare/verfallbare vested/non-vested pension
Pensionsgeschäft sale of securities with repurchase commitment
Pensionsgutachten pension appraisal
Pensionskasse pension fund
Pensionsplan pension plan
Pensionsplan, bei dem auch der Arbeitnehmer Beiträge leistet contributory pension plan
Pensionsrückstellung pension reserve

Pensionssicherungsverein pension insurance association (compulsory membership for companies with pension commitments)
Pensionsverpflichtung pension liability
Pensionsversicherung pension insurance
Pensionszusagen grant of pensions
periodenfremd relating to other periods
periodengerechte Abgrenzung accrual basis of accounting
permanente Inventurunterlagen perpetual inventory records
Person, juristische legal entity
Person, natürliche individual
Personal personnel, staff
Personalabfindungsfonds staff leaving indemnity reserve, redundancy fund, staff indemnity fund
Personalabteilung human resources/personnel department
Personalakte personnel file
Personalaufwand personnel costs, staff expenses, payroll (cost)
Personalbudget manpower budget
Personalchef human resources/personnel manager
Personalkredit personnel loan, personnel credit, employee loan
Personengesellschaft private company, partnership
Personenvereinigung association
persönlich haftender Gesellschafter general partner
Pfand pledge, security
Pfandbrief mortgage bond, hypothecation bond
Pfandrecht lien
Pfändung attachment, distraint, to take a charge
Pfändung einer Lohnforderung garnishment
Pfändungsbeschluß order of attachment, order to foreclose, charging order
Pfändung zur Eintreibung einer Steuerschuld tax foreclosure, to take a charge for tax liabilities
pfandweise by way of pledge
Pflichtangaben, im Jahresabschluß disclosure requirements

Pflichtprüfung statutory audit requirement, audit required by law
Pflichtverletzung breach of duty
Pflichtversicherung compulsory insurance
Plafond ceiling, limit
Plan plan, budget
Plan, Einnahmen- und Ausgaben- cash budget, cash flow forecast
Plankostenrechnung standard cost accounting
planmäßig as scheduled
Planung, Finanz- financial planning
Planung, kurzfristige short-term planning
Planung, langfristige long-term planning
Plazierung placing, placement
Police, Versicherungs- insurance policy
Pönale penalty
Portefeuille portfolio
Porto, Telefon und Telegramme postage, telephone and telegraphs
Post mail
Postbankguthaben balance on post office bank account
Postbankkonto postoffice bank account
Posten item
Postenzähler item counter
Postsparkonto postal savings account
Postüberweisung money transfer through the postal banking system (D)
Prämie bonus
Prämie, Versicherungs- insurance premium
Prämienrückstand arrears of premiums
Präsident president
Präsidium board of directors, executive board
Preis price, consideration
Preisabweichung (in Kostenrechnung) price variance
Preisangebot quotation, bid, offer price
Preisangebot, ein Preisangebot machen to quote
Preisbindung price prescription, price-fixing clause
Preiserhöhung price increase
Preisermäßigung price reduction
Preisgabe abandonment
Preisgleitklausel index linked price clause, inflation proofing clause
Preiskartei selling price file

Preiskontrollen price controls
Preisnachlaß rebate, allowance, discount
Preisniveau price level
Preisnotierung an der Börse market quotation
Preisrückgang, Preisrücknahme price cutback, drop in price, price reduction
Preissteigerungsrücklage special deduction allowed against inventories due to higher replacement costs (as defined under German tax regulations), price increase allowance
Priotitätsobligation preference bond
private Zwecke for personal use
Privatkonto proprietor's drawing account
Privatrecht private law
Probe sample
Produkte in Bearbeitung work in process/progress
Produktenbörse commodity exchange
Produkthaftung manufacturer's liability
Produktion production, manufacturing
Produktionsabteilung manufacturing department
Produktionsbericht production statement/report
Produktionseinheit unit of production
Produktionskennziffer production index
Produktionskosten cost of production
Produktionsmaterial direct material
Produktionsmittel manufacturing assets/equipment
Produktionsplan manufacturing budget
Produktionsprogramm production scheme/range
Produktionsstätte production unit, factory
Produktionsüberwachung production control
Produktionsvolumen production volume
Produktionsziel production target
Produktivität productivity
produzieren to produce, to manufacture
Proforma-Rechnung pro forma invoice
Progressionsvorbehalt progression clause
Projektkosten project costs
pro Kopf per capita
Prokura power of attorney
Prokurist person holding power of attorney, authorised (UK)/authorized (US) officer
Prolongation prolongation, renewal
prolongierter Wechsel renewal note
Prospekt, Börsen- prospectus
Prospekt, Verkaufs- pamphlet, sales literature
Protestspesen protest fee
Protokoll minutes
Provision commission
Provisionsanspruch commision claim
Prozentsatz percentage
prozessieren to sue, to litigate
Prozeß lawsuit, litigation
Prozeßkosten court and legal costs
Prozeßrisiko risk of a lawsuit, litigation risk
Prüfbericht technischer Art inspection report
prüfen, administrativ to examine, to check
prüfen, technisch to inspect
Prüfer examiner, auditor, inspector
Prüfung audit
Prüfung an Ort und Stelle spot check
Prüfung der zahlenmäßigen Richtigkeit clerical/arithmetical verification/accuracy check
Prüfung, lückenlose detailed examination
Prüfung, stichprobenweise examination on a test basis, sampling
Prüfungsakte, permanente continuing audit file (CAF)
Prüfungsauftrag audit engagement
Prüfungsbericht auditors' report
Prüfungsgebühren audit fees
Prüfungsgrundsätze auditing standards
Prüfungshandlungen auditing procedures
Prüfungspflicht audit requirement
Prüfungspflicht, gesetzliche statutory (legal) audit requirement
Prüfungsprogramm audit program
Prüfungsstichtag audit date
Prüfungsumfang audit scope
Prüfungswesen auditing
Prüfungszeichen (Haken) tick mark
Prüfungszeitraum audit period
Prüfung von Frachtrechnungen freight-rate check
Prüfzettel inspection ticket

Publizitätsgesetz company disclosure law (D)
Punkte, bezogen auf die letzten Ziffern eines Börsenkurses points referring to the last digits of the full quotation

Q

Qualität quality
Qualitätsgewähr warranty
Quellenbesteuerung taxation at source
Quellensteuer tax withheld at source, withholding tax
Queraddition cross-footing
Querkontrolle cross-checking
Querschnitt cross-section
Quittung receipt
Quote quota, share
Quotenkonsolidierung quota consolidation, pro rata consolidation
Quotenpapier no par value share
Quotierung quotation

R

Rabatt allowance, rebate
Rabatt, Natural- rebate in kind
Rangfolge order of rank, ranking
Rangrücktrittserklärung letter of subordination
Rate installment
Ratenkreditgeschäft hire-purchase business, hire-purchase transaction
Ratenverkäufe installment sales
Rationalisierungsinvestition investment made to increase efficiency
Realeinkommen real income
realisierbar realizable
realisieren to realize
realisierter Gewinn realized profit
Realkredit loan on real estate
Rechenfehler clerical error
Rechenschaftspflicht accountability
rechnerische Richtigkeit clerical accuracy

Rechnung invoice, bill
Rechnungsabgrenzungsposten prepaid expenses and deferred charges
Rechnungsabgrenzungsposten, antizipatives Aktivum (z.B.: im neuen Jahr für das alte Zinsen erhalten) accrued income
Rechnungsabgrenzungsposten, antizipatives Passivum (z.B.: im neuen Jahr für das alte Provision zahlen) accrued expense
Rechnungsabgrenzungsposten, transitorisches Aktivum (z.B.: Miete im alten Jahr für das neue gezahlt) prepaid expense;
– bei langfristigen Posten: deferred charges
Rechnungsabgrenzungsposten, transitorisches Passivium (z.B.: Pacht im alten Jahr für das neue erhalten) deferred income
Rechnungsabteilung billing department
Rechnungseingangsbuch file of invoices received
Rechnungsjahr fiscal/financial year, accounting period
Rechnungslegung accounting
Rechnungslegungsvorschriften accounting principles
Rechnungsprüfung invoice control
Rechnungsschreibung billing, invoicing
Rechnungswesen accounting
Rechnungswesen, Leiter des chief accountant, controller
Recht; ein Recht law, right
Recht, nach geltendem according to present law
Recht, nach herrschender Rechtsprechung according to present jurisdiction
Recht, verbrieftes chartered right, legal right
Rechte, grundstücksgleiche leases equivalent to fixed assets
Rechts- und Beratungskosten legal and professional fees
Rechtsanspruch legal claim
Rechtsanwalt attorney, lawyer, barrister (GB)
Rechtsbehelfsbelehrung notification of (tax payer's) remedies/rights
rechtsfähiger Verein association with independent legal status

Rechtsform legal form of organization
Rechtsgrundsatz generally accepted rule
Rechtsirrtum error of law
rechtskräftig legally binding
rechtskräftig abgeschlossener Fall closed case
rechtskräftiger Steuerbescheid legally effective tax assessment notice
Rechtslage legal position
Rechtsmißbrauch abuse of law
Rechtsmittel, eines Steuerpflichtigen tax payer's remedies/rights
Rechtsnachfolger successor in title
Rechtsprechung jurisdiction
Rechtsstreit lawsuit, litigation
rechtsungültig invalid
Rediskont rediscount
Rediskontsatz rediscount rate
REFA-Studien time and motion studies
Refinanzierung refinancing
Regale shelves
Regelung settlement
Regress recourse
Regressansprüche recourse claims
Reinertrag net proceeds
Reingewicht net weight
Reingewinn net income, net profit
Reingewinn, unverteilter retained earnings, earned surplus
Reinverlust net loss
Reinverlust, aufgelaufener accumulated deficit
Reinvermögen net worth, net assets, net equity
Reinvestion reinvestment
Reisekosten travel expenses
Reisekostenaufwandsentschädigung travel allowance
Reisescheck traveler's check
Reklamation complaint
Reklame advertising
Rekrutierungsaufwand recruiting expense
Rendite yield
Rendite, Reinertrag des angelegten Kapitals return on investment
Rentabilität profitability, viability
Rente annuity
Rente, Barwert einer zukünftigen cash value of a deferred annuity

Rente, Gegenwartswert einer laufenden present value of a current annuity
Rentenbarwert present value of an annuity
Rentenpapiere, öffentliche treasury bonds
Rentenschuld annuity due
Rentenschuldverschreibungen annuity bond
Rentenversicherung, gesetzliche compulsory old age insurance, compulsary pension contributions
Reparaturen repairs
Report premium
Repräsentant representative
Repräsentativuntersuchung statistical sampling
Reserve, eine Reserve bilden to set up a reserve
Reserve, stille hidden reserve
Reserveausrüstung stand-by facilities
Reservekapazität spare capacity
Reservenlegung building up reserves
Rest rest, remainder, balance
Restbetrag, Differenzbetrag remaining balance, difference
Restbuchwert net book value
Restposten rest
Restwert residual value
Revision, interne internal audit
Revision beim Bundesfinanzhof review of the decision of the taxcourt by the supreme tax court
Revisor auditor
revolvierend revolving
Richtlinien regulations, guidelines, directives
Risikoabsicherung, volle Risikoabsicherung durch den Versicherer full insurance coverage
Risikoübernahme coverage, risk cover
Roh-, Hilfs- und Betriebsstoffe raw materials and supplies
Rohbilanz trial balance, work sheet (US)
Roheinnahme gross receipt
Rohergebnis gross results
Roherlös gross sales
Rohertrag, Rohgewinn gross profit, gross proceeds
Rohstoff raw material
Rohverlust gross loss

Rohvermögen gross assets
Rollgeld carriage, freight charge
Rückdeckungsversicherung reinsurance
Rückerstattung refund
Rückerstattung, Anspruch auf claim for refund
Rückgriff recourse
Rückgriffsrecht recourse right/claim
Rückkaufskurs redemption value/rate
Rückkaufswert cash surrender value, redemption value, repurchase value
Rücklage reserve
Rücklage auflösen to reverse a reserve, to release a reserve
Rücklage aus Agio capital surplus, paid-in surplus
Rücklage aus kostenfreiem Vermögenserwerb donated surplus
Rücklage bilden to provide a reserve
Rücklagen gemäß steuerlichen Vorschriften reserves recorded in accordance with tax regulations
Rücklage, freie free reserve, free surplus
Rücklage, für eigene Anteile reserve for treasury stock
Rücklage, für Ersatzbeschaffung reserve for asset replacement
Rücklage, für Preissteigerungen reserve for price increases
Rücklage, für Verluste ausländischer Tochtergesellschaften reserve for foreign subsidiaries' losses
Rücklage, gesetzliche legal reserve, appropriated surplus
Rücklage, offene open reserve, appropriated surplus
Rücklage, Preissteigerungs- stock appreciation reserve
Rücklage, satzungsgemäße statutory reserve
Rücklage, steuerfreie tax allowable reserve, tax free reserve
Rücklage, stille hidden reserve
Rücklage, versicherungstechnische actuarial reserve
Rücklage, versteuerte surplus after taxes
Rücklage, zweckgebundene appropriated reserve, appropriated surplus
rückläufiger Trend downward trend
Rücklieferung sales return

Rücknahme, zwangsweise repossession
Rückprämie put option
Rückscheck returned check, bounced check
Rückstand, Liefer- back order, backlog
Rückstand, Zahlungs- back payments, payments in arrears
rückständige Dividende dividends in arrear
Rückstellung accrual, accrued liability, provision
Rückstellung auflösen to reverse an accrual/provision
Rückstellung bilden to set up an accrual/provision
Rückstellungen, Auflösung von reversal of accruals/provisions
Rückstellungen, Erträge aus der Auflösung von income from the reversal of accruals/provisions
Rückstellungen, sonstige other accruals/provisions
Rückstellungen, Zuführung zu provision for accruals
Rückstellung für Ausgleichsansprüche equalization accrual/provision
Rückstellung für Entlassungsentschädigungen accrual/provision for severance pay
Rückstellung für Ertragssteuern accrual/provision for income taxes
Rückstellung für Garantieverpflichtungen (für Gewährleistungsansprüche) accrual/provision for guarantee obligations, accrual for warranties
Rückstellung für Pensionsverpflichtungen pension accrual/reserve/provision
Rückstellung für schwebende Geschäfte accrual/provision for pending transactions
Rückstellung für unterlassene Instandhaltung provision/accrual for necessary repairs
Rückstellungsaufwand für provision for
Rücktrag carry back
rücktragsfähig able to be carried back
Rücktritt vom Vertrag rescission
Rücktritt von einer Stellung resignation
Rückvaluta backvalue
Rückvergütung refund, reimbursement
Rückwechsel cross-bill

rückwirkend retroactive
Rückzahlung repayment
Rückzahlungsbedingungen repayment terms
Ruhegeld retirement compensation, pension (payment), old age compensation
ruhende Gesellschaft dormant company
Ruhestand retirement
Rumpfgeschäftsjahr stub period
Runderlaß circular order
Rundschreiben circular
Rüstzeit set-up time

S

Sachanlagen fixed assets, property, plant and equipment
Sachanlagevermögen tangible fixed assets
Sachbezug remuneration in kind
Sache, bewegliche chattel
Sacheinlage contribution in kind
Sachgebietsleiter, beim Finanzamt supervisory tax officer, group head
Sachgründung formation of a company with in-kind capital contribution
Sachkonten general ledger accounts
Sachleistung payment in kind
Sachwert real value
Saldenbestätigung mit Rückantwort positive confirmation
Saldenbestätigung ohne Rückantwort bei übereinstimmendem Saldo negative confirmation
Saldenbilanz trial balance
Saldenliste der Forderungen receivables, ledger/list
Saldenliste der Forderungen mit Altersgliederung aged sales ledger/receivables list
saldieren to net out
Saldierungsverbot no netting-off principle
Saldo balance
Saldovortrag am Jahresanfang balance at beginning of year, opening balance
Saldovortrag balance carried/brought forward, carry-forward
Sammelbuchung compound entry
Sammeldepot custody account

Sammelfaktura monthly billing
Sammeljournal general journal
Sammelkonto control account
Sammelposten compound item
Sammelwertberichtigung lump-sum reserve, general purpose allowance, general reserve
Sanierung turnaround, debt restructuring, work out
Sanierungsgewinn (-verlust) book gain (loss) on debt restructuring
Satzung statutes, by-laws, articles of association
Satzungsänderung change of articles
Satzungsbestimmungen statutory provisions, by-laws
satzungsgemäß statutory, according to the by-laws
Säumniszuschlag late-payment penalty
Schachtelbeteiligung privileged investment, qualified minority interest
Schachteldividende dividends with affiliation privilege
Schachtelprivileg affiliation privilege
Schaden damage
Schadendeckung, volle full coverage, full damage cover
Schadenersatz compensation for damages
Schadenersatzanspruch claim for damages
Schadenersatzklage action for damages
Schadenersatzleistung indemnification
Schadenersatzpflicht liability for damages
Schadenersatzversicherung indemnity insurance
Schadensfall casualty, insured loss
Schaltergeschäft over-the-counter business
Schatzanweisung treasury note
Schätzung appraisal
Schatzwechsel treasury bill
Scheck check (US), cheque (UK)
Scheck, Bank- certified check
Scheck, Bar- open check
Scheck, Bilanzposten checks on hand
Scheck, einen Scheck ausstellen to issue a check
Scheck, einen Scheck zu Protest gehen lassen to countermanda check, to stop a cheque

Scheck, eingelöster cancelled check
Scheck, nicht eingelöster unpresented check
Scheck, noch nicht zur Einlösung vorgelegter unpresented check
Scheck, unbrauchbar gemachter voided check
Scheck, zum Inkasso gegebener cashed check, check for collection
Scheck, Verrechnungs- crossed check
Scheckanforderung check request
Scheckausgangsbuch check register
Scheck mit anhängendem Zahlungsnachweis voucher check
Schecksperre stop payment order
Scheingeschäft dummy transaction
Scheingewinn paper profit
Scheinkauf fictitious purchase
Schicht shift
Schiedsgericht court of arbitration
Schiedsrichter arbitrator
Schlichtung im Lohnstreit wage arbitration
Schließfach bei einer Bank safe deposit box
Schlußabrechnung final billing/invoice
Schlußbesprechung, im Rahmen einer steuerlichen Außenprüfung final tax audit discussion; closing meeting, of a tax audit
Schlußbilanz closing balance sheet
schlüsselfertiger Auftrag turnkey contract
Schlußkurs close, closing price
Schlußnote contract note
Schlußnotierung closing quotation
Schmiergelder bribes, backhander (GB), kickback (US)
Schnellhefter folder
Schonfrist grace period
Schreibfehler typing error
Schrottwert scrap value, salvage value
Schuld, fällige matured liability, amount due
Schuld, in Raten rückzahlbare installment debt
Schuld, kurzfristige short-term liability
Schuld, langfristige long-term liability
Schuld, Löschung einer cancellation of a debt
Schuld, schwebende contingent liability

Schuld, strafrechtlich guilt
Schuld, zivilrechtlich obligation, liability, debt
Schuldabzahlung payment of a debt
Schuldanerkenntnis acknowledgment of debt
Schuldbefreiung discharge of debt
Schuldbrief debt instrument
Schuld der öffentlichen Hand public debt
Schulden outstanding debts
Schuldenkonsolidierung consolidation of debts
Schulderlaß forgiveness of a debt, debt foregiveness, debt waiver
schuldig, strafrechtlich guilty
Schuldner debtor
Schuldsaldo debit balance
Schuldschein certificate of indebtedness
Schuldscheindarlehen loan against a promissory note
Schuldtilgungsfond sinking fund
Schuldverschreibung bond, debenture
Schuldverschreibung, auf den Inhaber bearer bond
Schuldverschreibung der Gemeinden municipal bond
Schuldverschreibungen der Länder state bond
Schuldverschreibungen des Bundes federal bond
Schuldverschreibungen, vom Kreditnehmer auf Abruf rückzahlbar callable bond, debt repayable on demand
Schuldwechsel note payable, promissory note
Schuldzinsen interest on debts
Schutzklausel protection clause
Schutzrecht, gewerbliches registered designs, trademark
Schutzzoll protective duty
schwebende Geschäfte pending contracts/transactions
schwebendes Konto suspense account
Schwund shrink, shrinkage
Selbstanzeige self accusation
Selbstfinanzierung self-financing, retention of earnings
Selbstkontrolle voluntary control
Selbstkosten costs, cost price
Selbstkostenpreis cost price

Selbstveranlagung self assessment
Selbstversicherungsrücklage selfinsurance reserve
Sicherheit security, collateral
Sicherheiten für ein Darlehen collateral for a loan
Sicherheitsabtretung assignment of security
Sicherheitsfonds guarantee fund
Sicherheitsgeber guarantor
Sicherheitsklausel security clause
Sicherheitsleistung security, bail
Sicherheitsnehmer secured lender
sichern, eine Forderung durch Pfand to collaterize, to provide grant security for a debt
Sicherungseigentum equitable title, pledged property
Sicherungshypothek mortgage security
Sicherungsübereignung chattel mortgage
Sicht, bei on sight
Sichteinlage demand deposit
Sichtwechsel demand note
Simultankauf und- verkauf von Wertpapieren wash sale
Sitz domicile
Sitz der Geschäftsleitung corporate headquarters
Sitz einer Firma principal place of business, place of registration
Sitzung meeting, session
Sitzungsgelder meeting attendance fees
Sitzungsprotokoll minutes of a meeting
Skonti und Rabatte cash und trade discounts
Skonto discount
Skonto, Bar- cash discount
Skontoverlust lost discount
Solawechsel promissory note, personal note
Solidaritätszuschlag reunification charge
Soll, als Buchung debit
Soll, als Ziel standard, target, goal
Sollbuchung debit entry
Soll/Istvergleich comparison of performance to budget, comparison of budget with actual figures
Sollkosten estimated (standard) cost
Sollsaldo debit balance
Sollzinsen interest expense

Solvenz solvency
Sonderabschreibung special/extraordinary deprecia-tion allowance, accelarated depreciation
Sonderabschreibung, Teilwertberichtigung von Anlagegütern partialwrite-down of assets
Sonderausgaben special expenses, special personal deductions (German tax law)
Sonderbelastung special charge
Sonderbetriebsvermögen deemed business property (business property of a partnership owned by individual partners)
Sonderbilanz special purpose balance sheet
Sondereinzelkosten des Vertriebs direct sales costs (allowed to be capitalized)
Sonderposten mit Rücklageanteil special reserves, not taxable until use or liquidation (German tax law), special reserve with an equity portion
Sonderprüfung special audit
Sonderrücklage, zweckgebundene special purpose reserve
Sonderrücklage aus Neubewertungen special reserve from revaluation, appraisal surplus, revaluation reserve
Sondersteuer special tax
Sondervergütung bonus
Sonderverlustkonto aus der Rückstellungsbildung special loss account for provision (special item in DM-opening balance sheet of companies in the former GDR)
Sonderziehungsrechte special drawing rights
Sonn- und Feiertagsvergütung holiday pay
sonstige Abzüge other deductions
sonstige Aufwendungen other expenses
sonstige Forderungen other accounts receivable
sonstige Steuern other taxes
sonstige Verbindlichkeiten other accounts payable
Sorten foreign notes and coins
Sozialabgaben social security contributions
Sozialabteilung welfare department
Sozialbezüge, sonstige fringe benefits

soziale Aufwendungen, freiwillige voluntary employee benefit expenses
soziale Aufwendungen, gesetzliche compulsory employee benefit expenses, social security expenses
sozialer Wohnungsbau governmentsupported housing
Sozialplan social plan (on mass lay-offs), redundancy scheme
Sozialprodukt, brutto gross national product (GNP)
Sozialversicherung social security insurance
Sozialversicherungsbeiträge social security contributions
Sozialversicherungsleistungen social security benefits
Spalte column
Spaltenbogen columnar sheet
Spanne margin
Spareinlage savings deposit
Spareinlage, Wertpapier für eine savings certificate
Sparkasse savings bank, municipal bank
Spediteur forwarding agent, (freight) forwarder
Spekulationsgeschäft speculative transaction
Spekulationsgewinn/-verlust gain/loss from speculative transactions
Spekulationspapier speculative stock, junk bond
Spende (charitable) donation, gift
Spende für mildtätige Zwecke charitable contributions
Sperrkonto blocked account, escrow account, frozen account
Spesen expenses
Spesen, Bank- bank charges
Spesen, Reise- travel expenses
Spesenerstattung expense reimbursement
spesenfrei „expenses paid"; i.e. free, without charge
Spesenkonto expense account
Spezifizierung specification
Spitzensteuersatz marginal tax rate
Splittingtariftabelle tax table for married persons
Staatsausgaben public expenditures
Staatseinkünfte public revenues

Staatsetat government budget
Staatspapiere government bonds
Staatsrecht constitutional law
Staatsschuld public debt
Staatszuschuß government subsidy
Staffelpreis sliding-scale price
Stammaktie common stock
Stammeinlage paid-in capital stock, capital invested
Stammhaus home office, parent company
Stammkapital capital stock, share capital
Stammkapital, verdecktes hidden capital
Standardkosten standard cost
Standardkostenabweichung standard cost variance
Standardkostenrechnung standard cost (accounting) system
Standardkostenrechnung auf der Basis historischer Kosten estimated actual cost system, based on experience standards, standard cost system based on historic costs
Standardlohnkosten standard labor cost
Standardpreis standard price
Standardrate standard rate
Standardwerte (Börse) blue chip stocks/shares
Statistik statistics
statistisch statistical, based on sampling
Statuten by-laws, articles of association
Stechkarte clock card, punch card
Stechuhr time clock
steigende Nachfrage growing demand
steigende Tendenz upward trend
Stellenangebot employment offer
Stellenbesetzungsplan manning table, staffing schedule
Stellengemeinkosten departmental overhead expense
Stellenvermittlungsdienst placement service, employment agency
stellvertretender Vorsitzender des Aufsichtsrates vice (UK)/deputy (US) chairman of the supervisory board
stellvertretender Vorstandsvorsitzender vice (UK)/deputy (US) chairman of the management/executive board (US)
stellvertretendes Vorstandsmitglied deputy member of the board of management/executive board (US)

Stellvertreter, im Betrieb assistant, representative, proxy
Sterbegeld death benefit
Sterbetafel, Sterblichkeitstabelle (in Versicherungsmathematik) mortality table, life expectancy table
Sterling Block sterling area
stetig consistent
Stetigkeit consistency
Stetigkeitsgebot demand for consistency
Steuer tax
Steuer, Abzugs- withholding tax, tax at source
Steuer, Aufsichtsrats- directors' tax
Steuer, Beförderungs- transportation tax
Steuer, Bier- Beer tax
Steuer, Börsenumsatz- stock exchange transaction tax, share transfer tax
Steuer, Branntwein- tax on liqueur
Steuer, Einfuhrumsatz- turnover equalization tax, import value added tax
Steuer, Einkommen- personal income tax
Steuer, Erbschaft- inheritance tax, estate tax, death duties
Steuer, Ertrag- income tax
Steuer, Gesellschaft- capital investment tax
Steuer, Getränke- beverage tax
Steuer, Gewerbe- municipal trade tax
Steuer, Gewerbesteuer auf das Kapital municipal trade tax on capital
Steuer, Gewerbesteuer auf den Ertrag municipal trade tax on income
Steuer, Gewerbesteuer auf die Lohnsumme municipal trade tax on payroll
Steuer, Grund- property tax, real estate tax
Steuer, Grunderwerb- real estate transfer tax, real estate acquisition tax
Steuer, indirekte excise taxes
Steuer, Kapitalertrag- capital yields tax, withholding tax
Steuer, Kapitalverkehr- capital transfer tax, tax on capital transactions
Steuer, Kirchen- church tax
Steuer, Körperschaft- corporate income tax
Steuer, Kraftfahrzeug- motor vehicle tax
Steuer, Lastenausgleichsabgabe burden equalization levy

Steuer, Lohn- wage tax
Steuer, Lohnsummen- municipal trade tax on payroll
Steuer, Luxus- luxury tax
Steuer, Mehrwert- value added tax
Steuer, Mineralöl- , crude oil tax, gas tax
Steuer, progressive progressive tax
Steuer, proportionale proportional tax
Steuer, Quellen- tax withheld at source, withholding tax
Steuer, rückständige arrears of tax
Steuer, Schenkung- gift tax
Steuer, Sonder- special tax
Steuer, sonstige other taxes
Steuer, Stempel- stamp duty
Steuer, Tabak- tobacco tax
Steuer, Umsatz- turnover tax, value added tax (VAT)
Steuer, Umsatzausgleich- turnover equalization tax
Steuer, Verbrauch- excise tax
Steuer, Vergnügungs- entertainment tax
Steuer, Verkehrs- transaction/tradingtax
Steuer, Vermögen- net assets tax, net worth tax
Steuer, Vermögenszuwachs- deemed capital gains tax
Steuer, Versicherungs- insurance tax
Steuer, Wechsel- tax on promissory notes
Steuer, Wertpapier- security transaction tax
Steuerabteilung tax department
Steuerabzug an der Quelle tax withholding at source, tax deduction at source
Steueranrechnung tax credit
Steueranrechnung, indirekte indirect tax credit
Steueranrechnung, Höchstgrenze für limitation for tax credit
Steueranrechnung, fiktive deemed tax credit
Steueranrechnungsverfahren tax credit system, imputation system
Steueranspruch tax claim
Steueraufkommen tax revenue
Steueraufschub tax deferral
Steuerausfall tax deficit
Steuerausländer non-resident taxpayer
Steuerausschuß tax committee
steuerbar taxable, subject to taxation

steuerbarer Umsatz sales subject to taxation

Steuerbeamter tax agent, revenue agent

steuerbefreit tax exempt

Steuerbefreiung tax exemption

steuerbegünstigt tax privileged

Steuerbehörde tax authority

Steuerbelastung tax burden

Steuerbelastungsvergleich comparison of effective tax burden

Steuerbemessungsgrundlage tax base, assessment basis

Steuerberater tax consultant

Steuerberatungsgesetz tax advisory law

Steuerberechnung tax computation

Steuerbescheid tax assessment notice

Steuerbescheid, rechtskräftiger legally effective tax assessment notice

Steuerbetrug criminal tax fraud

Steuerbilanz tax balance sheet

Steuereinbehalt tax withholding

Steuereinnahmen tax revenues

Steuererklärung tax return

Steuererklärung, gemeinsame joint return (married)

Steuererklärung, getrennte separate return (married)

Steuererklärung, Zeitpunkt für Abgabe der deadline for filing a tax return

Steuererklärung abgeben to file a tax return

Steuererklärungstermin due date of tax return

Steuererlaß abatement of tax

Steuererlaß (-vorschrift) tax ruling

Steuererleichterung tax relief

Steuerermäßigung tax reduction

Steuerersparnis tax saving

Steuererstattung tax refund

Steuerertrag tax revenue

Steuerfahnder tax agent/investigator

Steuerfahndung tax investigation

Steuerfestsetzung tax assessment

Steuerflucht tax evasion

Steuerforderung tax claim

steuerfrei tax exempt

Steuerfreibetrag tax exempt amount

steuerfreie Einnahme/Einkünfte tax exempt income

Steuerfreigrenze tax exemption limit

Steuergeheimnis tax secrecy/ tax confidentiality

Steuergericht tax court

Steuergesetzgebung tax legislation

Steuergesetz tax law, revenue code (U.S.)

Steuerhinterziehung fraudulent tax evasion, tax fraud

Steuerhoheit jurisdiction in tax, power to tax

Steuerinländer resident taxpayer

Steuerjahr tax year, fiscal year

Steuerklasse tax class

Steuerlast tax burden

steuerliche Außenprüfung tax audit

steuerliche Förderungsmaßnahme tax incentive

steuerlicher Verlustvortrag tax loss carry-forward, net operating loss carry-forward (NOL)

Steuermeßbetrag base value for tax purposes

Steuernachforderung (als Ergebnis einer Betriebsprüfung) additional tax assessment

Steuernummer tax office reference number, taxpayer's identification number

Steueroase tax haven, tax shelter

Steuerobjekt tax object

Steuerpflicht liability for taxation, subject to taxation

Steuerpflicht, beschränkte subject to limited taxation, limited tax liability

Steuerpflicht, unbeschränkte subject to unlimited taxation, unlimited tax liability

steuerpflichtiges Einkommen taxable income

Steuerplanung tax planning

Steuerprüfung tax audit

Steuerrecht tax law

Steuerrichtlinien tax regulations, tax guidelines

Steuerrückvergütung tax refund

Steuersatz tax rate

Steuersatz, gespaltener split tax rate

Steuerschätzung tax estimation

Steuerschuld tax balance due

Steuerstrafe tax penalty

Steuerstraftat tax crime

Steuerstrafverfahren criminal tax litigation/proceeding
Steuerstufe tax bracket
Steuersubjekt tax subject
Steuertabelle tax table
Steuertermin tax payment date
Steuerumgehung tax avoidance, tax evasion
Steuerveranlagung tax assessment
Steuervergünstigung tax benefit, tax concession
Steuerverkürzung negligent tax evasion
Steuervermeidung tax avoidance
Steuerverwaltung tax administration
Steuervorauszahlung tax prepayment
Steuervordruck tax form
Steuervorteil tax advantage
Steuerwert assessed value for tax purposes
Steuerzahler taxpayer
Steuerzeitschrift tax journal
Stichproben machen to sample
Stichtag cut-off date
Stichtagskurs current rate, rate on day of reference
Stifter donor, founder
Stiftung foundation, trust
still Beteiligter, stiller Gesellschafter silent partner
stille Beteiligung silent partnership
stille Beteiligung, atypische atypical silent partnership
stille Beteiligung, tyische typical silent partnership
stillegen to shut down
stille Gesellschaft silent partnership
Stillegung eines Anlagegutes abandonment, retirement
stille Reserven hidden reserves
stiller Gesellschafter silent partner
stillschweigende Einwilligung acquiescence
stillschweigende Genehmigung tacit approval
stimmberechtigte Aktie voting share, voting stock
Stimmengleichheit tie vote
Stimmenmehrheit majority of votes
Stimmenminderheit minority of votes
Stimmrecht voting right

Stimmzettel ballot
Stockdividende stock dividend, bonus stock/shares
stornieren to cancel
stornieren, eine Buchung to reverse an entry
Storno cancellation, reversal
Stornobuchung reversing entry
strafbar punishable
Strafe fine, penalty
Strafgericht criminal court
Strafgesetzbuch penal code
Strafrecht criminal law
strafrechtliche Handlung crime, criminal offence, illegal act
Strafsteuer tax penalty
Streichung cancellation
Streit dispute
Streitfrage, anhängige issue in dispute
Streitwert value of matter in dispute
Strom, Gas, Wasser usw. utilities
Stück piece, unit
Stückelung, bei Aktien denomination
Stückkosten cost per unit, unit cost
Stückliste bill of material
Stücklohn, reiner straight piece rate, piece work
Stücklohnsatz piece (work) rate
Stückpreis unit price
Stückzinsen, aufgelaufene Zinsen accrued interest
Stundenlohnsatz pay rate per hour
Stundung (tax) respite, grace, extension, deferral
Substanzerhaltungsrücklage »inflation reserve«
Substanzverzehr real-asset loss/usage
Substanzverzehr, bei Bodenschätzen depletion
Substanzwert net real asset real value, asset value
Subvention subsidy
Subventionsbetrug criminal subsidy fraud
Summe total, sum
Summenaktie, Nennwertaktie par value stock
Swap-Geschäft swaps business, swaps transaction

T

Tabelle table, chart, schedule
tabellieren to tabulate
Tagegeld daily expense allowance, per diem
Tagesgeld call money
Tagesgeldzinssatz call rate
Tageskosten current cost
Tageskurs current rate, spot rate
Tagespreis current price, actual market price
Tagessatz per diem rate
Tageswert current value
Tantieme bonus
Tarif tariff
Tarifbelastung statutory tax rate
Tarifgruppe labor grade, wage group
Tariflohn bargained wage
Tarifverhandlungen collective bargaining
Tarifvertrag labor contract between employees and management
Tastatur key board
Tätigkeitsbericht activity report
Tätigkeitsbeschreibung job description
Tausch exchange, swap, trade
Tauschgeschäft exchange transaction, barter
Tauschgeschäft, Devisen- swaps, foreign currency swaps
Tauschhändler barterer
Täuschung deception, fraud
Täuschung, arglistige wilful deceit
Täuschung, verabredete collusion
Tauschwert barter value, value in exchange
Taxator appraiser
taxieren to appraise, to assess, to evaluate
Taxierung appraisal, assessment, evaluation
Taxwert appraised value
technische Abteilung engineering/technical department
Teil part
Teilabrechnung installment accounting, installment billing
Teilbetrieb business segment independent division of an enterprise

Teilbetriebsveräußerung sale of a business segment/dividion
Teilgewinnrealisierung (bei langfristiger Fertigung) stage of completion accounting (longterm contracts)
Teilhaber partner
Teilhabervertrag partnership agreement
Teilkonzern sub-group
Teilkonzernabschluß consolidated financial statements of a sub-group
Teilkonzernbericht report on consolidated financial statements of a sub-group
Teilkostenrechnung direct costing
Teilleistung part-performance
Teilmontage subassembly
Teilwert, steuerlicher going concern value
Teilwertberichtigung special write off
Teilzahlung part payment
Teilzahlungsbank installment credit institution, financial house/company
Teilzahlungsbedingungen installment terms
Teilzahlungsfinanzierungsgesellschaft installment sales finance company
Teilzahlungskauf installment purchase, purchase on finance
Teilzahlungskredit installment credit
Teilzahlungsverkauf installment sale, sale on finance
Tendenz trend
Tendenz, fallende downtrend, downward trend
Tendenz, steigende uptrend, upward trend
Termin deadline
Terminablage date file
Terminbörse futures exchange
Termindarlehen term loan
Termindevise forward exchange
Termineinlage time deposit, fixed deposit
Termingeschäfte forward contracts, futures
Terminkauf forward purchase, futures
Terminkurs forward rate
Terminliste aged schedule
Terminpreis, an der Börse future price
Terminverkauf forward sale
Terminzahlung term payment
thesaurieren to retain earnings
thesaurierter Gewinn retained earnings

Thesaurierung accumulation of capital by retention of earnings
Tilgung repayment, amortization
Tilgungsanleihe, serienweise serial bond
Tilgungsfond sinking fund
Tilgungsrücklage reserve for sinking fund
Tilgungszeitraum amortization period
Tochtergesellschaft, 100% subsidiary, wholly-owned
Tochtergesellschaft, über 50% subsidiary
Tochtergesellschaft, unter 50% affiliate
Transitware merchandise in transit (typically: duty-free)
Transportgesellschaft carrier, forwarder
Transportkosten transportation expenses, freight cost
Transport und Versand freight and shipping
Transportversicherung transport insurance
Trassant drawer
Trassat drawee
Tratte draft, commercial trade bill
Tresor vault, safe
Treuhand trust
Treuhänder trustee
treuhänderisch fiduciary, in trust
Treuhandfond trust fund
Treuhandgesellschaft trust company
Treuhandvermögen trust property
Treuhandvertrag trust agreement
Treu und Glauben in good faith
Treu und Glauben, nach principle of fair dealing

U

überbewertet overvalued
Überbringer bearer
übereignen to convey, to transfer title
Übereignung assignment, conveyance
Übereinkommen agreement
überfällig past due, overdue
Überführungsgewinn transfer gain
Übergangskonto suspense account
Übergangsregelung transitional provision
Übergebot higher bid

überholen, eine Maschine to overhaul
überholen, eine Vereinbarung to supersede an agreement
Überkapizität excess capacity
Übernahme acquisition, take-over
Übernahmeangebot offer to acquire, take-over bid
Übernahme zum Buchwert acquisition at book value
über pari at a premium, above par
Überprüfung audit, check
Überschrift heading
Überschuldung capital deficit, over-indebtedness, overgearing
Überschuß surplus, excess
Überschußrechnung, Einnahmen-Ausgaben cash (basis) accounting
Übersicht chart, listing, schedule
übersteigen to exceed
Überstunden overtime
Überstundenprämie overtime premium
Überstundenvergütung overtime payment
Überstundenzuschlag overtime premium
übertragbar durch Indossament negotiable
überwachen to monitor, to guard
Überweisung remittance, bank transfer
Überweisung, Bank- bank transfer
Überweisungsanzeige remittance advice
Überweisungsauftrag transfer order
Überweisungsempfänger recipient, payee
Überweisungsverkehr bank transfers
Überzahlung overpayment
Überzeichnung oversubscription
Überziehung overdraft
Überziehungskredit overdraft loan
Überziehungsprovision overdraft fee
Überziehungsrahmen overdraft facility
Umbauten remodelling
Umbuchung transfer, adjusting journal entry
Umgruppierung reclassification
Umlage, von Kosten usw. allocation
Umlagekosten allocated costs
Umlaufvermögen current assets, revolving assets, working capital
umrechnen, von Währungen to convert, to translate
Umrechnung auf Jahresbasis annualization
Umrechnungskurs exchange rate

Umrechnungstabelle conversion table
Umsatz sales, turnover, revenue
Umsatz, Brutto- gross sales
Umsatz, Handelswaren sales of merchandise
Umsatz, Netto- net sales
Umsatz, steuerbarer taxable turnover
Umsatz, steuerfreier tax exempt turnover
Umsatz, steuerpflichtiger turnover subject to taxation
Umsatzbonus turnover bonus
Umsatzerlöse sales
Umsatzkostenverfahren cost of sales method
Umsatzschmälerungen sales deductions
Umsatzstatistik sales analysis
Umsatzsteuervergütung turnover tax refund
umschulden to refinance
Umschuldung debt restructuring, workout, refinancing
umsonst free-of-charge
Umstellungszeit set-up time
umwandeln to reorganize, to restructure
Umwandlung reorganisation, restructuring
Umwandlungsbilanz balance sheet as of date of reorganization
Umwandlungssteuergesetz reorganisation tax law
Umweltschutz environmental protection
Umzugskosten moving expenses
unbedeutend, unwesentlich immaterial
unbelastet free and clear
unbeschränkte Steuerpflicht unlimited tax liability
unbestimmte Zeit indefinite period
uneinbringliche Forderungen bad debts, uncollectibles
Uneinbringlichkeit uncollectibility
unentgeltlich without consideration, free of charge
Unfall accident
Unfallrente accident benefit
Unfallverhütung accident prevention
Unfallversicherung accident insurance
Unfallversicherung, gesetzliche workmen's/employees' compensation insurance

unfertige Erzeugnisse work-in-process/progress
unfreundliches Übernahmeangebot unfriendly offer, hostile bid
ungebucht unrecorded
ungebuchte Rechnung unrecorded invoice
ungesicherte Forderung unsecured receivable/debt
ungewisse Verpflichtungen contingencies, contingent liabilities
ungültig void, invalid
unkontrollierbare Kosten non-controllable costs
Unkosten (Kosten) expenses
unkündbar irredeemable
unrealisierte Währungsgewinne oder -verluste unrealized foreign exchange gains or losses
Unregelmäßigkeit irregularity
unrentabel unprofitable
unschuldig innocent, not guilty
unselbständig dependent
Unstetigkeit inconsistency
Unterbeschäftigung below-capacity utilization, under-employment
Unterbewertung undervaluation
unterbieten to underbid
Unterbilanz capital deficit
Unterbrechung, in der Produktion breakdown
Untergliederung breakdown, detail, split-up
Unterhalt maintenance, support, upkeep
Unterhaltsaufwendungen alimony, maintenance
Unterhaltungskosten maintenance expenses, maintenance costs
Unterhändler negotiator
Unterkonto subaccount
Unterlagen papers and documents, books and records
Unterlagen aufbewahren to store records
Unterlagen fälschen to falsify records, to forge records
Unterlieferant subcontractor
Unternehmen enterprise, venture, company
Unternehmen, verbundene affiliated enterprises

Unternehmensberater management consultant
Unternehmensbereich division
Unternehmensbewertung valuation of an enterprise »as a whole«
Unternehmensforschung management science
Unternehmensfortführung going concern
Unternehmenskauf acquisition of a company
Unternehmensübernahme durch die zukünftige Geschäftsführung management buy-in
Unternehmensübernahme durch Firmenangehörige management buy-out
Unternehmensvertrag agreement between enterprises
Unternehmenswert value of the enterprise »as a whole«
Unternehmenszusammenschluß merger, pooling of interests
Unternehmer entrepreneur
unter pari at a discount, below par
Unterschiedsbetrag aus der Kapitalkonsolidierung, neues Recht Aktivseite goodwill
Unterschlagung defalcation, embezzlement
Unterschlagungsversicherung fidelity bond, fidelity insurance
unterschreiben to sign
Unterschrift, faksimilierte facsimile signature
Unterschriftsprobe specimen signature
Unterstützung support, subsidy, welfare benefits
Unterstützungsaufwand employees' welfare expense
Unterstützungsfond, Unterstützungskasse employee welfare fund
untersuchen to examine, to check, to investigate
Untersuchung investigation
Untersuchung, nach Schichten gegliedert stratified sampling
Untervermietung sublease
unterwegs befindliche Gelder cash in transit
unterwegs befindliche Ware merchandise/goods in transit

unterzeichnet, gesiegelt und ausgehändigt signed, sealed and delivered
Unterzeichnung signing, signature
unverkäuflich not for sale, obsolete
unverzinslich non interest bearing, interest-free
unwesentlich immaterial, minor
unwiderruflicher Kredit irrevocable credit
Urheberrecht copyright
Urkunde document, deed
Urlaub vacation
Urlaub, bezahlter paid vacation
Urlaubsgeld vacation pay/allowance
Urlaubsgeldrückstellung accrual for vacation/holiday pay
Ursprungsland country of origin
Urteil judgment, ruling, verdict
Urteil aufheben to reverse a decision
Urteil der Geschworenen verdict
Urteil des Gerichts decision, sentence
Urteil fällen to render judgment
Urteil, Grundsatz- landmark decision
Urteil, vorläufiges interlocutory decree
Urteilsbegründung reasons for decision/judgement
Usance-Kurs cross rate

V

Valuta value
Valutadatum value date
valutieren to set a due date
Veralterung obsolescence
veraltet obsolete
Veränderung gegenüber dem Vorjahr change as compared to prior year
Veranlagung assessment
– **getrennte** separate assessment
– **zusammen** joint assessment
– **vorläufige** preliminary assessment
– **endgültige** final assessment
Veranlagungsjahr assessment year
Veranlagungszeitraum assessment period

Verantwortlichkeit accountability
Verantwortungsbereich area of responsibility
Verarbeitungskosten processing cost
Veräußerung disposal, sale
Veräußerungsgewinn gain on sale, bei Anlagegütern: capital gain
Veräußerungsverlust loss on sale, bei Anlagegütern: capital loss
Verband association
Verbesserung an Miet- oder Pachtgegenständen leasehold improvement
Verbindlichkeit, dinglich gesicherte liability secured by charge on property
Verbindlichkeit, kurzfristige short-term liability
Verbindlichkeiten aus der Annahme gezogener und der Ausstellung eigener Wechsel liabilities from bills of exchange drawn or accepted
Verbindlichkeiten aus erklärter Dividende dividends payable
Verbindlichkeiten aus Warenlieferungen und Leistungen trade accounts payable
Verbindlichkeiten eingehen to incur liabilities
Verbindlichkeiten gegenüber Kreditinstituten amounts due to banks, bank loans
Verbindlichkeiten gegenüber verbundenen Unternehmen amounts due to affiliated companies
Verbindlichkeiten liabilities, payables
Verbindlichkeiten mit einer Laufzeit von mindestens vier Jahren liabilities with a contracted maturity of at least four years
 – davon fällig vor Ablauf von vier Jahren
   thereof due within four years
Verbindlichkeiten mit einer Restlaufzeit von mehr als fünf Jahren liabilities with a remaining term of more than five years
Verbindlichkeiten, die durch Pfandrechte oder ähnliche Rechte gesichert sind liabilities which are secured by mortgages or similar rights
Verbindlichkeiten, Eventual- contingent liabilities
Verbindlichkeiten, kurzfristiger Anteil von

langfristigen current maturity/portion/element of long-term debt
Verbindlichkeiten, langfristige long-term liabilities, long-term debt
Verbindlichkeiten, mittel- und langfristige medium and long-term liabilities
Verbindlichkeiten, sonstige other accounts payable
Verbindlichkeiten, unverbuchte unrecorded liabilities
Verbrauch consumption, usage
Verbraucher consumer, end user
Verbrauchsabweichung (in Kostenrechnung) usage variance
Verbuchung auf einem Konto entry
Verbuchung posting of an entry
verbundene Unternehmen affiliated enterprises/companies, subsidiary companies
verdeckte Gewinnausschüttung hidden profit distribution, constructive dividend
Verdienstspanne profit margin
Verein association
 – **nicht rechtsfähiger**
   unincorporated association
 – **rechtsfähiger**
   association with independent legal status
Verein, eingetragener registered association
vereinbartes Gegenguthaben compensating balance
Vereinbarung agreement
Vereinbarung, vertragliche contractual agreement
vererben, bewegliche Sachen to bequeath
vererben, unbewegliche Sachen to devise
Verfahren method, procedure
Verfahren, gerichtliches proceeding
Verfall, durch Zeit expiration
Verfall, von Rechten forfeiture, lapse
Verfalldatum expiration date
Verfalliste aging due date schedule
verfügbar available, disposable
Verfügung ruling
Verfügung, einstweilige temporary restraining order
Verfügungsgewalt jurisdiction, right of disposal

Vergleich, anmelden to initiate composition/arrangement proceedings
Vergleich, gerichtlicher settlement in court
Vergleich (mit Gläubigern) composition/arrangement
vergleichen mit to compare with, to check against
Vergleichsübersicht comparative presentation
Vergleichsverfahren composition/arrangement proceedings
Vergleichsverwalter administrator in insolvency cases, receiver
Vergütung allowance, compensation, remuneration
Verhältniszahl ratio
verjähren to expire under statute of limitations, to lapse, to become statute barred
Verjährung expiration, statute of limitation
Verjährungsfrist statutory limitation period
Verkauf sale
Verkauf auf Probe sale on approval
Verkauf auf Ziel sale on credit
Verkauf durch Versteigerung auction sale
Verkäufer salesman, vendor
Verkauf in Mengen bulk sale
verkäuflich saleable
Verkauf mit Preisnachlaß bargain sale
Verkauf ohne Deckung short sale
Verkaufsauftrag sales order
Verkaufsbedingungen terms of sale
Verkaufsbuch sales book
Verkaufsbüro sales office
Verkaufsförderung sales promotion
Verkaufsjournal sales register
Verkaufskosten selling expenses
Verkaufsleiter sales manager
Verkaufsniederlassung sales branch
Verkaufsoption option to sell, put option
Verkaufsrabatt sales allowance, sales rebate
Verkaufsrechnung sales invoice
Verkaufsstelle sales outlet
Verkaufswert sales value
Verkauf unter Eigentumsvorbehalt conditional sale, sale under retention of title

Verlängerung extension
Verlängerungskredit (von vornherein vereinbart) rollover credit
Verletzung, von Rechten infringement of rights
Verlust loss
Verlust, auf die Vorjahre bezogen loss relating to prior years, prior years' charge
Verlust, auf konzernfremde Gesellschafter entfallender loss attributable to minority interest
Verlust, bei Veräußerung von Anlagevermögen capital loss
Verlustabzug loss deduction
Verlustausgleich loss absorption, loss compensation
Verlustausweis showing a deficit
Verlustdeckung loss absorption
Verlust eines Rechtes forfeiture/loss of a right
Verlustrücktrag loss carry back
Verlustübernahme loss absorption
Verlustvortrag loss carry forward
Verlustvortrag, in der Bilanz accumulated deficit carried forward, accumulated deficit, beginning of year
Verlustzuweisung loss allocation/attribution
vermachen, von Grundstücken to devise
vermachen, von Sachen to bequeath
vermieten to lease, to let, to rent
Vermieter landlord, lessor
Vermietung letting, leasing
Verminderung decrease, reduction
Vermittlung referral
Vermittlungsgeschäft brokerage
Vermögen net assets
Vermögen, betrieblich nicht genutztes idle assets
Vermögen, Betriebs- assets used in the business
Vermögen, bewegliches movable property
Vermögen, immaterielles intangible assets
Vermögen, materielles tangible assets
Vermögen, Nachlaß- estate
Vermögen, Privat- personal assets
Vermögensabgabe property levy
Vermögensaufstellung summary of property, property analysis
Vermögensausgleich capital adjustment

equilibrating the capital, capital compensation

Vermögensbildung, b.d. Arbeitnehmern workers' asset accumulation (D)

Vermögensbildungsgesetz law to promote accumulation of funds by employees (D)

Vermögensgegenstände assets

Vermögenslage financial position

Vermögensteile assets

Vermögensverwalter custodian, trustee

Vermögenswerte assets

Vermögenswerte, liquide liquid assets

Vermögenswerte, unbelastete free assets

vermögenswirksame Leistungen tax free compensation to be used for accumulation of funds (D)

veröffentlichen to publish

Veröffentlichung publication

Verordnung regulation

verpachten to lease

Verpachtung eines Geschäftsbetriebes lease of business operations

Verpackungsmaterial packaging material

verpfänden to pledge

verpfänden, dinglich to mortgage

Verpfändungsvertrag contract (deed) of pledge

Verpfändung und Abtretung von Forderungen pledging and assigning of accounts receivable

Verpflichtung commitment, obligation

Verpflichtung, finanzielle financial commitments

Verpflichtungen, Kauf- purchase commitments

verrechnete Gemeinkosten absorbed overhead expense

Verrechnung charging to an account

Verrechnungskonto clearing account

Verrechnungspreis transfer price, intercompany price

Verrechnungsscheck crossed check

Verrechnungsstelle clearing house

Verrechnungsverkehr der Banken clearing

Versammlung meeting

Versammlung, beschlußfähige quorum

Versand shipment

Versandabteilung shipping department

Versandauftrag shipping order

Versandhaus mail order business

Versandkosten shipping expenses, freight costs

Versandschein shipping ticket

Verschleiß wear and tear

Verschmelzung (von Gesellschaften) merger

Verschmelzungsmehrwert merger surplus, surplus on merger

Verschmelzungsverlust loss on merger

Verschrottung scrapping

Verschrottung eines Anlagegutes abandonment of a fixed asset

Verschuldung indebtedness

Verschuldungsgrad debt ratio

Versicherer insurer

Versicherung insurance

Versicherung, Arbeitslosen- unemployment insurance

Versicherung, Betriebsunterbrechungs- business interruption insurance

Versicherung, Einbruchs- burglary insurance

Versicherung, Haftpflicht- liability insurance

Versicherung, Invaliditäts- disability insurance

Versicherung, Kranken- medical insurance

Versicherung, Pensions- old age insurance

Versicherung, Sozial- social security insurance

Versicherung, Unfall- accident insurance

Versicherung, Unterschlagungs- employee fidelity insurance, fidelity bond

Versicherung auf den Todesfall straight-life insurance

Versicherung auf den Überlebensfall term insurance

Versicherung mit Selbstbeteiligung insurance with excess

Versicherungsanspruch insurance claim

Versicherungsbeiträge, vorausbezahlte prepaid insurance premiums

Versicherungsdeckung insurance cover (-age)

Versicherungsmathematiker actuary

versicherungsmathematische Grundsätze actuarial principles

versicherungsmathematisches Gutachten actuarial appraisal

Versicherungsnehmer insured
Versicherungspolice insurance policy
Versicherungsschutz insurance cover
(-age)
Versicherungswert face value of policy
Versorgungsanlage service equipment
Versorgungsbetrieb, öffentlicher public
utility
Verspätungszuschlag late filing penalty
**Verständigungsverfahren, steuerliches zwi-
schen zwei Staaten** competent author-
ities proceedings, proceedings to deter-
mine competent authority
versteuern to pay taxes on
versteuert taxed, tax-paid
Verteilungsbogen spread sheet
Verteilung von Kosten cost distribution,
cost allocation
Vertrag agreement, contract
Vertrag auf Selbstkostenbasis plus Gewinn
cost-plus contract
Vertrag, Lohn- processing agreement,
tolling agreement
Vertrag, mündlicher oral agreement
Vertrag, Werk- contract for material and
labor
Vertragshaftung contractual liability
Vertragslieferant contractor
Vertragspflicht contractual obligation
Vertragsrechte contractual rights
Vertragstrafe penalty
Vertragsurkunde document, deed
vertraulich confidential
Vertreter representative, agent
Vertrieb distribution, marketing
Vertriebsförderung sales promotion
Vertriebskosten selling expenses
Vertriebslager sales stock
Vertriebstechnik marketing
Vertriebsweg distribution channel/method
Verwahrer depositary
Verwaltung administration
Verwaltungsdirektor administrative man-
ager
Verwaltungsgrundsätze administration
principles
Verwaltungskosten administrative ex-
penses
Verwaltungsrat administrative board

Verwaltungsratsvorsitzender chairman of
the administrative board
verwendbares Eigenkapital net equity distributable for tax purposes
Verzahnung interface
Verzeichnis table of contents, index ✦
verzichten, auf einen Anspruch to waive a
claim
verzinslich interest bearing
Verzinsung yield
verzollen to pay duty on
Verzug delay
Verzug, Lieferungs- late delivery
**Verzug, Nichtzahlung einer Verbindlich-
keit** default
Verzugsstrafe penalty
Verzugstage, gewährte grace period
granted
Verzugszinsen default interest
Vollkonsolidierung full consolidation,
comprehensive consolidation
Vollkostenrechnung actual cost system,
total absorption costing
Vollmacht power of attorney
Vollständigkeitserklärung general repre-
sentation letter
Vollstreckung enforcement, execution
Vorabausschüttung, Vorabdividende in-
terim dividend,
Voranschlag estimate
Vorarbeiter foreman
Vorausabtretung/-zession advance assign-
ment
Vorauszahlung advance payment, pay-
ment on account
Vorbehalt der Nachprüfung with reserva-
tion due to verification
Vorfinanzierung prefinancing, interim fi-
nancing
**Vorgänge von besonderer Bedeutung nach
Abschluß des Geschäftsjahres** signifi-
cant post balance sheet date events
Vorjahresvergleichszahlen prior year com-
parative amounts
Vorkalkulation cost estimate
Vorkaufsrecht right of first refusal, op-
tion right
Vorkaufsrecht, Bezugsrecht auf Aktien
preemptive right

Vorkontierung preliminary account distribution

Vorlage presentation

Vorprüfung preliminary audit

Vorräte inventories

Vorratsvermögen inventories

Vorruhestand early retirement

Vorruhestandszahlungen early retirement payments

Vorschau forecast

Vorschaurechnung budget, forecast

Vorschuß advance

Vorschuß, Lohn- payroll advance

Vorsichtsprinzip principle of prudence, within good business practice

Vorsitzender der Geschäftsführung managing director, chief executive officer (CEO)

Vorstand board of management

Vorstandsbezüge board of management's remuneration

Vorstandsmitglied member of the board of management, board member

Vorstandssprecher chairman of the board of management, chief of the executive officer, managing director, president; chairman of the executive board (US)

Vorstandsvorsitzender chairman of the board of management, president, chief executive officer (CEO), managing director

Vorsteher, eines Finanzamts head of tax office

Vorsteuer prepaid value added tax

Vorsteuerabzug deduction of prepaid value added tax

Vortrag, auf dem Konto carry forward

vortragsfähig able to be carried forward

Vorzeiger bearer

Vorzugsaktien preferred stock

Vorzugsaktien, kumulative cumulative preferred stock

Vorzugsdividende preferred dividend

Vorzugsrechte preferential rights

Vostrokonto vostro account

W

Waggonfracht carload freight

Wagniskapital venture capital

Wahlrecht, steuerliches option

Währung currency

Währungsabwertung devaluation

Währungsaufwertung revaluation

Währungsfonds, Internationaler (IWF) International Monetary Fund (IMF)

Währungsgebiet currency area

Währungsgeschäft foreign exchange/currency business

Währungsgewinne und -verluste exchange gains and losses

Währungsklausel currency clause

Währungskontrolle exchange control

Währungsrisiko exchange risk, currency exposure

Währungsumrechnung, im Jahresabschluß (foreign currency) translation

Wandelschuldverschreibung convertible bond

Wandlung (von Wertpapieren) conversion (of securities)

Waren goods

Ware, retournierte returns

Ware, unterwegs befindliche merchandise in transit, goods in transit

Waren, bezogene purchased goods/merchandise

Waren, Handels- merchandise

Warenausgang shipment, delivery; shipping department

Warenbeschaffung purchasing, procurement

Warenbestände trading stock

Warenbestellbuch purchase record, purchase-order book

Warenbörse commodity exchange

Wareneingang receiving

Wareneinsatz cost of goods sold, cost of sales

Warenempfänger recipient, customer

Warenkredit trade credit on goods

Warenlager warehouse, stockroom

Warenprobe sample

Warenumschlag turnover

Warenverkaufskonto sales account

Warenvorräte inventories

Warenwechsel trade draft
Warenzeichen, eingetragenes registered trade mark
Wartung maintenance
Wasser, Strom, Gas, usw. utilities
Wechsel note, bill of exchange
Wechsel, diskontfähiger discountable bill of exchange
Wechsel, diskontierter discounted note
Wechsel, Domizil- addressed note
Wechsel, eigener promissory note
Wechsel, einen Wechsel ausstellen to issue a note
Wechsel, einen Wechsel zu Protest gehen lassen to protest/dispute a note
Wechsel, fälliger matured note
Wechsel, Finanz- financing note
Wechsel, gezogener draft note
Wechsel, Handels- trade note
Wechsel, nach-Sicht- note payable on sight
Wechsel, nicht eingelöster unpaid note
Wechsel, notleidender dishonoured bill
Wechsel, prolongierter renewed bill
Wechsel, Schatz- treasury bill
Wechsel, Schuld- promissory note
Wechsel, Sicht- sight note
Wechsel, Sola- A bill of exchange on which the same person appears as drawer, drawee (and even payee), promissory note, name paper (US)
Wechsel, Waren- trade note
Wechselbuch note register
Wechselbürgschaft guarantee for a bill of exchange
Wechseldiskont discount on notes, bill discount
Wechseldiskontierung note discounting, discounting of bills
Wechselforderungen notes receivable
Wechselgesetz negotiable instruments act
Wechselkredit acceptance credit
Wechselkurs exchange rate
Wechselkursdifferenz difference in exchange rates
Wechselkurse, feste fixed exchange rates
Wechselkurse, flexible flexible exchange rates
Wechselkurse, floatende floating exchange rates

Wechselkursschwankungen exchange rate fluctuations
Wechselobligo contingent liabilities from bills of exchange discounted
Wechselprotest protest of note
Wechselreiterei cross-acceptance
Wechselrembours documentary acceptance credit
wechselseitig beteiligte Unternehmen cross affiliated companies
Wechselverbindlichkeiten notes payable
Weihnachtsgratifikation Christmas bonus
Werbeagentur advertising agency
Werbekosten advertising expenses
Werbung advertising, advertisement, commercial
Werbung, Standard-Werbetarif standard media rate
Werbungskosten income related expenses
Werk plant
Werkplan plant layout
Werksleiter plant manager
Werkstatt machine shop
Werkvertrag contract for material and labor
Werkzeuge, als Maschinenteil dies
Werkzeuge, Hand- tools
Werkzeugkosten tooling expense
Wert value
Wert, Buch- net book value, carrying value
Wert, innerer intrinsic value
Wert, Markt- market value
Wert, Unternehmens- value of the enterprise »as a whole«
Wertänderung, als Neubewertung revaluation
Wertansatz valuation
Wertaufholungsgebot requirement to reinstate original values
Wertberichtigung valuation reserve
Wertberichtigung auf Bodenschätze accumulated depletion
Wertberichtigung auf das Anlagevermögen accumulated depreciation
Wertberichtigung auf den Wertpapierbestand allowance for losses in the value of securities
Wertberichtigung auf immaterielle Vermögenswerte accumulated amortization

Wertberichtigung auf zweifelhafte Forderungen allowance for doubtful accounts, bad debt allowance
Wertbestimmung valuation
Wertminderung, dauernde permanent impairment of/diminution in value
Wertminderung decline in value
Wertobergrenze maximum value (limitation)
Wertpapiere securities, stocks and bonds
Wertpapiere des Umlaufvermögens short-term security investments
Wertpapiere, börsengängige marketable securities
Wertpapiere, des Anlagevermögens long-term investments
Wertpapiere, festverzinsliche fixed interest securities
Wertpapiere, Simultankauf und -verkauf von Wertpapieren wash sale, bed and breakfast sale
Wertpapiere, unverzinsliche non interest bearing securities
Wertpapieremission, eine Wertpapieremission garantieren to underwrite an issue
Wertpapiermakler stock broker
Wertschwankungen fluctuations in value
Wertsteigerung increase in value
Wertverlust loss of value
Wertzuwachs appreciation
wesentlich material, major
wesentliche Beteiligung substantial investment
Wesentlichkeit materiality
Wettbewerb competition
Wettbewerb, sich dem Wettbewerb stellen to compete
Wettbewerbsklausel competition clause
Wettbewerbsverbot non-competition clause
Widerklage countersuit
widerlegbar refutable
widerrechtliche Handlung tort, illegal act
Widerruf revocation
Widerspruch einlegen to appeal
Wiederanlage reinvestment
Wiederbeschaffung replacement
Wiederbeschaffungskosten current replacement cost
Wiederbeschaffungspreis market price

Wiederbeschaffungswert replacement value
Wiederbeschaffungswert, eines gebrauchten Gutes depreciated replacement cost
Wiederherstellungskosten reproduction cost
Wiederverkaufspreis retail price
Wirksamkeit effectiveness, efficiency
Wirkungsgrad, Nutzeffekt efficiency
Wirtschaft economy
wirtschaftlich cost-effective, economical
wirtschaftliche Betrachtungsweise economic point of view
wirtschaftliche Eingliederung economical integration, business integration
wirtschaftliche Gründe good business reasons
wirtschaftliches Eigentum economic ownership
Wirtschaftseinheit economic unit
Wirtschaftsgut asset
Wirtschaftsgut, kurzfristig abnutzbares short life asset
Wirtschaftsgüter, geringwertige low value items
Wirtschaftsgüter, immaterielle intangible assets
Wirtschaftsjahr fiscal year, business year
Wirtschaftsminister minister for trade and industry (UK)
Wirtschaftsprüfer certified public accountant, chartered accountant (UK), auditor
Wirtschaftsprüfung public accounting, auditing
Wirtschaftsprüfungsgebühr audit fee
Wirtschaftszeitraum fiscal period
Wissen, nach bestem Wissen und Gewissen to the best of knowledge and belief
Wochenlohn weekly wage
Wohltätigkeit charity
Wohnbauten dwellings
Wohnort, Wohnsitz residence, domicile
Wohnsitz domicile
Wohnungsbau housing construction
Wucher usury

Z

Zahl figure, digit
zahlbar payble, due
zahlbar bei Auftragserteilung cash with order
zahlbar bei Lieferung cash on delivery (COD)
zahlbar bei Sicht payable on sight
Zählblatt, für Bestandsaufnahmen count sheet
Zahlenverdrehung transposition
Zähler counter
Zahlstelle place of payment
Zahltag pay-day
Zahlung payment
Zahlung nach Aufforderung payment on demand
Zahlung, rückständige payment in arrears
Zahlung, statt in lieu of payment
Zählung, stichprobenweise test count
Zählung count
Zahlungen, Folge- subsequent payments
Zahlungsanweisung money order
Zahlungsaufforderung demand for payment
Zahlungsaufschub payment extension
Zahlungsausgang payments made
Zahlungsbedingungen payment terms
Zahlungsbefehl court order (for payment)
Zahlungsbeleg disbursement voucher
Zahlungsbilanz balance of payments
Zahlungseingang payments received
Zahlungseingangsfrist, durchschnittliche average collection period/days sales outstanding
Zahlungseinstellung suspension of payments
Zahlungsempfänger payee
Zahlungsfähigkeit solvency, ability to pay
Zahlungsmittel, gesetzliches legal tender
Zahlungsmittel, umlaufende currency in circulation
Zahlungsrate collection rate
zahlungsunfähig insolvent
Zahlungsunfähigkeit insolvency
Zahlungsverkehr monetary transactions
Zahlungsweise payment method, form of payment
Zahlungsziel terms of payment

Zählung von Wertpapieren security count, count of securities
Zeichen character
Zeichner (von Aktien) subscriber (of shares)
Zeichnungsberechtigung signature authorization
Zeichnungsschein subscription certificate
Zeichnung von Aktien share subscription
Zeilen lines
Zeit- und Bewegungsstudien time and motion studies
Zeitabschnitt, unbestimmter indefinite period
Zeitabschnitt period
Zeitkontrolle time control
Zeitlohn time-rate wages,hourly paid wages
Zeitpunkt deadline
Zeitrente annuity for the period
Zeittabelle time schedule
Zeitwert depreciated replacement cost
Zentralnotenbank central bank
Zertifikat certificate
Zession assignment
Zielkauf purchase on credit, credit purchase
Ziffer digit
Zins interest
Zins, kalkulatorischer imputed interest (used in cost accounting (D))
Zinsabgrenzung accrued interest
Zinsen, auf Basis 365 Tage exact interest
Zinsen, ohne Zinsen notiert quoted flat
Zinsen und ähnliche Aufwendungen interest and similar expenses
Zinsen und ähnliche Erträge interest and similar income
Zinsertrag interest income
Zinserträge, transitorische unearned interest
Zinseszins compound interest
Zinskonditionen terms of interest
Zinskosten interest expense
Zinskupon interest coupon
Zinslose Bareinlage, die aufgrund einer Anordnung der deutschen Bundesregierung in der Zeit von 1972 – 1974 von inländischen Firmen für Auslandskredite (einschließlich Lieferantenkredite) unter-

halten werden mußte interest-free cash deposit which had to be put up by German companies against loans or extended payment terms from abroad during the period 1972 - 1974, as required by the German government.

Zinsrechnung calculation of interest

Zinssaldo interest balance

Zinssatz interest rate

Zinsschein coupon

Zinsspanne interest margin/spread

Zinstabelle, für Obligationen bond yield table

Zivilrecht civil law

Zoll duty, customs duty

Zoll, verzollt duty-paid

Zoll, Wert- ad valorem duty

Zollager bonded warehouse

Zollamt customs office

Zollamt, Haupt- district customs office

Zollerklärung customs declaration

Zollerstattung duty refund

zollfrei duty free

Zollprüfung customs duty audit

Zollrechnung customs invoice, pro forma invoice

Zollsenkung tariff cut, duty reduction

Zolltarif tariff

Zollverschluß, unter in bond

Zonenrandgebiet border area

Zuführung zu Abschreibungen, Rücklagen, Wertberichtigungen, provision for depreciation, transfer to reserves, transfer to valuation reserves

Zugang zum Sachanlagevermögen addition to fixed assets

zugunsten von in favor of

Zulage subsidy (subject to income tax), extra pay, surplus

Zurechnung allocation

Zurechnung von Kosten cost allocation

Zurückbehaltungsrecht lien

zurückrechnen to add back

zurückverfolgen to trace back

zurückverweisen, auf ein Urteil to refer to a judgment

zurückweisen to reject

zurückzahlen to refund, to pay back

Zurückziehung withdrawal

Zusammenbau, als Teil der Fertigung assembly

Zusammenbruch einer Unternehmung failure of a business

zusammengefaßte Bilanz condensed balance sheet, abridged/modified balance sheet

zusammengefaßte Erfolgsrechnung für mehrere Jahre earnings summary

zusammengefaßter Jahresabschluß (nicht auf eine Obergesellschaft konsoldiert) combined financial statements

zusammengesetzter Buchungssatz compound entry

Zusammensetzung eines Saldos make-up of the account balance

Zusammenstellung, statistische compilation

Zusatz appendix, addition

Zusatzeinrichtung accessories, special device

Zusatzgewinn extra profit

Zusatzklausel rider

Zusatzkosten additional cost

zusätzlich additional

Zusatzvereinbarung amendment

Zusatzvergütung bonus

Zuschlagskalkulation overhead percentage cost calculation, surcharge calculation

Zuschreibung write-up, appreciation

Zuschuß subsidy (tax-free, not subject to income tax)

Zuständigkeit competence

Zuteilung allocation

zu treuen Händen in trust, in escrow

Zuwachs increment

Zuweisung zu Rücklagen transfer to reserves

Zuwendung an gemeinnützige Organisationen charitable contributions, donation

Zwang; unter Zwang force; under duress

Zwangsauflösung forced/compulsary liquidation

Zwangsbeiträge compulsory dues

Zwangskonkursverfahren compulsory bankruptcy proceedings

Zwangsmaßnahme coercive measure

Zwangsvergleich compulsory settlement

Zwangsverkaufswert forced-sale value

Zwangsversteigerung foreclosure sale, forced sale
Zwangsverwaltung receivership, insolvency administration
Zwangsvollstreckung execution, foreclosure
zweckgebundene Bankguthaben earmarked cash
zweckgebundene Rücklage appropriated surplus/reserve
zweifach with copy, in duplicate
zweifelhafte Forderungen doubtful accounts
Zweigbüro branch office
Zweigniederlassung, eingetragene registered branch
Zweigniederlassung branch
zweijährlich biannual
zweimonatlich bimonthly
zweiwöchentlich biweekly
Zwischenabrechnung preliminary billing
Zwischenabschluß interim closing, interim financial statements
zwischenbetriebliche Eliminierung intercompany elimination

zwischenbetriebliche Geschäftsvorgänge intercompany transactions
zwischenbetrieblich intercompany
Zwischendividende interim dividend
Zwischengesellschaft intermediate company
Zwischengewinn intercompany/intragroup profit
Zwischengewinneliminierung elimination of intercompany/intra- group profits
Zwischenkontrolle intermediate control
Zwischenlager interim warehouse
Zwischenprüfung preliminary /interim audit
Zwischenrechnung progress billing
Zwischenschein scrip
Zwischensumme subtotal
Zwischenurteil interlocutory decree
Zwischenzinsen interim interest
zyklische Bestandsaufnahme cycle inventory count
zyklische Konjunkturschwankungen cyclical fluctuations

A

Abbruch abort, abend
– Einen Prozeß vor der Vollendung beenden (meistens durch Programmfehler).
Termination of a computation process before its final conclusion (mostly through a programming error).

Abfrage inquiry
– Abfrage einer Information, ohne diese zu verändern.
A request to obtain information without altering it.

Ablaufdiagramm logic diagram
– Ein Ablauf von Programminstruktionen, welche mehrfach verwendet werden können, abhängig von Bedingungen in den Daten.
Synonymous with program flowchart.

Ablaufverfolgung trace
– Eine Aufzeichnung über die Ausführung eines Computerprogramms; sie zeigt die Folge (und andere wählbare Informationen), in der die Befehle ausgeführt werden.
A record of the execution of a computer program; it exhibits the sequence (including other information of choice) in which the instructions were executed.

Abstimmsummen balancing
– Abgleich von Informationen zweier Datenbestände auf Gleichheit bzw. der Akkumulierungsergebnisse von Kontrollfeldern eines Datenbestandes mit vorgegebenen Kontrollsummen; jede Abweichung weist auf einen Fehler hin.
A test for equality between the values of two equivalent sets of items or one set of items and a control total. Any difference indicates an error.

Abstimmung reconciliation
– Abweichungsanalyse von Werten in zwei identischen Dateien.
An identification and analysis of differences between the values con-
tained in two substantially identical files or between a detailed file and a control total.

Abstimmkonto clearing account
– Betragsfelder, welche als Ergebnis der Verarbeitung unabhängiger Vorgänge gleichen Wertes ermittelt werden.
Der Saldo der Kontrollfelder sollte Null ergeben.
An amount which results from the processing of independent items of equivalent value. Net control value should equal zero.

ADA ADA
– Programmiersprache der 3. Generation, die im Auftrag vom US-Verteidigungsministerium entwickelt wurde. Ziel von ADA ist die Erstellung effizienter Programme für Rechner aller Größenklassen und Hersteller mit minimalem Aufwand an späterer Programmwartung.
High-level computer language (3rd generation) which was developed by order of the US-defense department. ADA is aimed to produce efficient programs for all size computers of different vendors and to achieve a minimum of future program maintenance.

Adresse (Speicher-) address
– Code zur Kennzeichnung eines Speicherplatzes oder eines zusammenhängenden Speicherbereiches innerhalb des Speichermediums.
The code used to designate a specific piece of data within the computer storage media.

Adreßraum address space
– Ein Bereich von Adressen, die einem Computerprogramm zugänglich sind. Die Adressen verweisen auf den Speicherraum.
The complete range of addresses that is available to a programmer. The addresses point to the memory space.

Aggregat einer EDV-Anlage, Off-Line off-line equipment
– Anlage, Geräte, Dateien, welche

nicht mit dem Computer direkt verbunden sind.
Equipment, devices, or files not electronically connected to a computer.

Aggregat einer EDV-Anlage, On-Line on-
-line equipment
– Anlagen, Geräte und Dateien, die
direkt mit dem Computer verbunden
sind.
Equipment, devices, or files that are
electronically connected to the computer for access purposes.

Akkumulator accumulator
– Rechenwerksregister, in dem das Ergebnis arithmetischer Operationen
gebildet wird.
A register, in which the result of an
operation is formed.

ALGOL ALGOL
– Abkürzung für ALGOrithmic Language. Frühe Programmiersprache
der 3. Generation, speziell für mathematisch-statistische Zwecke konzipiert. Heute weitgehend durch Pascal
abgelöst.
Acronym for ALGOrithmic Language. Early high-level computer language (3rd generation). For mathe-
matical-statistical purposes. Recently
has tended to be replaced by Pascal.

Alias alias
– Eine Ersatzbezeichnung als Synonym, z. B. ein Label und ein oder
mehrere Alias können benutzt werden, um sich auf dasselbe Datenelement oder denselben Punkt in einem
Computerprogramm zu beziehen.
An alternative label used as synonym. For example, a label and one or
more aliases may be used to refer to
the same data element or point in a
computer program.

alphanumerisch alphanumeric
– Daten bestehend aus Buchstaben,
Zahlen oder Sonderzeichen.
The character sets composed of let-
ters, digits, or special characters.

Altersgliederung aging
– Zuordnung der Einzelsätze eines Datenbestandes in unterschiedliche Al-

tersgruppen; z. B. anhand des Rechnungsdatums offener Forderungen.
Identification of unprocessed or retained items in files according to
their date, usually the transaction
date. The aging classifies items according to various ranges of dates.

Analogrechner analog computer
– Anlage, welche unter Zuhilfenahme
von nicht diskreten Darstellungen,
wie z. B. Schwankungen in der
Stromstärke, Berechnungen durchführt.
A device which performs computational functions by using a nondiscrete representation such as variations in voltage.

Anlagenkontrolle equipment check
– Eingebaute Kontrolle der Funktionsfähigkeit der Anlage.
A control built in by the computer
manufacturer to verify the accuracy
of data transmitted, processed, or
stored.

Anpassungselement adaptor

Anwendungssoftware application software
– Software, die spezifisch für eine
bestimmte Unternehmensfunktion
geschrieben wurde, z. B. Lohn- und
Gehaltsbuchhaltung, Finanzbuchhaltung, Materialwirtschaft.
A program written for or by a user
to apply to a specific business function, such as personal/payroll, finan-
cial/accounting, inventory management, etc.

APL APL
– Abkürzung für A Programming Language. Programmiersprache der 3.
Generation, mit mathematisch orientierter, sehr kompakter Schreibweise.
Acronym for A Programming Language. High-level computer language
(3rd generation) with a mathematical
focused, very compact notation.

Arbeitsspeicher work storage

Assembler assembler
– Maschinenabhängige Programmiersprache (2. Generation). Ein Übersetzer, der symbolische Ursprungsan-

weisungen in maschinell verarbeitbare Befehle umwandelt (assembliert). Normalerweise wird für jede
Ursprungsanweisung ein Maschinenbefehl erstellt.
A computer program (2nd generation) depending on a machine that
accepts instructions in a symbolic
code and produces machine language
instructions. Generally, one machine
instruction is produced for each symbolic instruction.

auffüllen padding
- Das Auffüllen eines Datenblocks mit
frei gewählten Zeichen.
The completion of a block of data
with meaningless characters.

Aufsichtsprogramm supervisory program
- Programm, gewöhnlich Teil des Betriebssystems, das die Ausführung
anderer Computerprogramme kontrolliert.
Control program that coordinates the
use of resources and maintains the
flow of CPU operations.

Aufsummierung summarization
- Aufsummierung von Daten mit gleichem Schlüsselbegriff.
To accumulate detailed items having
the same »key«.

Ausführungszeit execution time
- Die Zeit, die vom Prozessor benötigt
wird für die Ausführung eines Programms.
Elapsed CPU-time, which is needed
to execute a program.

Ausgabe-Einheit output unit
- Funktionseinheit, mit der das System
Daten nach außen hin abgibt.
A device in a data processing system
by which the system releases data.

Ausnahmeeingabe exception input
- Eingabe, welche festgelegte Verarbeitungsfolge oder Verarbeitung verändert.
Input transactions which specify
processing with different values or in
a different manner than the predefined routine.

automatische Programmierung automatic
programming

B

Bandantrieb tape drive
BASIC BASIC
- Abkürzung für Beginners All-Purpose Symbolic Instruction Code.
Programmiersprache der 3. Generation, aus FORTRAN entwickelt und
besonders leicht zu erlernen, da stark
an die englische Sprache angelehnt.
Acronym for Beginners All-Purpose
Symbolic Instruction Code. A high-
level computer language (3rd generation), which was developed from
FORTRAN. BASIC is easy to learn
as it is closely related to the English
language.

Bedieneranweisung user manual
- Beschreibung von einem oder mehreren Verarbeitungsprogrammen für
den Bediener.
A description of one or more computer programs within an operating
system, for use by the operator.

Bedienerführung prompt
- Nachricht oder Hinweis, die einen
Benutzer informieren, daß ein System im Wartezustand für einen folgenden Befehl, eine Nachricht oder
eine Aktion ist.
A message that helps a terminal user
by requesting him to supply operands necessary to continue processing.

Bedienungspult console
Befehlscode instruction code
Befehlszählregister control counter
Belegkennzeichnung endorsement
- Kennzeichnung eines Beleges, um
künftige Verarbeitung oder Nicht-
Verarbeitung zu veranlassen.
The marking of a form or document
so as to direct or to restrict its fur-
ther use in processing.

Belegsumme document control total
– Zählung eingegebener oder verarbeiteter Belege.
A count of the number of individual documents entered or processed.
Berechnung calculation
– Durchführung der zur Ermittlung eines Rechenergebnisses erforderlichen mathematischen Operationen.
The performance of various mathematical operations yielding a numeric result.
Berichts-Datei report file
– Datei zum Drucken von Berichten.
A file containing records that may be directly printed to constitute a report.
Berichtsgenerator report generator
– Programmkomponente (häufig in Verbindung mit Datenbanksystemen), bei der mit wenig Aufwand benutzerfreundliche Berichte erzeugt werden können.
Program component (usually in connection with data base systems), which makes it easy to create user friendly reports.
Bestandsband master tape
Betriebssystem operating system
– Eine komplexe Computerprogrammreihe, die normalerweise vom Hersteller des Systems für die Durchführung entweder von einigen oder sämtlichen der folgenden Funktionen geliefert wird:
A complex set of computer programs normally provided by the computer manufacturer to perform some or all of the following functions:
– Zeitliche Planung, Laden und Beginn des Programmes sowie Kontrolle seiner Verarbeitung.
Schedule, load, initiate, and supervise execution of programs.
– Anweisungen betreffs der Zuordnung peripherischer Einheiten und anderer Einrichtungen des Computers.
Allocate storage, peripheral units, and other facilities of the computer.

– Beginn und Kontrolle der Eingabe- und Ausgabeoperationen.
Initiate and control input and output operations.
– Ermittlung und Korrektur gewisser Gruppen von fehlerhaften Funktionen in der Anlage und fehlerhafter Datenverarbeitung.
Detect and correct certain classes of machine and data malfunctions.
– Versorgung mit Kommunikationsmitteln zwischen dem Bediener und dem Computer.
Provide a means for communications between the human operator and the computer hardware.
– Herstellung eines Protokolls der Systemoperationen.
Produce a log of system operations.
– Überwachung der Programmverzahnung, der Gleichzeitverarbeitung oder des Time-sharing.
Manage multiprogramming, multiprocessing, or time-sharing execution of programs.
– Überwachung von Dienstprogrammen und Umsetzern der Programmiersprachen.
Manage utility programs and language translators.
Bewegungsdatei transaction file
– Datei mit Bewegungen
A file containing transient information that will cause changes to a master file during a file maintenance or updating process.
Bibliotheksprozedur library routine
– Eine Zusammenstellung von standardisierten Programminstruktionen, die on-line gespeichert werden, und von anderen Programmen aufgerufen und verarbeitet werden können.
A standard set of program instructions maintained in on-line storage that may be called in and processed by other programs.
Bildabtaster scanner
– Eingabegerät, das Bildvorlagen zeilenweise auf fotografischem Wege in digitale Informationen umsetzt.

Input-device, that transforms pictures photographically line by line into digital information.

Bildschirm cathode-ray tube (CRT)
– Ein Gerät zur optischen Darstellung von Daten (wie ein Fernsehschirm). A device similar to a television screen upon which data can be displayed.

Binär binary
– Ein auf der Bezugsbasis ›2‹ aufbauendes Nummernsystem. Der Dezimalzahl 39 entspricht 100111. A number system with a base (radix) of two. The decimal number 39 would be represented as 100111.

Binär-codiertes Dezimalsystem (BCD) Binary-Coded Decimal System (BCD)
– Methode der Darstellung einer Dezimalzahl durch Verschlüsselung jeder Ziffer durch einen vierstelligen Binärcode, z. B. die Dezimalzahl 39 würde binär als 00111001 dargestellt: in reinem Binär würde 39 als 100111 dargestellt. A method of representing the decimal digits by a four-digit binary code. For example, the decimal number 39 would be represented as 00111001 in BCD, but would be 100111 in pure binary.

Bit bit
– Status eines elektromagnetischen Speichers zur Darstellung der binär möglichen Zustände 0 oder 1 bzw. an oder aus. An on- or off state in storage representing a binary digit of 0 or 1.

BK, Bürokommunikation, Office Automation, OA office automation, OA
– Unterstützung der grundlegenden Bürovorgänge durch moderne Kommunikations- oder EDV-Techniken. Beispiele: Textverarbeitung, elektronische Post, elektronische Aktenablage und -verwaltung. Support of the basic office procedures by modern communication or DP-technology. Examples: word

processing, electronic mail, electronic document storage and processing.

Block block
– Ist eine Gruppe von Daten, die zwischen den verschiedenen Komponenten des Computersystems bewegt werden. Ein Block kann einen oder mehrere Datensätze enthalten. A set of data transferred as a unit between components of a computer system. A block may include one or more records.

Blockungsfaktor blocking factor
– Anzahl der Datensätze, die in einem einzelnen Block zusammengefaßt werden. The number of records incorporated into a single block.

Blockzwischenraum interblock gap
– Raum zwischen zwei Blöcken auf einer Banddatei. Jeder Blockzwischenraum hat eine definierte Länge, damit der Bandantrieb für Start/Stop-Vorgänge ausreichende Zeiten zur Verfügung hat. The space on a magnetic tape between the end of one block and the beginning of another. Each gap will be of a defined length according to the tape drive so as to permit the mechanism to stop, start, and regain appropriate speed for processing.

Bootstrap bootstrap
– Kurzes Computerprogramm, das permanent resident ist und dessen Ausführung ein anderes größeres Programm, z. B. Betriebssystem, in den Speicher bringt. Short permanent resident program. Its execution loads longer programs, e. g. the operating system, into main storage.

Bottom-Up bottom-up
– Vorgehensweise, die mit der untersten Ebene einer Struktur oder Hierarchie beginnt und durch zunehmende höhere Ebenen bis zur Komponente der obersten Ebene fortschreitet. A type of analysis, starting with the lowest levels within a hierarchy or

structure and finishing with the highest level.

Branch branch
– Instruktion aus der Computersprache, die den Computer dazu veranlaßt, einen Prozeß durchzuführen, der nicht in der logischen Folge des Programms liegt (also: »Abzweigung«).
A computer-language instruction that may cause the computer to next process an instruction other than that which is immediately following (i. e.: »branching«).

Bürokommunikation, BK, Office Automation, OA office automation, OA
– siehe BK

Byte byte
– Ein Byte besteht aus 8 Bits, die dazu benutzt werden, ein alphanumerisches Zeichen oder zwei Dezimalziffern darzustellen.
A set of eight adjacent bits that can be used to represent on alphanumeric character or two decimal digits.

C

C C
– Programmiersprache der 3. Generation. C ist eng mit dem Betriebssystem UNIX verknüpft, das selbst zu 90% in C geschrieben ist.
High level computer language (3rd generation). C is closely connected to the UNIX operating system which itself is almost completely written in C.

CITT CCITT
– Internationaler Normungsausschuß für Telegrafie und Telefonie.
International standards organisation for telegraphy and telephony.

COBOL COBOL
– Abkürzung für Common Business-Oriented Language. COBOL zählt zu den höheren Quellenumwandlungs-

programmen der 3. Generation, die für die Lösung wirtschaftlicher Aufgaben entwickelt wurden. Jedes COBOL-Quellenprogramm hat vier Segmente: Identifikation, Environment, Data, Procedures. Die Instruktionen ähneln der englischen Sprache.
Acronym for Common Business-Oriented Language. A high-level computer source compiler language (3rd generation) developed for common business functions. Every COBOL-source program has four divisions: identification, environment, data, procedures. The procedure statements resemble English.

Codierung coding
– Instruktionen, die den Computer veranlassen, eine bestimmte Verarbeitung durchzuführen. Aufzeichnung von Werten oder Zeichen, deren Bedeutung nicht unmittelbar verständlich ist.
Successive instructions which direct the computer to perform a particular process. The recording of values or characters having meanings which are not readily apparent.

Computer-Netzwerk computer network
– Ein Komplex, der aus zwei oder mehreren untereinander verbundenen Prozessoren besteht.
A complex consisting of computer processors connected to each other.

Controller controller
– Eine Einheit des Computers, die für Kommunikation und Kontrollzwecke der Bediener oder Wartungsingenieure benötigt wird.
A component of the computer used for communication and control by the operator or maintenance engineers.

CPU CPU
– Abkürzung des englischen Begriffes für Zentraleinheit.
Abbreviation for a Central Processing Unit.

D

Datei file
- Eine Zusammenstellung von zueinander in Beziehung stehenden Daten.
  A set of related data records.

Dateiverwaltung file maintenance
- Zugang/Änderung/Löschung von Daten auf der Datei.
  Changing information in a file through addition, deletion, or replacement.

Daten eingeben to feed data into; to input

Datenausgabe output; data output

Datenbank data base
- Eine integrierte Datei, auf deren Daten nach unterschiedlichen Kriterien zugegriffen werden kann.
  An integrated file containing multiple record types or segments that may be accessed in a nonsequential manner.

Datenbankadministrator data base administrator
- Verantwortlicher für die Realisation und Wartung der Datenbankkonzepte auf dem Rechner.
  Person in charge for the implementation and maintenance of the data bases on the computer.

Datenbankmaschine data base machine
- Ein Rechner mit einer speziell für die Datenbankverwaltung ausgelegten Architektur (Hardware und Software), die das Laufverhalten gegenüber konventionellen Datenbanksystemen verbessert.
  A computer especially designed with the data base integrated in Hard- and Software to improve performance compared with conventional data base systems.

Datendefinitionssprache, DDL data definition language, DDL
- Programmiersprache, mit der mittels der logischen Datenbankstruktur die physische Datenstruktur festgelegt wird.
  Programming language, defining the physical data structure with the help of the logical data base structure.

Datenerfassung recording
- Erfassung von Daten auf Datenträgern.
  The creation of a record on some medium.

Datenfeld field
- Ein Element innerhalb eines Datensatzes; z. B. Name, Konto, Kontonummer, Wert.
  An element of data within a record that constitutes an item of information. Example: name, account, number, amount.

Datenfernübertragung telecommunication
- Übertragung von Daten über eine längere Distanz mittels Telefon, Telegraf oder Radio.
  Long distance data tele-transcription such as by telegraph, radio, television, or telephone.

Datenfernverarbeitung teleprocessing
- Datenverarbeitung durch Benutzen und Ausgeben von Daten an anderen Standorten mittels Datenübertragung.
  The processing of data that is received from or sent to remote locations by way of data links.

Datenmanipulationssprache, DML data manipulation language, DML
- Programmiersprache, mit der Daten eines Datenbanksystems abgefragt, eingefügt, geändert und gelöscht werden können.
  Programming language with which data of a data base system can be queried, inserted, changed, or erased.

Datenmodell data model
- Ein logisches Modell, das die Struktur von Informationen mit Hilfe spezieller Modellierungstechniken, z. B. Entity Relationship Modell oder Vetter-Modell, darstellt.
  A logical model to represent the structure of information using specific modelling techniques such as the Entity Relationship Model or the Vetter-Model.

Datensatz record
– Gruppe von Datenfeldern
Group of data fields; data record
Datensicherheit source custody
– Wichtige Informationen werden so
sicher verwahrt wie Teile des Um-
laufvermögens, usw.
Information assets are provided secu-
rity similar to tangible assets such as
cash, negotiable securities, etc.
Datenspeicher data storage
– Speicherung von Daten für Abruf-
zwecke.
Storage of transactions or records so
that they may be retrieved upon re-
quest.
Datenträger recording medium
– Speichermedium für Daten.
A medium such as a tape reel, disc
pack, etc.
Datenübermittler common carrier
– In der Datenverarbeitung sind Daten-
übermittler (Common Carrier) Ge-
sellschaften, die Fernsprechleitungen
für Datenübertragungen vermieten.
In data processing, a company which
rents or leases transmission lines for
communication purposes auch as
Western Union or AT&T.
Datenübertragung transcription
– Datenübertragung von einem Da-
tenträger auf einen anderen.
Copying recorded information from
one medium to another.
Datenverarbeitung data processing
DATEX DATEX
– Öffentliches digitales Wählnetz der
Deutschen Bundespost für die Da-
tenübertragung mit Leitungsvermitt-
lung (DATEX-L) oder mit Datenpa-
ketvermittlung (DATEX-P).
Public digital dial network of the
German Post for the data transmis-
sion using the public circuit switched
network (DATEX-L) or using the
public package switching (DATEX-
P).
Datum, Verfall- expiration
– Vergleich des Verarbeitungsdatums

(Maschinendatum) mit Datum der
Eingabe.
A limit check based on a comparison
of current date with the date recorded on a transaction, record, or
file.
Datumsspeicherung dating
– Speicherung von Kalenderdaten für
spätere Vergleichszwecke.
The recording of calendar dates for
purposes of later comparison or ex-
piration testing.
DDL, Datendefinitionssprache DDL,
data definition language
– siehe Datendefinitionssprache
DDP, Distribuierte Datenverarbeitung
DDP, distributed data processing
– Eine Kombination von zentraler und
dezentraler Datenverarbeitung.
A combination of centralized and de-
centralized data processing.
Desk-Top-Publishing, DTP Desk-Top-
Publishing, DTP
– Integrierte Form von Textverarbei-
tung, Geschäftsgrafik, freier Grafik,
Layout und Druck-Funktionen zur
Produktion von Druckvorlagen auf
einem PC.
Integrated PC-system of word proc-
essing, business graphics, free graph-
ics, layout and print functions to pro-
duce publications.
Dezentrale Datenverarbeitung, Dezentra-
lisation decentralization
– Verarbeitungsform, bei der alle
DV-Funktionen möglichst nahe am
Standort des Endbenutzers durchgeführt werden.
Processing type where all DP-functions are performed at the location
of the enduser.
Dialogrechner interactive computer
– Sich auf ein interaktives System be-
ziehend, das die Interaktion zwischen
Benutzer und System, ähnlich dem
menschlichen Gespräch, vorsieht.
Relating to an interactive system,
which provides and demands interaction between user and system similar to a human dialogue.

Dienstprogramm utility program
– Standardprogramm für Verarbeitungen wie Sortieren, Mischen, Übertragung oder Drucken.
A standard routine that performs a process required frequently such as sorting, merging, data transcription, printing, etc.

digitale Rechenanlage digital computer
– Eine Anlage zur Verarbeitung von diskreten Werten; steht im Gegensatz zu Analog-Computer.
A device that may be used to manipulate data expressed as discrete values. Contrast with analog computer.

Direktzugriff random access
– Speicherungsverfahren, das den direkten Zugriff auf einen vorgegebenen Datensatz einer Datei erlaubt, ohne daß nicht benötigte Sätze vorher gelesen werden müssen.
A manner of storing records in a file so that an individual record may be accessed without reading other records.

Distribuierte Datenverarbeitung, DDP distributed data processing, DDP
– Eine Kombination von zentraler und dezentraler Datenverarbeitung.
A combination of centralized and decentralized data processing.

DML, Datenmanipulationssprache DML, data manipulation language
– siehe Datenmanipulationssprache

Dokumentation documentation
– Dokumentation von Vorgängen zwecks Kommunikation.
Written records for the purpose of providing communication.

Druckaufbereitung editing
– Aufbereitung des Druckbildes
Modification of the form or format of data for output/printing purposes

Drucker printer

Drucker, bandgesteuerter tape-operated printer

Druckgeschwindigkeit list speed

DTP, Desk-Top-Publishing DTP, Desk-Top Publishing
– siehe Desk-Top-Publishing

Durchsatz throughput
– In einer bestimmten Zeiteinheit erbrachte effektive Verarbeitungsleistung eines Computers.
Useful work performed by a computer system during a period of time.

E

EBCDIC EBCDIC
– Abkürzung für extended binary-coded decimal interchange code. Ist ein 8-bit code zur Darstellung von 256 Zeichen und Ziffern.
Abbreviation for extended binary-coded decimal interchange code. An 8-bit code used to represent up to 256 distinct characters and numerals.

Ebene level
– Der Grad der Unterordnung eines Gegenstandes in einer hierarchischen Anordnung.
The degree of subordination within a hierarchical structure.

Echo-Prüfung echo check
– Prüfung der Richtigkeit von Datenübertragungen durch Rückübertragung der Daten und Vergleich mit dem Original.
A test of the accuracy of data transfer by retransmitting the data received to their source and comparing them to the original.

Echtzeitverarbeitung real time processing
– Computer-Verarbeitungsverfahren, das innerhalb von Sekunden nach Erhalt einer Abfrage oder von Anweisungen die erwarteten Ergebnisse bereitzustellen ermöglicht.
A computer system whose data reflects – within a matter of seconds – the current situation, i.e. the updating of the data takes place immediately.

Editor editor
– Ein Computerprogramm, das dem Benutzer die Eingabe, Änderung, Lö-

schung oder Neuordnung von Daten erlaubt.
A computer program which allows the user to enter, modify, delete, or rearrange data.

Eingabe/Ausgabe (I/O) Input/Output (I/O)
– I/O ist eine Abkürzung für Input/ Output (Eingabe/Ausgabe) Abbreviation for input/output.

Eingabe, automatische default option
– Automatische Eingabe von vorher definierten Werten, wenn leere (blank) Eingabefelder vorhanden sind.
The automatic utilization of a predefined value in situations where input transactions have certain values left blank.

Eingabe-/Ausgabeprüfung edit
– Prüfung der Eingabe/Ausgabe auf Formalfehler.
A general control term that includes format check, completeness check, check digits, reasonableness test, limit check, validity check, etc.

einmalige Erfassung simultaneous preparation
– Einmalige Erfassung von Bewegungen für alle künftigen Verarbeitungen. Erfassungsfehler werden minimiert.
The one-time recording of a transaction for all further processing, using multiple copies, as appropriate, to prevent transcription errors.

Elektronenrechner computer
elektronische Datenverarbeitung (EDV) electronic data processing (EDP)
elektronische Datenverarbeitungsanlagen electronic data processing machines
Emulator emulator
– Ein Maschinenteil, das das Betriebssystem eines Anlagentyps nachbildet, damit Programme, die nicht für dieses Betriebssystem geeignet sind, verarbeitet werden können.
A hardware device that enables a computer to execute object language

programs written for a different computer design/operating system.
Entscheidungstabelle decision table
– Eine tabellarische Auflistung aller vorkommenden Bedingungen und entsprechend vorzunehmenden Aktivitäten. Damit ist es möglich, eine komplexe Logik einfach darzustellen. Diese Methode kann an Stelle von Flußdiagrammen verwendet werden.
A table listing all the conditions that may exist and the corresponding actions to be performed. It permits complex logic to be expressed in a concise format and may be used in lieu of flowcharts.

entschlüsseln to decode
Entwicklungswerkzeuge development tools
– Programme oder DV-technische Hilfsmittel (wie z. B. Editor, Programmgenerator), die benutzt werden, um den Anwendungsentwicklungsprozess zu beschleunigen, zu vereinfachen, zu standardisieren und die Qualität der Programme zu erhöhen.
DP-technical programs or utilities which are used in application development to speed, to simplify, to standardize the process and to obtain a higher quality of programs.

Expertensysteme expert system
– Wissensbasierte Programme, die für einen abgegrenzten Anwendungsbereich die Problemlösungsfähigkeit menschlicher Experten erreichen oder sogar übertreffen. Expertensysteme sind Bestandteil der künstlichen Intelligenz.
Programs based upon knowledge which can reach or even exceed the problem solving capability of human experts within a well defined area of application. Expert systems are part of the artificial intelligence.

F

Fehler bug
– Fehler in der Programmlogik oder in
  der Elektronik eines Maschinenteils.
  An inadvertent mistake in the logic
  of a computer program or in the wiring of a circuit.

Fehlerbericht discrepancy report
– Auflistung von festgestellten Abweichungen in der Verarbeitung, die
  nachgeprüft werden müssen.
  A listing of items which have violated
  some detective control and require
  further investigation.

Fehlerkorrektur, automatische automated
error correction
– Automatische Fehlerkorrektur von
  Bewegungen oder Datensätzen, die in
  einer Kontrolle festgestellt wurden.
  Automatic error correction of transactions or records which violated a
  detective control.

Fehlerkorrektureingabe upstream resubmission
– Eingabe von Fehlerkorrekturen.
  The resubmission of corrected error
  transactions.

Fehlergrenze error limit

Fehlerprüfung error checking

Fehlerstatistik error-source statistics
– Zusammenstellung festgestellter Fehler nach ihrer Art und Herkunft.
  Accumulation of information on the
  type of error and origin.

Fehlersuche debug
– Fehlersuche in Computerprogrammen.
  To identify and to eliminate faults in
  computer program logic.

Fehlersuchprogramm diagnostic routine
– Ein Computerprogramm, welches
  dazu verwendet wird, Fehler innerhalb der Datenverarbeitungsanlagen
  festzustellen.
  A computer program designed to test
  and diagnose defects in computer
  machinery or violations of source
  program conventions.

Feld mit Vorzeichen signed field

– Ein numerisches Feld mit Vorzeichen.
  A numeric data field containing a
  designation of an algebraic sign.

Firmware firmware
– Computerprogramme und Daten, die
  in Teile des Speichers geladen werden, die während der Verarbeitung
  nicht dynamisch verändert werden
  können.
  Computer programs and data stored
  in parts of the storage, which cannot
  be dynamically changed during execution.

Flußdiagramm flowchart
– Ein Diagramm zur Darstellung der
  logischen Struktur oder des Ablaufes
  der Verarbeitung mit Hilfe von Symbolen und Verbindungslinien.
  A diagram that presents through
  symbols and connecting lines either
  the logical structure of a computer
  program or the sequence of processes
  in a system.

Folgeadresse sequence link

Folgekontrolle sequence checking
– Kontrolle der Folge des alphanume-
  rischen Schlüsselfeldes der zu verarbeitenden Daten.
  A verification of the alphanumeric
  sequence of the »key« field in items
  to be processed.

Formatprüfung format check
– Formatprüfung der Eingabe (numerisch oder alphanumerisch).
  Determination that data are entered
  in the proper mode – numeric or alphanumeric – within designated
  fields of information.

Formulare, vorkodierte precoded forms
– Bestimmte Informationen werden auf
  dem Beleg vorkodiert, damit eine direkte Verarbeitung möglich ist. Dies
  geschieht, um Eingabefehler von sich
  wiederholenden Daten zu vermeiden.
  Fixed elements of information are
  entered on forms in advance and
  sometimes in a format which permits
  direct machine processing so as to

prevent errors in entry of repetitive
data.

FORTRAN FORTRAN
- Abkürzung für FORmula TRANslator. FORTRAN zählt zu den höheren Programmiersprachen (3. Generation) und seine Stärken liegen im
Bereich numerischer Algorithmen.
Acronym for FORmula TRANslator.
A high-level computer language (3rd
generation). Used especially for solving numeric algorithms.

Fortschreibung updating
- Zugang, Änderung oder Löschung
von Informationen einer Datei auf
Satz- und Feldebene.
Changing information in a file
through the addition or subtraction
from a value in a field.

G

gekettete Liste chained list
- Liste, in der die Gegenstände verstreut sein können, in der jedoch
jeder einzelne Gegenstand einen Verweis enthält, mit der der nächste Gegenstand lokalisiert wird.
A list, in which the parts can be scattered, but each part having a pointer
with which the next part can be located.

Genehmigung approval
- Freigabe eines erfaßten Geschäftsvorganges zur Weiterverarbeitung.
The acceptance of a transaction for
processing after it is initiated.

Generator generator
- Ein Programm, das in einer bestimmten Programmiersprache abgefaßte
Programme oder Folgen von Anweisungen oder Daten erzeugt.
A computer program designed to
produce other programs. Based upon
input parameters, a generator may
apply decision criteria and produce a
program suitable to the parameters.

generieren to generate
- Erstellung von Maschineninstruktionen, ausgehend von Anwenderbeschreibungen.
To produce machine language instructions from a set of user specifications.

Geschäftsgrafik business graphics
- Die bildliche Darstellung von betriebswirtschaftlichem Zahlenmaterial (z. B. Kurven, Kuchen- und Balkendiagramme).
The graphical output of business figures (e. g. curves, pie and column
charts).

Gleichzeitverarbeitung multiprocessing
- Gleichzeitige Problembearbeitung
durch mehrere Rechenwerke oder
Rechner.
The simultaneous operation of more
than one set of processing circuitry
within a single computer.

Gleitkomma floating point
- Zahlendarstellung, bei der die Position des Kommas nicht feststeht in
bezug auf die Größe der Zahl, sondern vor der höchstwertigen Stelle
positioniert wird.
Pertaining to a numeration system in
which the position of the point does
not remain fixed with respect to one
end of the numerals. Used to express
very large numbers accurately and efficiently.

grafische Datenverarbeitung computer
graphics
- Techniken und Anwendungen, bei
denen Bilder eingegeben, bearbeitet
oder ausgegeben werden.
Techniques and applications to
input, edit, or output pictures.

Großraumspeicher mass memory, mass
storage

Gruppenkontrolle automatic control

Gruppenunterbrechung control break

Gruppenwechsel group control change

H

Hauptspeicher general storage unit
Hauptspeicherschutz storage
– Programmierte Kontrolleinrichtung,
die das unkontrollierte Schreiben
oder Lesen von Informationen in
bzw. aus dem Hauptspeicher verhindern soll.
A provision by the software to protect against unauthorized reading or
writing between portions of the general storage unit.
hierarchisches Datenbankmodell hierarchical data base model
– Logische Datenbankstruktur in
Form eines Baumes. Es bestehen eindeutige Beziehungen zwischen den
Eintragungen.
Logical data base structure formed
like a tree. The relations between entries are unique.
Hinweisadresse pointer
– Ein Identifikator, der die Adresse
eines Datenelementes enthält.
An identifier indicating the address
of another data item.

I

Identifikator, Label identifier, label
– Ein Zeichen oder eine Gruppe von
Zeichen, die benutzt werden, um ein
Datenelement zu identifizieren oder
zu benennen (und möglicherweise
bestimmte Eigenschaften dieses Datenelementes anzuzeigen).
A character or group of characters
used to identify or name an item of
data (and possibly to indicate certain
properties of that data).
Impact-Matrixdrucker impact-matrix
printer
– Zeilendrucker mit einer Matrix für
alle Zeichen einer Druckzeile.
Line printer with a dot matrix for all
characters within a print line.

Implementierung implementation
– Die Realisierung einer Konzeption in
konkreter Form, insbesondere in
Form von Hardware, Software oder
beidem.
The realization of a concept, especially into hardware, software or into
both.
Initialisieren initialize
– Instruktion, welche verschiedene
Register und Adressen am Anfang
oder am Ende der Verarbeitung auf
Null oder bestimmte Anfangswerte
setzt.
The instructions that set various registers and addresses to zero or a specific starting value at the beginning
or end of a processing routine.
Integrität integrity
– Das Ausmaß, in dem Ausführungen
oder Modifikationen von Programmen oder Daten durch ein Computersystem kontrolliert oder konsistent
gehalten werden können.
The degree to which a computer system controls preservation of data or
programs consistency for their intended purpose.
Interpretieren interpreter
– Ein Verarbeitungsmodus, in dem jede
Quellenanweisung eines Computerprogramms zuerst übersetzt und ausgeführt wird, bevor die nächste Anweisung übersetzt und ausgeführt
wird.
A program or execution modus that
translates and executes each source
language expression before translating and executing the next one.
ISDN ISDN
– Dienstintegrierendes digitales Nach-
richtennetz. Integration aller posta-
lischen Netzdienstleistungen in einem
digitalen Netz.
Integrated Services Digital Network.
Integration of postal network services in one digital network.
ISO-Referenzmodell ISO-reference model
– Abkürzung für Internationale Stan-
dardisierungs-Organisation. ISO-

Normen sind allgemeine Industrie-
standards.
Acronym for International Standards
Organization. ISO norms are general
industry standards.

Iteration, Schleife iteration, loop
– Der Prozeß, der wiederholten Ausführung einer gegebenen Folge von
Anweisungen, bis eine gegebene Bedingung erfüllt ist oder während eine
gegebene Bedingung zutrifft.
The repeated execution of a loop or
series of steps, until a given condition
is fulfilled or while a given condition
remains fulfilled.

K

Kennwort password
– Datei- oder Verarbeitungsschutz
durch einen Code, der nur autorisierten Personen bekannt ist.
The authorization to allow access to
data or to process by providing a signal or code known only to authorized individuals.

Kennzeichnung labeling
– Ist ein externes oder internes Identi-
fikationsmerkmal von Stapeln, Dateien im Hinblick auf die Herkunft,
Verarbeitung, Datum oder andere
charakteristische Merkmale.
The external or internal identification of transaction batches or files
according to source application, date,
or other identifying characteristics.

Kernspeicherausdruck dump
– Ausdruck des Kernspeichers, typisch
zur Fehlersuche.
A printed record of the contents of
computer storage usually produced
for diagnostic purposes.

Kettendrucker chain printer
– Zeilendrucker wie ein Typenbanddrucker, der anstelle von Typenbändern Druckketten verwendet.

Line printer like a belt printer, using
print chains instead of print belts.

**KI, Programmiersprachen der 5. Genera-
tion, künstliche Intelligenz** 5th generation language, artificial intelligence, AI
– Programmiersprachen mit bisher
dem Menschen vorbehaltenen Intelligenzleistungen, z. B. Mustererkennung (optisch und akustisch), inhaltsbezogene natürlichsprachliche
Kommunikation, Entwicklung von
Robotern, logische Beweisführung
durch Programme und maschinelles
Lernen. Beispiele sind: LISP,
SMALLTALK, PROLOG.
Computer language with a degree of
intelligence, so far only achieved by
human beings. Features would be:
sample recognition (optical and
acoustical), contextual human speech
communication, robot development,
logical reasoning by programs, and
mechanical learning. Examples are:
LISP, SMALLTALK, PROLOG.

Klarschriftleser optical character reader
– Eingabegerät, das normale Schreibmaschinenschrift sowie Handblockschrift lesen kann.
Input-device, which can read normal
typewriting as well as hand block
writing.

Knotenpunkt node
– In einem Netzwerk ein Punkt, an
dem mehrere Funktionseinheiten verbunden sind.
A point in a network where several
functional units are connected.

Kompatibilität compatibility
– Ein Ausdruck dafür, ob verschiedene
Teile zueinander passen, bzw. miteinander kommunizieren oder funktio-
nieren können. Kompatibilität kann
sich dabei beziehen auf: Hersteller,
Hardware, Software, Komponenten,
Systeme usw.
A term indicating whether different
parts fit together, can communicate
or function with each other. Compatibility can refer to vendors, hardware,
software, components, systems, etc.

Kompilieren compile
– Der Prozeß des Übersetzens von Anweisungen aus einer höheren Programmiersprache in das Äquivalent in Maschinensprache.
The process of translating program statements expressed in a problem-oriented language into a computer-oriented language.

Konfiguration configuration
– Zusammenstellung eines Computersystems oder eines Netzwerkes definiert durch die Art, Anzahl und hauptsächlichen Merkmale seiner Funktionseinheiten.
In systems network architecture the group of links, nodes, machine features, devices, and programs that make up a data processing system, or a network.

Kontrolle, Zweifach- Dual Access/Dual Control
– Zwei unabhängige gleichartige Handlungen oder Bedingungen, die Voraussetzung für die Freigabe zur Verarbeitung sind.
Two independent, simultaneous actions or conditions required before processing is permitted.

Kontrollprogramm control program
– siehe Betriebssystem
See ›operating system‹

Kontrollpunkt check point
– Zeitpunkt der Verarbeitung, zu dem der Inhalt der Computerregister und des Hauptspeichers aufgezeichnet wird, um den Aufwand beim Wiederanlauf nach unplanmäßigen Verarbeitungsabbrüchen zu minimieren.
A point in time during processing when a record is made of the status of all the contents of the computer registers and main storage so as to minimize restart efforts should a failure subsequently occur.

Kontrollspalte control column
Kontrollsumme control total
– Summierungsergebnis bestimmter Felder gleichartiger Bewegungen z. B. Beträge oder Mengenangaben.

Totals of homogeneous amounts for a group of transactions or records, usually dollar or quantities.

Korrektur patch
– Die Möglichkeit, ein Computerprogramm direkt im Kernspeicher zu korrigieren.
To correct or to modify a computer program by directly altering the object code.

künstliche Intelligenz, Programmiersprachen der 5. Generation, KI artificial intelligence, 5th generation language, AI
– siehe KI

L

Label, Idendifikator label, identifier
– Ein Zeichen oder eine Gruppe von Zeichen, die benutzt werden, um ein Datenelement zu identifizieren oder zu benennen (und möglicherweise bestimmte Eigenschaften dieses Datenelementes anzuzeigen).
A character or group of characters used to identify or name an item of data (and possibly to indicate certain properties of that data).

laden to load
Laserdrucker, Seitendrucker laser printer, page printer
– Ausgabegerät, bei dem eine ganze Seite elektrofotografisch, ähnlich wie beim Fotokopierer, auf das Papier übertragen wird.
Output-Device, printing a whole page electrophotographically, similar to a xerograph, on the paper.

Lauf run
– Die Ausführung eines Programms.
The execution of a single computer program.

Laufverhalten, Performance performance
– Ein Maß der Fähigkeit eines Computersystems, seine Funktionen auszuführen; z. B. Antwortzeit oder Durchsatz.

A degree to measure the productivity of a system to meet its tasks; e. g. throughput, response time, or execution time.

Leerzeichen, Leerstelle blank character

leitfähige Tinte electrographic ink

Lichtgriffel light pen
– Lichtempfindlicher Stift, mit dem von Hand auf dem Bildschirm bestimmte Punkte oder Flächen markiert werden können.
Light sensitive pen to mark certain points or areas on the screen.

Linearplanung oder lineare Planungsrechnung linear programming

Liste hard copy
– Vom Drucker eines Computers erstellte Berichte auf Endlos-Papierbahnen.
Printed reports, listings, etc., produced by a computer on paper.

logische Datenstruktur logical data structure
– Formallogische Darstellung der Ordnungsbeziehungen zwischen Datenelementen und -gruppen unabhängig ihrer tatsächlichen, physischen Speicherung.
A formal logical representation showing the relationships between data elements and -groups not regarding their actual, physical storage.

Lohnarbeitsbetrieb für EDV electronic data processing bureau

M

Magnetbandeinheit tape unit

Magnetplattenspeicher magnetic disc storage

Makrobefehl Macroinstruction
– Eine Instruktion aus der Assemblersprache, welche mehrere vorher definierte Maschineninstruktionen generiert.
An assembly-language instruction

that generates several predetermined machine instructions.

Maschinenausfallzeit downtime

Maschinenbelastung machine load

Maschinengang machine cycle

maschinenlesbar machine-readable

Maschinensprache computer code
– Programmiersprache (1. Generation), in der alle Befehle im binären Code dargestellt sind.
Computer language (1st generation) with all instructions written in binary code.

Maschinenteile, Maschinenausrüstung hardware
– Maschinelle Ausrüstung der Rechenanlage, im Gegensatz zu den Programmen (= Software).
The machinery constituting a computer or peripheral devices, in contrast to programs (= software).

Maus mouse
– Handeingabegerät zur Steuerung der Positionsmarke (Cursor) auf dem Bildschirm.
Manual input-device to control the movements of the cursor on the screen.

mechanischer Matrixdrucker wire matrix printer
– Zeichendrucker, bei dem die Zeichen aus einem matrixförmigen Block kleiner Nadeln gebildet werden.
Character printer creating the characters with a matrixlike block of fine needles.

Mehrzeilenschreiber multiple line printing

Mikrorechner, PC, Personal Computer PC, personal computer
– Ein in seiner Leistung auf die Anforderungen eines Einzelbenutzers ausgerichteter Computer.
A computer with a performance designated to serve a single user.

mischen merge
– Sortierung und Zusammenführen von zwei Datenbeständen in einen physischen Datenbestand.
To combine two files into one.

Mischen mit Aussteuern match-merge

Mnemonisches Symbol mnemonic symbol
– Abkürzung, die das menschliche Ge-
dächtnis unterstützt, z. B. die Abkürzung »MPY« für »Multiply«.
Abbreviation assisting the human
memory. For example, an abbreviation such as »MPY« for »Multiply«
is a mnemonic.

Modul module
– Eine Programmeinheit, die in bezug
auf die Übersetzung, die Verbindung
mit anderen Einheiten und das
Laden voneinander abgegrenzt und
identifizierbar ist.
A program unit that is discrete and
identifiable with respect to compil-
ing, combining with other units, and
loading.

Multiprogrammierung multiprogramming
– Bezieht sich auf die gleichzeitige Ausführung zweier oder mehrerer Computerprogramme durch einen Computer
Pertaining to the concurrent execution of two or more programs by a
single computer.

N

Nachsatz trailer label
– Datensatz mit Kontrollsumme für
den Vergleich von Werten bereits verarbeiteter Datensätze.
A record providing a control total
for comparison with accumulated
counts or values of records processed.

Netzwerk Datenbankmodell network data
base model
– Logische Datenbankstruktur, die die
Informationsstruktur mittels Netz-
werken darstellt. Eine Eintragung
kann mehrere Ein- und Ausgangs-
pfeile haben. Daher müssen Beziehungen gekennzeichnet werden.
Logical data base structure describ-
ing the information relations with a

network. One entry may have multiple input and output arrows so that
relations have to be indicated.

Nullenunterdrückung zero suppression
Nullkontrolle zero balancing
Nullstellung, automatische clearing posi-
tion

O

Objektprogramm object program
– Ein Computerprogramm, das aus Instruktionen der Objektsprache zu-
sammengestellt ist.
A computer program composed of
object language instructions.

Objektsprache object language
– Aus einer Quellensprache durch
einen Compiler oder Assemblerpro-
gramm erstellte Maschineninstruk-
tion.
Machine instructions produced from
a compiler or assembler program
that accepts source language.

OCR OCR
– Abkürzung für optical character recognition – eine mechanische Einrichtung, um graphische Zeichen lesbar
zu machen.
Abbreviation for optical character
recognition. The mechanical facility
to recognize graphic characters using
devices sensitive to light.

**Office Automation, OA, Bürokommunika-
tion, BK** office automation, OA
– siehe BK

Operator operator
– Eine Person, die eine Maschine be-
treibt.
A person who operates a machine.

Originaldokument source document
– Urbeleg
a document from which data are
originally aquired

OSI OSI
– Abkürzung für Open Systems Interconnection. OSI umfaßt alle Stan-

dards für Aspekte von Datenkommunikation zwischen Systemen. Damit soll die Kompatibilität zwischen Systemen verschiedener Hersteller verbessert werden (z. B. X-400 Norm). Acronym for Open Systems Interconnection. OSI standards include aspects of data communication between systems. Through OSI the compatibility of different vendors should increase (e. g. X-400 standard).

P

Papiervorschub beim Drucker paperfeed
Paritätsprüfung parity check
Pascal Pascal
– Nach dem Mathematiker Blaise Pascal benannte Programmiersprache der 3. Generation. Pascal unterstützt strukturierte Programmierung (Top-Down).
3rd generation computer language named after the mathematician Blaise Pascal. Pascal supports structured programming (Top-Down approach).
PC, Mikrorechner, Personal Computer PC, Personal Computer
– Ein in seiner Leistung auf die Anforderungen eines Einzelbenutzers ausgerichteter Computer.
A computer with a performance designated to serve a single user.
Performance, Laufverhalten performance
– Ein Maß der Fähigkeit eines Computersystems seine Funktionen auszuführen, z. B. Antwortzeit oder Durchsatz.
A degree to measure the productivity of a system to meet its tasks, e. g. throughput, response time or execution time.
Peripherie peripheral equipment
– Unter Peripherie versteht man alle Komponenten eines Computers, die

nicht zur Zentraleinheit und zum Zentralspeicher gerechnet werden.
The auxiliary storage units of a computer used for input and output of data. All components of a computer other than the central processing unit and core storage.
Personal Computer, PC, Mikrorechner Personal Computer, PC
– siehe PC
Physische Datenstruktur physical data structure
– Formale datenbanksystemabhängige Darstellung der physischen Ordnungsbeziehungen zwischen Datenelementen und Datengruppen, wie sie gespeichert sind.
A formal representation of the physical relationship between data elements and data groups depending on the used data base system, showing how they are stored.
PL/1 PL/1
– Abkürzung für Programming Language 1 (von IBM entwickelt). Programmiersprache der 3. Generation. PL/1 soll die Stärken von FORTRAN, ALGOL und COBOL verbinden, ist daher aber auch etwas komplexer.
Acronym for Programming Language 1 (developed by IBM). High level computer language (3rd generation) which is said to combine the benefits of FORTRAN, ALGOL and COBOL, but as such has become somewhat more complex.
Plattendatei disk file
Plattenspeicher disk storage
Plotter plotter
– Ausgabegerät, das mit großer Genauigkeit Daten in Form von Kurven oder Einzelpunkten zu Papier bringen kann.
Output-device, printing graphs or other graphical data with high accuracy on paper.
Positionszähler line control count
– Anzahl Positionen auf Eingabebelege.

A count of the individual line items on one or more documents.

Posten, durchlaufende suspense account
– Kontrollsumme für Daten, welche weiter verarbeitet werden.
A control total for items awaiting further processing.

Postendatei, durchlaufende suspense file
– Datei mit Daten, welche weiter verarbeitet werden.
A file containing unprocessed or partially processed items awaiting further action.

Programm, Herstellung eines kodierten Programms to code a program

Programmablauf routine
– Eine Gruppe von Instruktionen, die eine bestimmte Verarbeitung steuert. Ein Computerprogramm kann aus einem oder mehreren Programmabläufen bestehen.
A set of instructions that will cause the performance of a particular process. A computer program may consist of one or more routines.

Programm-Ablaufdiagramm program flowchart
– Eine Darstellung der Verarbeitungsschritte oder Logik eines Computerprogramms.
A flowchart that diagrams the processing steps or logic of a computer program.

Programmberichtigung program correction

Programmgenerator program generator
– Programmentwicklungssysteme mittels einer großen Zahl vorbereiteter Befehle und einer integrierten interaktiven Entwicklungsumgebung.
Program development system with a great number of prepared statements and an integrated, interactive environment.

programmieren to program

Programmierer programmer
– Eine Person, die Computerprogramme in Quellensprache codiert.
An individual who codes computer programs in a source language.

Programmiersprache programming language
– Eine Quellensprache für die Beschreibung von Instruktionen, die in Maschineninstruktionen übersetzt werden können.
A source language used to define operations that can be translated by software into machine instructions.

Programmiersprachen der 4. Generation 4th generation language
– Programmsysteme zur »individuellen Datenverarbeitung« mittels einer großen Zahl vorbereiteter Befehle und einer integrierten, interaktiven Entwicklungsumgebung. Beispiele sind FOCUS, NATURAL, ADF.
Program system for »individual data processing« with a great number of prepared statements and an integrated, interactive development environment. Examples are FOCUS, NATURAL, ADF.

Programmiersprachen der 5. Generation, Künstliche Intelligenz, KI 5th generation language, artifical intelligence, AI
– siehe KI

Programmschleife loop

Programmunterbrechung interruption

Programmverzahnung multiprogramming
– Die Verarbeitung von zwei oder mehreren Verarbeitungsprogrammen durch wechselweise Ausführung von individuellen Instruktionen.
The processing of two or more application programs by interleaving the execution of individual instructions.

Protokoll log
– Protokoll aller Bewegungen, Verarbeitungsinstruktionen, usw. in der Reihenfolge ihres Eintreffens.
A record on paper or machine-readable media of all transactions, operating instructions, etc., sequenced in the order they occurred.

Prüfbit check bit

eine binäre Prüfziffer a binary check digit

prüfen to verify
– Prüfen von Daten auf Richtigkeit.

The act of determining whether data are accurate.

Prüferfassung input verification
– Zweifache Eingabe von Daten, um die Vollständigkeit der ersten Eingabe zu überprüfen. Abweichungen der zweiten Eingabe von der ersten Eingabe werden angezeigt.
The redundant entry of data so as to verify the accuracy of a prior entry. Differences between the data previously recorded and the data entered in verification will be marked.

Prüfung, Grenzwert- limit check, range check
– Prüfung von Wertfeldern gegen vorher festgelegte Ober- oder Untergrenzen.
Tests of specified amount fields against stipulated high or low limits of acceptability.

Prüfung, Gültigkeits- validity check
– Prüfung der Eingabedaten auf Gültigkeit gegen festgelegte Werte in Tabellen oder gegen vorgegebenes Format, Unterkodierung oder Druckzeichen.
The characters in a coded field are either matched to an acceptable set of values in a table or examined for a defined pattern of format, legitimate subcodes, or character values, using logic and arithmetic rather than tables.

Prüfung, periodische periodic audit
– Prüfung von Dateien oder Verarbeitungsphasen, um Probleme festzustellen und zukünftige Probleme durch Kontrollverfahren zu erkennen.
A verification of a file or of a phase of processing intended to check for problems and encourage future compliance with control procedures.

Prüfung, programmierte programmed check
– Eine Prüfung, die durch das Programm durchgeführt wird.
An edit performed by a program.

Prüfung, Überlauf- overflow checks

– Prüfung der Eingabemengen ausgehend von der Kapazität der Speichereinheit oder Datei.
A limit check based upon the capacity of a memory or file area to accept data.

Prüfbarkeit audit trail
– Verfügbarkeit eines manuell oder maschinell durchführbaren Kontrollverfahrens, das die Verarbeitungsstati eines Geschäftsvorganges von der Erfassung bis zum Abschluß lückenlos abzustimmen ermöglicht.
The availability of a manual or machine-readable means for tracing the status and contents of an individual transaction record backward or forward and between output, processing, and source.

Prüfziffer check digit
– Prüfziffer, die für eine vorgegebene Informationsverschlüsselung entsprechend eines bestimmten Algorithmus ermittelt wird und dadurch später die Überprüfung der einwandfreien Übermittlung der Information ermöglicht.
A digit which is a function of the other digits within a word or number used for testing an accurate transcription.

Puffer, Zwischenspeicher buffer
– Ein Speicher für den Ausgleich der Übertragungsgeschwindigkeit zwischen einzelnen Geräten des Computersystems.
Storage used to compensate for differences in the rates of transfer of data or in the timing of transmission of data from one device to another.

Q

Quellenprogramm source program
– Vom Programmierer erstellte Anweisungen zur maschinellen Erstellung des Objektprogramms.

A computer language utilized by a
programmer and submitted to a
translation process in order to produce object instructions.

R

Redundanz redundancy
– Der überflüssige oder wiederholte
Teil einer Nachricht, der ohne Verlust an Information weggelassen werden kann.
The unnecessary or repeated part of
a message, which can be eliminated
without loss of essential information.
Referenzdokumentation reference documentation
– Dokumentation von Referenzinfor-
mationen.
Documents that serve to store information for reference.
relationales Datenbankmodell relational
data base model
– Logische Datenbankstruktur, die
Eintragungen und deren Beziehungen
in Tabellen darstellt und über Attri-
butschlüssel eindeutig und einfach
einander zugeordnet. Auch komplexe
Zusammenhänge lassen sich durch
die strikte Formalität korrekt dar-
stellen.
Locigal data base structure using tables to describe and attribute keys to
assign entries and their relations in a
simple but unique way. The strict formal approach can describe even
more complex problems accurately.
RPG RPG
– Abkürzung für Report Program
Generator. RPG zählt zu den höheren Programmiersprachen (3. Generation). Mit RPG ist die Erzeugung
von Ausgabelisten besonders einfach.
Acronym for Report Program Generator. A high-level computer language (3rd generation). Using RPG

makes the production of output lists
especially easy.
Restrukturierung reorganization
– Der Prozeß der Änderung der internen Speicherverknüpfung, um das
Laufzeitverhalten zu optimieren und
die Integrität der Daten zu erhalten.
The process of changing the internal
physical information structure to improve performance and to maintain
data integrity.
Rückkopplung feedback
Rücklaufbeleg turnaround documents
– Ein maschinell erstellter Beleg, der
wieder als Eingabe in das System
dient.
A computer-produced document
which is intended for resubmission
into the system.

S

Satzaufbau record layout
– Aufstellung (Diagramm) des Satzauf-
baus (Länge, Format der Daten-
felder).
A diagram showing the nature, loca-
tion, size, and format of fields within
a record.
Satzlänge, Datensatz mit fester fixed-
length record
– Datensatz mit fester Satzlänge, im
Gegensatz zu variabler Satzlänge.
A record that is the same size in all
occurrences. Contrasts with variable-
length record.
Satzlänge, Datensatz mit variabler varia-
ble-length record
– Variable Satzlänge, im Gegensatz zu
fester Satzlänge.
A machine-readable record that may
contain a variable number of fields.
Contrast with fixed-length record.
Satzmarke record mark
– Kennzeichnung von Anfang und
Ende eines Datensatzes.
A special character used by some

computer systems to designate the beginning or end of a record.

Schaltkreis mit zwei stabilen Zuständen flip-flop

Schaltschema wiring diagram

Schalttafel control panel

Schaltung wiring

Schleife, Iteration iteration, loop
- siehe Iteration

Schlüssel key
- Zeichen innerhalb eines Datensatzes, die dazu benutzt werden, den Datensatz zu finden oder den Datensatz zu sortieren.
  Identifying characters within a record used to locate it or to control sorting.

Schlüsselwort key word
- Reserviertes Wort in einer Programmiersprache, das, im richtigen Zusammenhang gebraucht, eine festgelegte Bedeutung für den Compiler hat.
  An identifier that is part of the language and which, when used in the proper context, has a specific meaning to the compiler.

Schnelldrucker high-speed printer

Schnellspeicher zero access storage, rapid memory

Schnittstelle interface
- Ein gemeinsamer Berührungspunkt. Eine Schnittstelle kann als Hardwarekomponente zwei Geräte verbinden oder sie kann Teil eines Speichers oder Registers sein, auf die von zwei oder mehreren Computerprogrammen zugegriffen wird.
  A shared boundary. An interface might be a hardware component to link two devices or it might be a portion of storage or register accessed by two or more computer programs.

Schreibring file protect ring
- Schreibring zum Beschreiben von Banddateien – Fehlt der Schreibring, ist keine Beschreibung möglich.
  A plastic ring when inserted in a recess on the back of a standard magnetic tape reel, depresses a switch on

the tape drive to allow the drive to write upon that particular reel. No ring – no write.

Schreibstelle printing position

Seitendrucker, Laserdrucker page printer, laser printer
- Ausgabegerät, bei dem eine ganze Seite elektrofotografisch, ähnlich wie beim Fotokopierer, auf das Papier übertragen wird.
  Output device printing a whole page electrophotographically, similar to a xerograph, on to the paper.

Sendekontrolldokument transmittal document
- Kontrolldokument über gesandte Daten.
  The medium for communicating control totals over movement of data.

senden to transmit
- Daten von einem Ort zu einem anderen senden.
  To move data from one location to another.

Sensorbildschirm touch screen
- Eingabeform durch Markierung der auszulösenden Aktion mit dem Finger.
  Form of input by marking the intended action with a finger.

serieller Drucker, Zeichendrucker serial printer, character printer
- Ausgabegerät, bei dem die Zeichen einzeln, wie bei einer Schreibmaschine, gedruckt werden.
  Output device, printing the characters one by one similar to a typewriter.

Sicherung backup
- Dateien, Maschinen und Verarbeitungsverfahren, auf die bei Ausfall oder Zerstörung als Notorganisation zurückgegriffen werden kann.
  Files, equipment, and procedures that are available if the originals are destroyed or out of service.

Simulator simulator
- Ein Computerprogramm, das die Folgen von unterschiedlichen Bedin-

gungen, die tatsächlich auftreten können, nachahmt.
A computer program which attempts to imitate the consequences that will be produced by variable conditions in a real-world environment.

Sofortverarbeitung real time processing

Software software
- Programme, die die »Hardware« steuern.
All levels of computer programs that control the operation of hardware.

Sonderzeichen special characters
- z. B. $,/,*
A visible character other than a number or letter (e. g., $, #, /).

Sortierdatei sort file

Sortieren sort
- Sortieren von Daten in eine bestimmte Reihenfolge.
To arrange items or records into a sequence.

Speicher storage, memory

Speicher, adressierbarer addressable memory

Speicher, akustischer acoustic memory

Speicher, Kernspeicher core storage

Speicher für Simultanverarbeitung storage for parallel processing

Speicherauszug memory dump

Speichereinheit memory unit

Speicherkapazität storage capacity

Speicherwerk storage unit

Speicherzähler storage counter

Spur track
- Kreis auf Platte oder Segment eines Bandes.
The ring-shaped surface of a disc or drum or the segment of a magnetic tape running parallel to its edge.

Stack stack
- Eine Liste, bei der das letzte zugefügte Element als erstes wieder entnommen wird (last-in-first-out-Prinzip).
A list that is constructed so that the next information to be retrieved is the most recently stored information in the list (last-in-first-out).

Stammdatei master file
- Eine Datei, die Informationen enthält, die mehrfach verwendet werden; im Gegensatz zu Bewegungsdatei.
A computer file containing information to be retained and reused for reference or in file maintenance. Contrast with transaction file.

Stapelabstimmung batch balancing
- Ist der Vergleich von verarbeiteten Belegen oder Daten gegen eine vorher ermittelte Kontrollsumme.
A comparison of the items or documents actually processed against a predetermined control total.

Stapel/Kontroll-Protokoll control register/ batch control log
- Ein Protokoll zur Aufnahme von Stapel- oder Bewegungskontrollwerten.
A log or register indicating the disposition and control values of batches or transactions.

Stapelnummern batch serial numbers (batch sequence)
- Stapelkontrollbelege werden fortlaufend numeriert und bei der Verarbeitung diesbezüglich geprüft.
Batches of transaction documents are numbered consecutively and accounted for.

Stapelsummen batch totals (batch control)
- Jede Art von Kontrollsummen über eine bestimmte Anzahl oder in einer bestimmten Periode erfaßten Belege.
Any type of control total or count applied to a specific number of transaction documents or to the transaction documents that arrive within a specific period of time.

Stapelverarbeitung batch processing
- Ein System, in dem die zu verarbeitenden Daten zusammengefaßt und in Gruppen verarbeitet werden.
An application system where transactions to be processed are collected into groups (= batches) and concentrated for processing into a brief span of time.

Steuerknüppel joystick
- Handeingabegerät, das die Positionsmarke (Cursor) entsprechend der Handbewegung steuert.
Manual input-device to control the movements of the cursor according to movements of the hand.

Steuerpult console

Steuersymbol control code

Steuerungssystem, Eingabe-/Ausgabe-IOCS
- IOCS ist die Abkürzung für Input/Output Control System (Eingabe/Ausgabe-Steuerungssystem).
Abbreviation for input/output control system. A standard set of routines to initiate and control the input and output activities of a computer system.

Stichprobe sample

Stornierung cancellation
- Kennzeichnung von Geschäftsvorgängen, die nicht weiter verarbeitet werden sollen bzw. deren Bearbeitung abgebrochen werden soll.
Identifies transaction documents to prevent their further or repeated use.

Strichcodeleser bar code scanner
- Eingabegerät,das Strichcodes optisch erfassen kann.
Input device that can optically identify bar code information.

Syntax syntax
- Die Struktur von Ausdrücken in einer Sprache.
The rules governing the structure of a language.

System system
- z. B. Computersystem, Verarbeitungssystem, Betriebssystem.
Such as: computer system, application system, operating system.

Systemanalyse systems analysis
- Feststellung von Änderungen in Geschäftsvorgängen und die Festlegung, wie diese durchgeführt werden können.
The function of determining what and how changes should be made to a business activity.

T

Tabellenkalkulationsprogramm spread sheet program
- Für PC entwickelte Software. Sie ermöglicht dem Benutzer auf sehr flexible Art und Weise individuelle Rechenschemata samt erklärendem Text in Form einer Matrix zu gestalten.
Software developed for personal computer. It enables the user to create very individual spread sheets including explanatory text using a matrix.

Tastatur, Tastenfeld keyboard

Test, Gültigkeits- Check for reasonableness
- Prüfung von Eingabedaten durch Vergleich mit Daten aus Bewegungs- oder Stammdateien.
Tests applied to various fields of data through comparison with other information available within the transaction or master records.

Textverarbeitung word processing
- Rechnergestützte Bearbeitung von Text mit jederzeitiger Veränderbarkeit von Textbreite, Zeilenabstand, Seitengröße u. a.
Computeraided processing of text with variability of margins, line spacing, page dimensions, etc.

Thermodrucker thermal printer
- Nichtmechanischer Zeichendrucker, bei dem die Zeichen durch matrixförmige Heizstifte auf wärmeempfindliches Papier gedrückt werden.
Non-mechanical character printer, which creates the characters by touching heat-sensitive paper with a matrixlike block of heated needles.

Time sharing time sharing
- Mehrere Anwender können gleichzeitig eine Anlage benutzen.
A technique of computer operations that permits a large number of users to access computer services simultaneously.

Tintenstrahldrucker ink jet printer
- Nichtmechanischer Zeichendrucker,

bei dem die Zeichen mittels eines kontrollierten Strahlenbündels von Tintentröpfchen aus einer Matrix erzeugt werden.
Non-mechanical character printer, which creates the characters by shooting a controlled bundle of ink drops from a matrix on the paper.

Top-Down Top-Down
– Vorgehensweise, die mit der höchsten Komponente einer Struktur oder Hierarchie beginnt und zu zunehmend niedrigeren Ebenen fortschreitet.
Approach, starting with the highest component within a hierarchy or structure and finishing it with the lowest levels.

Transaktionscode transaction code
– Ein Feld innerhalb eines Datensatzes, das die Art der Bewegung (Transaktion) kennzeichnet.
A field within a transaction record that designates the nature of the transaction.

Typenbanddrucker belt printer
– Zeilendrucker mit einem horizontal umlaufenden endlosen Metallband mit allen Typen. An jeder Schreibposition schlägt ein Hammer im Moment des Vorbeigleitens das Band gegen das Papier.
Line printer with a horizontally circulating endless metallic belt containing all characters. At every print position a hammer strikes the belt onto the paper when the right character passes by.

Typenraddrucker daisy wheel printer
– Mechanischer Zeichendrucker mit auswechselbaren Typenrädern für unterschiedliche Schriftarten.
Mechanical character printer with changeable daisy wheels for different fonts.

U

Übersetzer compiler
– Ein Computerprogramm, das Quellenprogramminstruktionen in Objektprogramminstruktionen übersetzt.
A computer program that compiles object language instructions from source language statements.

Umsetzer translator
– Rechenprogramm für Übersetzung von Objekt- in Maschinen- bzw. von einer Maschinensprache in eine andere.
Computer program to ›assemble and compile‹.

Umwandlung compilation
– Instruktionen in Maschinensprache, die von einer höheren Programmiersprache generiert wurden, so daß mehr als eine Objektprogramminstruktion von jeder Quellenprogramminstruktion erstellt werden kann.
Machine language instructions generated from a high-level program language so that more than one object program instruction is produced for each source program statement.

Unterprogramm subroutine
– Wird von verschiedenen Programmen aufgerufen, um eine bestimmte Verarbeitung durchzuführen.
A routine that may be recurringly called upon by a different routine to perform a defined process.

Unterprogrammaufruf cue

V

Verarbeitung execution
– Prozeß der Ausführung einer Befehlsfolge eines Computerprogramms.
The process of carrying out instructions of a computer program.

Verarbeitung, redundante redundant processing
– Wiederholung der Verarbeitung und anschließender Vergleich der Daten.
A repetition of processing and an accompanying comparison of results for equality.

Verarbeitungskontrollsumme run-to-run totals
– Abstimmsummen zwischen Verarbeitungsläufen.
The utilization of output control totals resulting from one process as input control totals over subsequent processing.

Vergleich comparison
– Logische oder konditionale Tests von Daten auf Gleichheit oder Ungleichheit.
The examination of data by using logical or conditional tests to determine or to identify similarities or differences.

Verwaltung housekeeping
– Verwaltungsaufgaben eines Datenverarbeitungssystems.
Broadly pertaining to the general upkeep and maintenance activities within an information processing facility.

virtueller Rechner virtual machine
– Eine funktionale Simulation eines Computers und seiner mit ihm verbundenen Geräte.
A functional simulation of a computer and its associated devices.

virtueller Speicher virtual storage
– Der Speicherraum, der durch den Benutzer eines Computersystems als addressierbarer Speicher angesehen werden kann. Dabei ist der Inhalt physisch auf Haupt- und externe Speicher verteilt und wird, vom Benutzer unbemerkt, zwischen diesen ausgetauscht (paging).
The set of storage locations that may be regarded as addressable storage space by the user of a computer system. The contents are distributed between main storage and external

storage components, and are interchanged between these without notice to the user (paging).

Vollmacht authorization
– Beschränkt die Auslösung oder Durchführung bestimmter Geschäftsvorgänge auf ausgewählte Personen.
Limits the initiation of a transaction or performance of a process to selected individuals.

Vollständigkeitskontrolle completeness check
– Ein Test, daß für alle zur Verarbeitung erforderlichen Felder ein gültiger Inhalt vorhanden ist.
A test that data entries are made in fields which cannot be processed in a blank state.

W

Wahrscheinlichkeitsgrad anticipation
– Erwartung eines bestimmten Vorgangs oder Ereignisses zu einem bestimmten Zeitpunkt.
The expectation of a given transaction or event at a particular time.

Warteschlange queue
– Eine Liste, bei der das zuerst eingefügte Element als nächstes entnommen wird (first-in-first-out-Prinzip).
A line or list formed by items waiting for service (first-in-first out).

Wiedereintritt (in ein Hauptprogramm) link

Wiederholungslauf rerun
– Wiederholung einer Verarbeitung aufgrund von Fehlern in der vorangegangenen Verarbeitung.
To reprocess a computer program, usually because of a defect or error in the previous processing.

Wort word
– Eine Zeichenfolge oder Bitfolge, die in einem bestimmten Zusammenhang als Einheit betrachtet wird.
A character string that is convenient

for some purposes to consider as an entity.

Z

Zahlenimpuls digit impulse
Zahlenverteiler digit selector
Zähler counter
- Eine Komponente des Computers für die Zählung von Verarbeitungsschritten.
  A component of a computer used to store numbers which may be increased or decreased to affect the process of counting.
Zeichendrucker, serieller Drucker character printer, serial printer
- Ausgabegerät, bei dem die Zeichen einzeln, wie bei einer Schreibmaschine, gedruckt werden.
  Output-device, printing the characters one by one similar to a typewriter.
Zeichenmarkierung, Zeichenabfühlung mark sensing, mark reading
Zeilendrucker, Schnelldrucker line printer
- Ausgabegerät, bei dem die Zeichen einer ganzen Zeile auf einmal gedruckt werden.
  output-device, printing the characters of a whole line, all at once.
Zeilentransport spacing
Zeilenumstellung line posting
Zeilenvorschub line spacing
zentrale Datenverarbeitung, Zentralisation centralization
- Verarbeitungsform, bei der alle DV-Funktionen von einer (zentralen) Stelle oder einem Zentralcomputer vorgenommen werden.
  Processing type where all DP-functions are performed by a central location or central computer.
Zentraleinheit central processing unit (= CPU)
- Teil des Computers, der die Instruktion interpretiert und ausführt.

The part of a computer system that contains the circuits controlling the interpretation and execution of instructions.
Zentralrechner (vormals Zentralrechengerät) central computer
Ziffernverteiler digit selector
Zonenauswahl zone selection
Zubehör accessories
Zuführung, beschleunigte high-speed feed
Zugriff access
Zugriff, direkter direct access
Zugriff, sequentieller sequential access
- Der Zugriff auf die Daten erfolgt sequentiell.
  Data stored in a manner where all preceding records must be accessed sequentially in order to locate a specific record.
Zugriffszeit access time
- Die Zeit, die von einem Computer benötigt wird, Daten zu finden und in die Zentraleinheit zu übertragen.
  The time required for a computer to locate data and move them into the central processing unit.
Zweifachschreibung dual printing
Zwischenraum, Leerzeichen space
Zwischenspeicher buffer

Anhang
Appendices

A. Gewichte und Maße
A. Weights and Measures

Gewichte
Weights

Metric		U.S
Zentigramm centigram	,01 g	0,1543 **Grain**
Dezigramm decigram	,1 g	1,5432 **Grain**
Gramm (g) gram	1 g	15,432 **Grain**
Kilogramm (kg) kilogram	1.000 g	2,2046 **Pfund**
Zentner quintal	50 kg	110,23 **Pfund**
Tonne metric ton	1.000 kg	2.204,6 **Pfund**

U.S.		Metric
Grain grain		0,0648 **Gramm**
Unze (avoirdupois) ounce	437,5 Grain	28,3495 **Gramm**
Pfund (avoirdupois) pound	16 Unzen	453,59 **Gramm**
Zentner (short) hundredweight	100 Pfund	45,359 **Kilogramm**
Kleine Tonne short ton	20 Zentner or 2.000 Pfund	907,18 **Kilogramm**

UK		Metric
Stone stone	14 Pfund	6,348 **Kilogramm**
Zentner hundredweight	112 Pfund	50,8 **Kilogramm**
Große Tonne long ton	2.240 Pfund	1.016,05 **Kilogramm**

Längenmaße
Linear Measure

Metric		U.S.
Millimeter millimeter (mm)	,001 Meter	0,03937 **Inch**
Zentimeter centimeter (cm)	,01 Meter	0,3937 **Inch**
Dezimeter decimeter (dm)	,1 Meter	3,937 **Inches**
Meter meter (m)	1 Meter	39,37 **Inches** 3,2808 **Fuß**
Kilometer kilometer (km)	1.000 Meter	0,62137 **Meile** 0,5396 **Seemeile**

U.S.		Metric
Zoll inch		2,540 **Zentimeter**
Fuß foot	12 Zoll	0,3048 **Meter**
Yard yard	3 Fuß	0,9144 **Meter**
Furlong furlong	220 Yards	201,17 **Meter**
Meile mile	1.760 Yards	1.609,34 **Meter**
Seemeile nautical mile	6.080 Fuß	1.852 **Meter**

Flächenmaße
Surface Measure

Metric   **U.S.**

Quadratzentimeter   ,0001 m^2 0,15499 **Quadratzoll**
square centimeter (cm^2)

Quadratdezimeter   ,01 m^2 15,499 **Quadratzoll**
square decimeter (dm^2)

Quadratmeter   1,549,9 **Quadratzoll**
square meter (m^2)   1,196 **Quadratyard**

Hektar   10.000 m^2 2,471 **Morgen**
hectare (ha)

Quadratkilometer   100 Hektar   247,104 **Morgen**
square kilometer   0,3861 **Quadratmeile**

U.S.   **Metric**

Quadratzoll   6,451 **Quadratzentimeter**
square inch

Quadratfuß   144 Quadratzoll   929,03 **Quadratzentimeter**
square foot

Quadratyard   9 Quadratfuß   0,8361 **Quadratmeter**
square yard

Morgen   43.560 Quadratfuß   0,4047 **Hektar**
acre

Quadratmeile   640 Morgen   258,998 **Hektar**
square mile   2,58998 **Quadratkilometer**

Raummaße
Cubic Measure

Metric		U.S.
Kubikzentimeter cubic centimeter (cm^3)		0,061024 **Kubikzoll**
Kubikdezimeter cubic decimeter (dm^3)		61,024 **Kubikzoll**
Kubikmeter cubic meter (m^3)		35,315 **Kubikfuß** 1,308 **Kubikyards**

U.S.		Metric
Kubikzoll cubic inch		16,387 **Kubikzentimeter**
Kubikfuß cubic foot	1.728 Kubikzoll	0,0283 **Kubikmeter**
Kubikyard cubic yard	27 Kubikfuß	0,7646 **Kubikmeter**
Registertonne register ton	100 Kubikfuß	2,832 **Kubikmeter**

Hohlmaße
Measure of Capacity

Metric		U.S.
Liter liter		0,9081 **Quart, trocken** 1,0567 **Quart, flüssig**
Hektoliter hectoliter	100 Liters	26,418 **Gallone** 2,838 **Scheffel**

U.S.		Metric
Pinte, flüssig pint		0,4732 **Liter**
Quart, flüssig quart, liquid	2 Pinte	0,9463 **Liter**
Quart, trocken quart, dry	2 Pinte	1,1012 **Liter**
Gallone gallon	4 Quart, flüssig	3.7853 **Liter**
Scheffel bushel	32 Quart, flüssig	35,238 **Liter**

B. Vorgeschriebene Form des Jahresabschlusses einer deutschen Kapitalgesellschaft

XYZ AG
Bilanz zum 31. Dezember 19 . .

Aktiva

( ) Noch nicht eingezahltes Kapital, davon eingefordert: DM . . . . .
( ) Aufwendungen für die Ingangsetzung und Erweiterung des Geschäftsbetriebes

A. Anlagevermögen
   I. Immaterielle Vermögensgegenstände –
      1. Konzessionen, gewerbliche Schutzrechte und ähnliche Rechte und Werte sowie Lizenzen an solchen Rechten und Werten;
      2. Geschäfts- und Firmenwert
      3. Geleistete Anzahlungen
   II. Sachanlagen –
      1. Grundstücke, grundstücksgleiche Rechte und Bauten einschließlich der Bauten auf fremden Grundstücken
      2. Technische Anlagen und Maschinen
      3. Andere Anlagen, Betriebs- und Geschäftsausstattung
      4. Geleistete Anzahlungen und Anlagen im Bau
   III. Finanzanlagen –
      1. Anteile an verbundenen Unternehmen
      2. Ausleihungen an verbundene Unternehmen
      3. Beteiligungen
      4. Ausleihungen an Unternehmen, mit denen ein Beteiligungsverhältnis besteht
      5. Wertpapiere des Anlagevermögens
      6. Sonstige Ausleihungen

B. Umlaufvermögen
   I. Vorräte –
      1. Roh-, Hilfs- und Betriebsstoffe
      2. Unfertige Erzeugnisse, unfertige Leistungen
      3. Fertige Erzeugnisse und Waren
      4. Geleistete Anzahlungen
   II. Forderungen und sonstige Vermögensgegenstände –
      1. Forderungen aus Lieferungen und Leistungen
      2. Forderungen gegen verbundene Unternehmen
      3. Forderungen gegen Unternehmen, mit denen ein Beteiligungsverhältnis besteht
      4. Sonstige Vermögensgegenstände
   III. Wertpapiere –
      1. Anteile an verbundenen Unternehmen
      2. Eigene Anteile
      3. Sonstige Wertpapiere
   IV. Schecks, Kassenbestand, Bundesbank- und Postgiroguthaben, Guthaben bei Kreditinstituten

C. Rechnungsabgrenzungsposten
( ) Nicht durch Eigenkapital gedeckter Fehlbetrag

B. Financial statements in the form prescribed for a German corporation

XYZ AG
Balance sheet as of December 31, 19 . .

Assets

( ) Issued but not paid up share capital, thereof called up: DM . . . . .
( ) Start up and business expansion expenses

A. Fixed assets
    I.   Intangible assets –
        1. Franchises, trademarks, patents, licences, and similar rights
        2. Goodwill
        3. Advances paid on intangible assets
    II. Property, plant and equipment
        1. Land, leasehold rights and buildings, including buildings on non-owned land
        2. Technical equipment, plant and machinery
        3. Other equipment, fixtures, fittings and equipment
        4. Advance payments and plant and machinery in process of construction
    III. Financial assets –
        1. Shares in affiliated companies (shares in subsidiary companies)
        2. Loans due from affilitated companies (loans due from subsidiary companies)
        3. Investments
        4. Loans due from other group companies
        5. Security investments
        6. Other loans

B. Current assets
    I.   Inventories –
        1. Raw materials and supplies
        2. Work-in-process
        3. Finished goods
        4. Advance payments
    II. Accounts receivable and other assets
        1. Accounts receivable from trading
        2. Accounts due from affiliated companies (accounts due from subsidiary companies)
        3. Accounts due from other group companies
        4. Other assets
    III. Marketable securities –
        1. Shares in affiliated companies (shares in subsidiary companies)
        2. Treasury stock
        3. Other marketable securites
    IV. Checks, cash on hand and in Federal Bank and in postal giro accounts, and cash in banks

C. Deferred charges and prepaid expenses
( ) Capital deficit

XYZ AG
Bilanz zum 31. Dezember 19 . .

Passiva

A. Eigenkapital
   I. Gezeichnetes Kapital –
   II. Kapitalrücklage
  III. Gewinnrücklagen
     1. Gesetzliche Rücklage
     2. Rücklage für eigene Anteile
     3. Satzungsmäßige Rücklagen
     4. Andere Gewinnrücklagen
  IV. Gewinnvortrag/Verlustvortrag
   V. Jahresüberschuß
( ) Sonderposten mit Rücklageanteil

B. Rückstellungen
     1. Rückstellungen für Pensionen und ähnliche Verpflichtungen
     2. Steuerrückstellungen
     3. Sonstige Rückstellungen

C. Verbindlichkeiten
     1. Anleihen, davon konvertibel
     2. Verbindlichkeiten gegenüber Kreditinstituten
     3. Erhaltene Anzahlungen auf Bestellungen
     4. Verbindlichkeiten aus Lieferungen und Leistungen
     5. Verbindlichkeiten aus der Annahme gezogener Wechsel und der Ausstellung
       eigener Wechsel
     6. Verbindlichkeiten gegenüber verbundenen Unternehmen
     7. Verbindlichkeiten gegenüber Unternehmen, mit denen ein Beteiligungsverhältnis besteht
     8. Sonstige Verbindlichkeiten,
       davon aus Steuern:
       davon im Rahmen der sozialen Sicherheit:

D. Rechnungsabgrenzungsposten

( ) Haftungsverhältnisse
     – Verbindlichkeiten aus der Begebung und Übertragung von Wechseln
     – Verbindlichkeiten aus Bürgschaften, Wechsel- und Scheckbürgschaften
     – Verbindlichkeiten aus Gewährleistungsverträgen
     – Haftung aus der Bestellung von Sicherheiten für fremde Verbindlichkeiten

XYZ AG
Balance sheet as of December 31, 19 . .

Liabilities and shareholders' equity

A. Shareholders' equity
    I.   Capital subscribed
    II. Capital surplus (or paid-in surplus)
    III. Earnings reserves
       1. Legal reserve
       2. Reserve for treasury stock
       3. Statutory reserves
       4. Other earnings reserves
    IV. Retained earnings/Accumulated deficit, brought forward
    V. Net income, net loss
( ) Special reserves for the year

B. Provisions and accrued liabilities
       1. Provisions for pensions and similar obligation
       2. Accrued taxes
       3. Other provisions and accrued liabilities

C. Liabilities
       1. Debenture loans, thereof convertible
       2. Liabilities due to banks
       3. Advance payments received on account of orders
       4. Trade accounts payable
       5. Notes payable
       6. Accounts due to affiliated companies (accounts due from subsidiary companies)
       7. Accounts due to other group companies
       8. Other liabilities,
          thereof for taxes
          thereof for social security

D. Deferred charges
( ) Contingent liabilities and commitments
    – From notes discounted
    – From guarantees and endorsements
    – From warranties
    – From guarantees in favour of third parties

Gewinn- und Verlustrechnung bei Anwendung des Gesamtkostenverfahrens

XYZ AG
Gewinn- und Verlustrechnung für Geschäftsjahr 19 . .

1. Umsatzerlöse
2. Erhöhung oder Verminderung des Bestands an fertigen und unfertigen Erzeugnissen
3. Andere aktivierte Eigenleistungen
4. Sonstige betriebliche Erträge
5. Materialaufwand –
   a) Aufwendungen für Roh-, Hilfs- und Betriebsstoffe
   b) Aufwendungen für bezogene Leistungen
6. Personalaufwand –
   a) Löhne und Gehälter
   b) Soziale Abgaben und Aufwendungen für Altersversorgung und für Unterstützung, davon für Altersversorgung
7. Abschreibungen –
   a) auf immaterielle Vermögensgegenstände des Anlagevermögens und Sachanlagen sowie auf aktivierte Aufwendungen für die Ingangsetzung und Erweiterung des Geschäftsbetriebs
   b) auf Vermögensgegenstände des Umlaufvermögens, soweit diese die in der Kapitalgesellschaft üblichen Abschreibungen überschreiten
8. Sonstige betriebliche Aufwendungen
9. Erträge aus Beteiligungen, davon aus verbundenen Unternehmen
10. Erträge aus anderen Wertpapieren und Ausleihungen des Finanzanlagevermögens, davon aus verbundenen Unternehmen
11. Sonstige Zinsen und ähnliche Erträge davon an verbundene Unternehmen
12. Abschreibungen auf Finanzanlagen und auf Wertpapiere des Umlaufvermögens
13. Zinsen und ähnliche Aufwendungen, davon an verbundene Unternehmen
14. Ergebnis der gewöhnlichen Geschäftstätigkeit
15. Außerordentliche Erträge
16. Außerordentliche Aufwendungen
17. Außerordentliches Ergebnis
18. Steuern vom Einkommen und vom Ertrag
19. Sonstige Steuern
20. Jahresüberschuß/Jahresfehlbetrag

Income statement presentation applying the cost summary method

XYZ AG
Statement of income for the year ended December 31, 19 . .

1. Sales
2. Increase (decrease) in finished goods and work-in-process
3. Own work capitalised
4. Other operating income
5. Cost of materials –
    a) Cost of raw materials and supplies
    b) Cost of purchased services
6. Personnel expenses –
    a) Wages and salaries
    b) Social security, pension and other benefit costs, thereof for pensions
7. Depreciation and amortisation costs and other write-offs
    a) on intangible assets, and plant and equipment and on start-up and business
       expansion costs capitalized
    b) on current assets to the extent that they exceed provisions normally recorded by
       the company
8. Other operating expenses
9. Income from investments,
    thereof from affiliated companies,
    (thereof from subsidiary companies)
10. Income from other long-term securities and loans,
    thereof from affiliated companies,
    (thereof from subsidiary companies)
11. Other interest and similar income,
    thereof from affiliated companies,
    (thereof from subsidiary companies)
12. Write-offs of financial assets and marketable securities
13. Interest and similar expenses,
    thereof to affiliated companies,
    (thereof to subsidiary companies)
14. Profit/loss from ordinary operations
15. Extraordinary income
16. Extraordinary expenses
17. Extraordinary profit/loss
18. Taxes on income
19. Other taxes
20. Net income/Net loss

Gewinn- und Verlustrechnung bei Anwendung des Umsatzkostenverfahrens

XYZ AG
Gewinn- und Verlustrechnung für Geschäftsjahr 19 . .

1. Umsatzerlöse
2. Herabstellungskosten der zur Erzielung der Umsatzerlöse erbrachten Leistungen
3. Bruttoergebnis vom Umsatz
4. Vertriebskosten
5. Allgemeine Verwaltungskosten
6. Sonstige betriebliche Erträge
7. Sonstige betriebliche Aufwendungen
8. Erträge aus Beteiligungen,
   davon aus verbundenen Unternehmen
9. Erträge aus anderen Wertpapieren und Ausleihungen des Finanzanlagevermögens,
   davon aus verbundenen Unternehmen
10. Sonstige Zinsen und ähnliche Erträge,
    davon aus verbundenen Unternehmen
11. Abschreibungen auf Finanzanlagen und auf Wertpapiere des Umlaufvermögens
12. Zinsen und ähnliche Aufwendungen,
    davon an verbundene Unternehmen
13. Ergebnis der gewöhnlichen Geschäftstätigkeit
14. Außerordentliche Erträge
15. Außerordentliche Aufwendungen
16. Außerordentliches Ergebnis
17. Steuern vom Einkommen und vom Ertrag
18. Sonstige Steuern
19. Jahresüberschuß/Jahresfehlbetrag

Income statement presentation applying the cost of sales method

XYZ AG
Statement of income for the year ended December 31, 19 . .

1. Sales
2. Cost of sales
3. Gross profit
4. Selling expenses
5. General and administrative expenses
6. Other operating income
7. Other operating expense
8. Income from investments,
   thereof from affiliated companies,
   (thereof from subsidiary companies)
9. Income from other long-term securities and loans,
   thereof from affiliated companies,
   (thereof from subsidiary companies)
10. Other interest and similar income
    thereof from affiliated companies,
    (thereof from subsidiary companies)
11. Write-offs of financial assets and marketable securities
12. Interest and similar expenses,
    thereof to affiliated companies,
    (thereof to subsidiary companies)
13. Profit/loss from ordinary operations
14. Extraordinary income
15. Extraordinary expenses
16. Extraordinary profit/loss
17. Taxes on income
18. Other taxes
19. Net income/Net loss

XYZ AG

Entwicklung des Anlagevermögens im Geschäftsjahr 19 . .

(Bei Darstellung zu Buchwerten)

	Anschaffungs- und Herstellungskosten zum 1. Januar 19 . .	Zugänge	Abgänge	Um-buchungen	Zu-schrei-bungen	Abschrei-bungen des Geschäfts-jahres	Abschrei-bungen kumuliert	Buchwert 31. Dezem-ber 19 . .
I. Immaterielle Vermögensgegenstände –								
1. Konzessionen, gewerbliche Schutzrechte und ähnliche Rechte und Werte sowie Lizenzen an solchen Rechten und Werten								
2. Geschäfts- und Firmenwert								
3. Geleistete Anzahlungen								
II. Sachanlagen –								
1. Grundstücke, grundstücksgleiche Rechte und Bauten einschließlich der Bauten auf fremden Grundstücken								
2. Technische Anlagen und Maschinen								
3. Andere Anlagen, Betriebs- und Geschäftsausstattung								
4. Geleistete Anzahlungen und Anlagen im Bau								
III. Finanzanlagen –								
1. Anteile an verbundenen Unternehmen								
2. Ausleihungen an verbundene Unternehmen								
3. Beteiligungen								
4. Ausleihungen an Unternehmen, mit denen ein Beteiligungsverhältnis besteht								
5. Wertpapiere des Anlagevermögens								
6. Sonstige Ausleihungen								

XYZ AG
Fixed assets movement for the year ended

(Presented at net book values)

	At cost January 1, 19 . .	Additions	Disposals	Transfers	Write-ups	Depreciation during the year	Accumulated depreciation	Net book value December 31, 19 . .
I. Intangible assets –								
1. Franchises, trademarks, patents, licences, and similar rights								
2. Goodwill								
3. Advances paid on intangible assets								
II. Property, plant and equipment –								
1. Land, leasehold rights and buildings, including buildings on non-owned land								
2. Technical equipment, plant and machinery								
3. Other equipment, fixtures, fittings and equipment								
4. Advance payments and plant and machinery in process of construction								
III. Financial assets –								
1. Shares in affiliated companies, (Shares in subsidiary companies)								
2. Loans due from affiliated companies (Loans due from subsidiary companies)								
3. Investments								
4. Loans due from other group companies								
5. Security investments								
6. Other loans								

Entwicklung des Anlagevermögens im Geschäftsjahr 19 . .

(Bei Bruttodarstellung)

Zu Anschaffungs- und Herstellungskosten:	1. Januar 19 . .	Zugänge	Abgänge	Um-buchungen	31. Dezember 19 . .
I. Immaterielle Vermögensgegenstände –					
1. Konzessionen, gewerbliche Schutzrechte und ähnliche Rechte und Werte sowie Lizenzen an solchen Rechten und Werten					
2. Geschäfts- und Firmenwert					
3. Geleistete Anzahlungen					
II. Sachanlagen –					
1. Grundstücke, grundstücksgleiche Rechte und Bauten einschließlich der Bauten auf fremden Grundstücken					
2. Technische Anlagen und Maschinen					
3. Andere Anlagen, Betriebs- und Geschäftsausstattung					
4. Geleistete Anzahlungen und Anlagen im Bau					
III. Finanzanlagen –					
1. Anteile an verbundenen Unternehmen					
2. Ausleihungen an verbundene Unternehmen					
3. Beteiligungen					
4. Ausleihungen an Unternehmen, mit denen ein Beteiligungsverhältnis besteht					
5. Wertpapiere des Anlagevermögens					
6. Sonstige Ausleihungen					

Fixed assets movement for the year ended

(Presented using cost)

At cost:	January 1, 19..	Additions	Disposals	Transfers	December 31, 19..
I. Intangible assets –					
1. Franchises, trademarks, patents, licences, and similar rights					
2. Goodwill					
3. Advances paid on intangible assets					
II. Property, plant and equipment –					
1. Land, leasehold rights and buildings, including buildings on non-owned land					
2. Technical equipment, plant and machinery					
3. Other equipment, fixtures, fittings and equipment					
4. Advance payments and plant and machinery in process of construction					
III. Financial assets –					
1. Shares in affiliated companies, (Shares in subsidiary companies)					
2. Loans due from affiliated companies (Loans due from subsidiary companies)					
3. Investments					
4. Loans due from other group companies					
5. Security investments					
6. Other loans					

Aufgelaufene Abschreibungen:

	1. Januar 19..	Zugänge	Abgänge	Umbuchungen	Zuschreibungen	31. Dezember 19..
I. Immaterielle Vermögensgegenstände –						
1. Konzessionen, gewerbliche Schutzrechte und ähnliche Rechte und Werte sowie Lizenzen an solchen Rechten und Werten						
2. Geschäfts- und Firmenwert						
3. Geleistete Anzahlungen						
II. Sachanlagen –						
1. Grundstücke, grundstücksgleiche Rechte und Bauten einschließlich der Bauten auf fremden Grundstücken						
2. Technische Anlagen und Maschinen						
3. Andere Anlagen, Betriebs- und Geschäftsausstattung						
4. Geleistete Anzahlungen und Anlagen im Bau						
III. Finanzanlagen –						
1. Anteile an verbundenen Unternehmen						
2. Ausleihungen an verbundene Unternehmen						
3. Beteiligungen						
4. Ausleihungen an Unternehmen, mit denen ein Beteiligungsverhältnis besteht						
5. Wertpapiere des Anlagevermögens						
6. Sonstige Ausleihungen						

Accumulated depreciation:

	January 1, 19..	Additions	Disposals	Transfers	Write-ups	December 31, 19..
I. Intangible assets –						
1. Franchises, trademarks, patents, licences, and similar rights						
2. Goodwill						
3. Advances paid on intangible assets						
II. Property, plant and equipment –						
1. Land, leasehold rights and buildings, including buildings on non-owned land						
2. Technical equipment, plant and machinery						
3. Other equipment, fixtures, fittings and equipment						
4. Advance payments and plant and machinery in process of construction						
III. Financial assets –						
1. Shares in affiliated companies, (Shares in subsidiary companies)						
2. Loans due from affiliated companies (Loans due from subsidiary companies)						
3. Investments						
4. Loans due from other group companies						
5. Security investments						
6. Other loans						

Entwicklung der Rücklagen im Geschäftsjahr 19 . .

	1. 1. 19 . .	Einstellungen	Entnahmen	31. 12. 19 . .

Kapitalrücklage

Gewinnrücklagen:
1. Gesetzliche Rücklage
2. Rücklage für eigene Anteile
3. Satzungsmäßige Rücklage
4. Andere Gewinnrücklagen

Statement of reserves for the year ended
December 31, 19 . .

	1. 1. 19 . .	Reserved	Released	12-31-19 . .
Capital surplus				
Earnings reserves:				
1. Legal reserve				
2. Reserve for treasury stock				
3. Statutory reserves				
4. Other earnings reserves				

Bestätigungsvermerk

Die Buchführung und der Jahresabschluß entsprechen nach meiner/unserer pflichtgemäßen Prüfung den gesetzlichen Vorschriften. Der Jahresabschluß vermittelt unter Beachtung der Grundsätze ordnungsgemäßer Buchführung ein den tatsächlichen Verhältnissen entsprechendes Bild der Vermögens-, Finanz- und Ertragslage der Kapitalgesellschaft. Der Lagebericht steht im Einklang mit dem Jahresabschluß.

Auditors' opinion

The accounting and the annual financial statements, which I/we have audited in accordance with professionals standards, comply with the (German) legal provisions. With due regard to the generally accepted accounting principles the annual financial statements give a true and fair view of the company's assets, liabilities, financial position and profit and loss. The managment report is consistent with the annual financial statements.

Section II / Abschnitt II

English-German

Englisch-Deutsch

Preface to the new edition

World markets keep on growing together. A growing number of German corporations already present their financial statements in IAS on US GAAP format, and more companies do consider to follow them.

This dictionary shall help translators to quickly find a correct translation for accounting and business terms. It is primarily designed for companies and translators in German speaking countries and it shall contribute to facilitate the understanding of such accounting and business terms. But it should also be of help to companies and translators in English speaking countries.

In order to hold this volume to a readily usable size, many less common business and accounting words and phrases have been omitted. Emphasis has been placed on words and phrases most commonly found in daily practice.

This edition, in contrast to the previous, does show the terms relating to taxation, banking and accounting in one combined section. This follows the request of users, who found it often difficult to distinguish as to what caption the words are to be found in.

Large emphasis in this revision was in addition placed on adding terms used in British English. This undertaking was very much assisted by Greg Tate, of our UK member firm. With his help we were also able to add the most commonly used financial statement presentations following the Companies Act.

While a number of terms have been added and the dictionary has been developed based on years of bilingual practice suggestions for further additions are appreciated by the publisher.

Düsseldorf/Stuttgart
April 1996

Professional Dictionary Accounting · Tax · EDP
English-German

Table of Contents

Suggestions for the Use of the German-English Section
of this Dictionary
(Pages 5–131)

In this section of the dictionary the German terms appear, as a rule, in alphabetical sequence. However, similar and related terms have been grouped under the respective key term, resulting in exceptions to the alphabetical order in several instances.

The key words referred to above include the following:

Abschreibung	Geschäft	Prüfung
Aktien	Gesellschaft	Rechnung
Arbeit	Gesetz	Recht
Bar	Gewinn	Scheck
Bestand	Grund	Schuld
Betrieb	Handel	Steuer
Buch	Kapital	Verkauf
Einkünfte	Konto	Vermögen
Fabrik	Kosten	Versicherung
Fertigung	Kredit	Wechsel
Forderungen	Kurs	Wert
Geld	Lohn	Zahlung
Gemeinkosten	Produkt	

In using the German-English section of the dictionary, the reader should decide whether the word is part of or related to a key word; if this is the case, he should first look for it under the most probable key term. This difficulty should be overcome quickly with repeated use.

Tax terms have been summarized in a separate section of this dictionary.

The German »Umlaute«: Ä, Ö and Ü appear alphabetically as: A, O and U.

Suggestions for the Use of the English-German Section of this Dictionary (Pages 133–231)

In this section of the dictionary, the English terms appear, as a rule, in alphabetical sequence. However, similar and related terms have been grouped under the respective key term, resulting in exceptions to the alphabetical order in certain instances.

As an example, under the key term AUDITOR, there appears »Auditors' certificate« and »Auditors' report«; these terms are not listed again as »Certificate, auditors' or »Report, auditors«.

In using the English-German section of the dictionary, the reader should decide whether the word is part of or related to a key word; if this is the case, he should first look for it under the most probable key term. This difficulty should be overcome quickly with repeated use.

The English-German section does not include the English equivalents of those accounting and business terms which are commonly used only in Germany; for instance, »Transportation tax« as a translation of the German term »Beförderungsteuer« is not included in this section since the translated term is not commonly used in accounting or business in English-speaking countries.

Tax terms have been summarized in a separate section of this dictionary.

1. **English-German Glossary
   Accounting Terms**

1. **Englisch-Deutsche Fachausdrücke
   Rechnungswesen**

A

abandonment Aufgabe, Preisgabe

abatement Ermäßigung einer veranlagten Steuer

abatement of tax Steuererlaß

ability to pay Zahlungsfähigkeit

able to be carried back rücktragsfähig

able to be carried forward vortragsfähig

above par über pari, über dem Nennwert

abridged balance sheet zusammengefaßte Bilanz

absence rate Abwesenheitsrate

absenteeism Fehlen der Arbeitnehmer, Abwesenheit

absorbed burdenor, absorbed overhead expenses, absorbed indirect verrechnete Fertigungsgemeinkosten

absorption costing Kostenaufteilungsverfahren

abstract Auszug

abstract of minutes Auszug aus Sitzungsprotokollen

abuse of law Rechtsmißbrauch

abuse of legal structurings Mißbrauch von Gestaltungsmöglichkeiten

accelerated allowance erhöhte Absetzungen

accelerated depreciation Sonderabschreibung, die über die normale Abschreibung hinausgeht; steuerbegünstigte Abschreibung

acceptable as collateral beleihbar

acceptance Akzept, Wechsel; Annahme

acceptance credit Akzeptkredit, Wechselkredit

acceptance liability Wechselobligo

accepting commission Akzeptprovision

acceptor Akzeptant

accessory Zubehör

accessory to (during) the fact Mittäter

accident and health insurance Unfall- und Krankenversicherung

accident insurance Unfallversicherung

accident insurance benefit Unfallrente

accommodation check (US)/cheque (UK) Gefälligkeitsscheck

accomodation endorsement Gefälligkeitsindossament

accommodation loan, stand-by credit Überbrückungskredit

accord Übereinstimmung, Vergleich, schuldrechtliche Verpflichtung; Zahlung im Vergleichsverfahren

account Konto

account classification Kontengliederung

account distribution Kontierung von Belegen

account for, to Rechnung ablegen über

account settlement Schlußabrechnung

accountability Rechenschaftspflicht

accountancy Rechnungswesen

accountant Fachmann des Rechnungswesens, Buchhalter

accounting Buchhaltung, Rechnungswesen

accounting and valuation methods Bilanzierungs- und Bewertungsmethoden

accounting convenience, option to capitalize an asset Bilanzierungshilfe

accounting cycle Buchungskreislauf

accounting department Buchhaltung(sabteilung)

accounting directives act Bilanzrichtlinengesetz

accounting on a cash basis Einnahmen-Ausgabenrechnung; Buchführung, die nur die Bewegung der Barmittel festhält

accounting on an accruals basis periodengerechte Buchführung (mit Abgrenzungen)

accounting period Abrechnungszeitraum

accounting principles Bilanzierungsgrundsätze, Rechnungslegungsvorschriften

accounting procedures Verfahren der Rechnungslegung

accounting rules Bilanzierungsvorschriften

accounting system Buchführungssystem

accounts (UK) Jahresabschluß (UK)

accounts payable Verbindlichkeiten, Kreditoren

accounts payable, other sonstige Verbindlichkeiten

accounts payable, trade Verbindlichkeiten aus Warenlieferungen und Leistungen

accounts payable – intercompany, amounts due to affiliated companies, accounts

payable (associated/subsidiary companies) Verbindlichkeiten gegenüber verbundenen Unternehmen

accounts receivable Forderungen, Debitoren

accounts receivable, other sonstige Forderungen

accounts receivable, trade Forderungen aus Warenlieferungen und Leistungen

accounts receivable after more than one year Forderungen mit einer Restlaufzeit von mehr als einem Jahr

accounts receivable from affiliates Forderungen gegenüber verbundenen Unternehmen

accounts receivable turnover Forderungsumschlag

accrual Rückstellung, passive Rechnungsabgrenzung

accrual basis of accounting periodengerechte Buchführung mit Abgrenzungen

accrual for income taxes, income tax accrual Rückstellung für Ertragssteuern

accrual for interest expense (interest income) Abgrenzung von Zinsaufwand (Zinsertrag)

accrual for necessary repairs Rückstellung für unterlassene Instandhaltung

accrual for severance payments Rückstellung für Entlassungsentschädigungen

accrual for vacation pay Urlaubsgeldrückstellung

accruals for future expenses Aufwandsrückstellungen

accrue, to anwachsen

accrued rückgestellt, abgegrenzt; aufgelaufen

accrued commissions Rückstellung für Vertreterprovisionen

accrued expenses passive Rechnungsabgrenzung, siehe: Rechnungsabgrenzungsposten

accrued income, accrued revenues aktive Rechnungsabgrenzung, siehe: Rechnungsabgrenzungsposten

accrued interest expense (income) Abgrenzung von Zinsaufwand (-ertrag)

accrued liabilities Rückstellungen

accrued receivables, unbilled receivables Forderungen aus noch nicht abgerechneten Leistungen

accumulated angesammelt, aufgelaufen

accumulated amortization Wertberichtigung auf immaterielle Vermögenswerte, aufgelaufene Tilgung

accumulated deficit aufgelaufener Reinverlust, Bilanzverlust

accumulated depreciation (of fixed assets) aufgelaufene Abschreibungen, Wertberichtigung auf das Sachanlagevermögen

accumulated losses Bilanzverlust, Defizit

accumulation of capital Thesaurierung

accuracy (clerical) Genauigkeit (rechnerische Richtigkeit)

acid test ratio Ermittlung des Verhältnisses der Barmittel und Forderungen zu den kurzfristigen Verbindlichkeiten; Liquidität 1. Grades

acknowledgment Bestätigung

acknowledgment of debt Schuldanerkenntnis

acquisition Erwerb, Anschaffung, Kauf

acquisition, take-over Übernahme

acquisition costs Einstandskosten, Anschaffungskosten

acquisition of a company Unternehmenskauf

acquisition of an interest in Beteiligungserwerb

action for damages Schadenersatzklage

act of God höhere Gewalt

actual cash value Barwert

actual cost Ist-Kosten, Nachkalkulation

actual cost system Vollkostenrechnung

actuarial appraisal versicherungsmathematisches Gutachten

actuarial principles versicherungsmathematische Grundsätze

actuary Versicherungsmathematiker

add back Hinzurechnung

additional charges/incidental costs Nebenkosten

additional income/profit Mehrgewinn

additional tax assessment Mehrsteuern (aufgrund einer steuerlichen Außenprüfung)

additional tax assessment Steuernachforderung (als Ergebnis einer Betriebsprüfung)

adequacy Angemessenheit
adjudication of bankruptcy Konkurseröffnung
adjusting entry Berichtigungsbuchung
adjustment Berichtigung
adjustment of assessed value Fortschreibung des Einheitswertes
administration Verwaltung
administration principles Verwaltungsgrundsätze
administrative/administrations manager
Verwaltungsdirektor
administrative board Verwaltungsrat
administrative expenses Verwaltungskosten
administrative mutual assistance Amtshilfe
administrative receiver Zwangsverwalter
administrator in insolvency cases, receiver
Vergleichsverwalter
admission tax Vergnügungsteuer
ad valorem duty Zoll, Wertzoll
advance Vorschuß
advance assignment Vorausabtretung/Vor-
auszession
advance dividend Vorabdividende
advance on payroll Lohnvorschuß
advance payment Vorauszahlung
advance payments made geleistete Anzahlungen
advance payments on fixed assets Anzahlungen auf Anlagen
advances received Anzahlungen, erhaltene
adverse balance negativer Saldo
advertising Werbung, Reklame
advertising agency Werbeagentur
advertising expenses Werbekosten
advisory council/ board Beirat
affidavit eidesstattliche Erklärung
affiliate, affiliated company Konzerngesellschaft, nahestehende Gesellschaft
(unter 50%)
affiliation Organschaft (D), Zugehörig-
keit
affiliation privilege (German tax law)
Schachtelprivileg
after-tax profit Gewinn nach Steuern
aged receivables nach dem Alter aufgeschlüsselte Forderungen
aged receivable trial balance nach dem

Alter aufgeschlüsselte Saldenliste der
Forderungen
aggregate amount Gesamtbetrag
aging schedule nach dem Alter aufgeschlüsselte Saldenliste der Forderungen
agio, premium Aufgeld
agreement between enterprises Unternehmensvertrag
agreement Vertrag, Abkommen
agrees to verpflichtet sich, stimmt über-
ein mit
alien corporation ausländische Kapitalgesellschaft
alimony Unterhaltsaufwendungen
allied company nahestehende Gesellschaft, Konzerngesellschaft
allocation Zuteilung, Kostenumlage
allowance Freibetrag; Rabatt, Vergütung
– **old age allowance (exemption)** – Altersfreibetrag
– **children's allowance** – Kinderfreibetrag
– **employee allowance** – Arbeitnehmerfreibetrag
allowance for doubtful accounts Wertberichtigung auf Forderungen
allowance for loss in the value of securities
Wertberichtigung auf den Wertpapierbestand
alternative procedures alternatives Verfahren, ergänzende Prüfungshandlungen
amalgamation Verschmelzung, Fusion
amendment Ergänzung, Nachtrag, Verbesserung
amortization Abschreibung auf immaterielle Vermögenswerte
amortized cost Buchwert
amounts due to banks Verbindlichkeiten
gegenüber Kreditinstituten
analysis of fixed assets Anlagespiegel,
Anlagengitter
analyze an account, to ein Konto dem
Inhalt nach aufschlüsseln
annual jährlich
annual accounting period Geschäftsjahr
annual balance sheet Abschlußbilanz
annual financial statements Jahresabschluß
annual income Jahreseinkommen
annual report Geschäftsbericht

annuity Rente, Annuität
annuity bond Rentenschuldverschreibung
anticipated losses, contingent losses drohende Verluste
anti-trust law Kartellgesetz
appeal Berufung, Einspruch, Klage
appeal against a tax assessment Einspruch gegen einen Steuerbescheid
appeal costs Protestspesen
appendix Anhang, Zusatz
application Antrag
application of funds Mittelverwendung; Teil der Herkunfts- und Verwendungsrechnung
application to extension of time for filing Fristverlängerungsantrag
applied indirect cost verrechnete Gemeinkosten
appointment of an auditor Bestellung eines Abschlußprüfers
apportionment anteilmäßige Zurechnung, Umlage
appraisal Schätzung, Bewertung
appraise, to bewerten
appreciation Wertzuwachs
apprentice Lehrling
apprenticeship Lehre
appropriated retained earnings (appropriated earned surplus) zweckgebundene Rücklage
appropriation of funds Zuordnung/Bereitstellung von Geldmitteln für bestimmte Zwecke
approval Genehmigung, Bewilligung
approximated geschätzt, aufgerundet
approximate value Näherungswert
arbitrage Arbitrage
arm's length principle Fremdvergleich
arrears; dividend in arrears, premium in arrears Rückstände; rückständige Dividende für kumulative Vorzugsaktien; Prämienrückstand
articles of incorporation Gründungsurkunde einer Kapitalgesellschaft, Satzung
articles of partnership Gesellschaftsvertrag einer Personengesellschaft (OHG, KG)
ask, selling rate Kurs, Briefkurs
assembly Montage

assess veranlagen
assessed value festgesetzter Wert, Einheitswert
assessed value for tax purposes Steuerwert
assessment period Veranlagungszeitraum
assessment Steuerveranlagung
  – **separate assessment** – getrennte Veranlagung
  – **joint assessment** – Zusammenveranlagung
  – **preliminary assessment** – vorläufige Veranlagung
  – **final assessment** – endgültige Veranlagung
assessment year Veranlagungsjahr
asset Wirtschaftsgut
assets Aktiva, Vermögensteile
assets used in the business, business property Betriebsvermögen
assets necessary for the business, essential business property notwendiges Betriebsvermögen
assigned value zugeteilter Wert
assignment Zession; Auftrag; Forfaitierung
assignment, conveyance Übereignung
assignment of accounts receivable(US) Forderungsabtretung
assignment of security Sicherheitsabtretung
assignment without recourse Forfaitierung ohne Rückgriffsrecht
assignment with recourse Forfaitierung mit Rückgriffsrecht
associated enterprise/associated company assoziiertes Unternehmen, nahestehende Gesellschaft, Konzerngesellschaft
association Verband
assumed useful life, economic life betriebsgewöhnliche Nutzungsdauer
assumption of debt Schuldübernahme
at par zum Nennwert; Nominalbetrag
ATM (accounting teller (machine)) Bankautomat
attorney Anwalt
audit Buchprüfung
audit certificate Bestätigungsvermerk des Abschlußprüfers

audit date Prüfungsstichtag
audit engagement Prüfungsauftrag
audit fees Prüfungsgebühren
auditing Prüfungswesen, Rechnungsprüfung
auditing procedures Prüfungsverfahren, -handlungen
auditing standards Prüfungsgrundsätze
auditor Außenprüfer, Prüfer, Revisor
auditors' opinion, auditor's certificate Bestätigungsvermerk des Abschlußprüfers
auditors' report Prüfungsbericht
audit requirement Prüfungspflicht
audit scope Prüfungsumfang
authorization Bevollmächtigung
authorized agent Handlungsbevollmächtigter
authorized capital stock/share capital gezeichnetes Kapital
available verfügbar
available assets unbelastete Vermögenswerte
available earnings surplus nicht zweckgebundener Gewinnvortrag
available funds, disposable funds Mittel, verfügbare
available net equity Eigenkapital, verwendbares
average Durchschnitt
average collection period durchschnittliche Zahlungseingangsfrist
average cost Durchschnittsherstell- oder Einstandskosten
average overhead rate Durchschnittsgemeinkostensatz
average useful life durchschnittliche betriebsgewöhnliche Nutzungsdauer
avoidance Vermeidung (gesetzlich zulässig)

B

backer Bürge, Indossant
backlog Rückstand
back order Lieferungsrückstand
back pay Lohnnachzahlung
back taxation Nachversteuerung

back taxes, extra taxes Nachsteuern
back-to-back credit Gegenakkreditiv
bad debt expense Forderungsausfälle (Kostenkonto), Abschreibungen auf zweifelhafte Forderungen
bad debt reserve Wertberichtigung für zweifelhafte Forderungen (Bilanz)
bad debts recovered Eingang abgeschriebener Forderungen
bad debt uneinbringliche Forderung
bad money Falschgeld
balance Saldo, Restbestand
balance carried forward Saldovortrag
balance selection Saldenauswahl
balance sheet Bilanz
balance sheet account Bilanzkonto
balance sheet as of date of reorganization Umwandlungsbilanz
balance sheet date Bilanzstichtag
balance sheet item Bilanzposition
balance sheet total Bilanzsumme
balance sheet policies which affect Bilanzpolitik, bilanzpolitische Maßnahmen
balance, to abstimmen; saldieren
bank Bank
bank acceptance Bankakzept
bank charges Spesen, Bankspesen
bank confirmation Bankbestätigung
bank deposit Bankeinzahlung
bank discount Bankdiskont
bank discount rate Bankdiskontsatz
bank draft attached Bankeinziehungsauftrag
banker's check Bankscheck
banker's commission Bankprovision
banker's discretion Bankgeheimnis
banker's guarantee Bankgarantie
banking law Bankengesetz, Kreditwesengesetz
bank interest Bankzinsen
bank loan (overdraft facility) Bankkredit (Überziehungskredit)
bank of issue, central bank Notenbank
bank overdraft Banküberziehung
bank overdraft facility Banküberziehungskredit
bank reconciliation Bankabstimmung
bankrupt Konkurs, Bankrott
bankruptcy Bankrott

bankruptcy proceedings Konkursverfahren
bank statement Bankauszug, Auszug
bank transfer(s) Banküberweisung, Überweisung, Überweisungsverkehr
bargained wage Tariflohn
base salary Grundgehalt
base stock eiserner Bestand
base value Festwert
base value for tax purposes Steuermeßbetrag
basic assessment Hauptveranlagung
basic notice Grundlagenbescheid
basis Grundlage
basis (of assessment) Bemessungsgrundlage
basis for taxation Besteuerungsgrundlage
bearer Überbringer
bearer bonds Inhaberschuldverschreibungen
bearer shares Inhaberaktien
beer tax Biersteuer
below par unter pari, unter dem Nennwert
below the line den Reingewinn der Periode nicht beeinflussend
beneficial estate Anwartschaftsrecht
beneficial interest Nießbrauch
beneficiary of a letter of credit Akkreditivbegünstigter
benefit Nutzen; Zuwendung
benevolent and charitable association gemeinnütziger Verein
Berlin aid law Berlinhilfegesetz
Berlin clause Berlinklausel
Berlin development tax law, law for the promotion of the economy of West Berlin Berlinförderungsgesetz
betterment Verbesserung; Aufwand, durch den die Nutzungsdauer verlängert, die Kapazität vergrößert oder die Kosten gesenkt werden
beverage tax Getränkesteuer
bid Geldkurs
bid, buying rate Geldkurs
bill Banknote, Wechsel; Rechnung
bill, commercial Handelswechsel
bill, sight Sichtwechsel
bill, time Zeitwechsel
bill discounting Wechseldiskontierung

billed expenses Kosten, weiterbelastete
billing department Rechnungsabteilung
billing Fakturierung
billing rate Gebührensatz
bill of exchange Wechsel
bill of lading Frachtbrief, Konnossement
bill of material Materialschein; Stückliste
bill of sale Kaufurkunde
bills receivable Wechselforderungen
bin card Lagerfachkarte
binder Ordner
binding ruling verbindliche Auskunft
biweekly zweiwöchentlich, vierzehntäglich
blank endorsement/signature Blankoindossament
blind entry Buchung ohne Beschreibung des Geschäftsvorfalls
block vouching test lückenlose Prüfung einer ausgewählten Beleggruppe
blue chip besonders sichere und wertbeständige Aktien
blueprint Blaupause; Entwurf
board of directors Aufsichtsrat, Verwaltungsrat
body corporate Kapitalgesellschaft, Körperschaft
bona fide gutgläubig, echt
bond Schuldverschreibung, Obligation, Anleihe
bond discount Disagio bei Ausgabe von Schuldverschreibungen
bonded goods Ware unter Zollverschluss
bonded warehouse Zollager
bond issue Anleihenemission
bond market Anleihemarkt
bond premium Agio bei Ausgabe von Schuldverschreibungen
bond yield table Zinsertragstabelle für Obligationen
bonus Sondervergütung, Tantieme
bonus stock Gratisaktie
book depreciation Abschreibung, buchmäßige
bookkeeper Buchhalter
books of original entry Grundbücher
book value Buchwert
boom Hausse
borrowed capital Fremdkapital
borrowing costs Kreditkosten

borrowings fremde Mittel
bottleneck Engpaß
bracketed figure Klammerzahl; im amerikanischen häufig: Haben- oder negativer Saldo
branch Betriebsstätte, Zweigniederlassung
branch office Zweigbüro, Geschäftsstelle
branch sales office Verkaufsbüro
brand Handelsmarke
breakdown Maschinenausfall; Unterteilung
break even analysis Deckungsbeitragsrechnung
break even point Ertragschwelle
Bretton Woods System Bretton Woods System
bribes/sensitive payments Schmiergelder
broker Makler, Kommissionär
brokerage Vermittlungsgeschäft, Maklergebühr
brokerage fee (ing) Maklerprovision
budget Finanzplan, Budget
budgetary control Budget-, Finanzkontrolle
budgeting Vorschaurechnung, Finanzplanung
budget variance Budgetabweichung, Planabweichung
building Gebäude
building and loans association, building society (G.B.) Bausparkasse
building permit Baugenehmigung
burden of proof Beweispflicht
burglary/theft insurance Einbruchversicherung
business Geschäft, Gewerbebetrieb
business abroad, foreign business Auslandsgeschäft
business activity, operations, business operations Geschäftstätigkeit
business consultant Betriebsberater
business deduction, business expense Betriebsausgabe
business expenses Geschäftsausgaben
business form Geschäftsformular
business income Einkünfte aus Gewerbebetrieb
business interruption insurance Betriebsunterbrechungsversicherung

business operations, business organisation Geschäftsbetrieb
business segment Geschäftszweig
business transaction Geschäftsvorfall
business trip Geschäftsreise
business usage Handelsbrauch
business volume Geschäftsvolumen
buying office Einkaufsbüro
buying rate Kaufkurs
bylaws Statuten, Gesellschaftsstatuten
by-product Nebenprodukt

C

cable transfer telegrafische oder Kabelüberweisung
calculation Berechnung
calculation of interest Zinsrechnung
callable abrufbar
callable bonds vom Kreditnehmer vorzeitig rückzahlbare Schuldverschreibungen
called up capital eingefordertes Kapital
call in, to Forderungen einziehen, Darlehen kündigen
call loan vom Kreditgeber jederzeit kündbarer Kredit
call money Tagesgeld
call option Kaufoption (zu einem bestimmten Zeitpunkt)
call rate Tagesgeldzinssatz
cancel, to streichen, entwerten; stornieren
capacity variance Kapazitätsgradabweichung
cap Deckel, Obergrenze; wörtlich: Kappe
capital Kapital
capital and retained earnings, shareholders' equity Kapital, Rücklagen und Gewinnvortrag
capital budget Investitionsplan
capital consolidation Kapitalkonsolidierung
capital deficit nicht durch Eigenkapital gedeckter Fehlbetrag
capital employed betriebsnotwendiges Kapital
capital expenditure, capital outlay An-

schaffungen von Anlagevermögen, Investitionen

capital gains tax Steuer auf Gewinne aus Anlageverkäufen

capital gain Veräußerungsgewinn (realisiert beim Verkauf von Anlagegütern oder Beteiligungen)

capital increase Kapitalerhöhung

capital investment tax Gesellschaftssteuer

capital, not paid-in/up ausstehende Einlagen, nicht eingezahltes Grundkapital

capitalization Aktivierung; Kapitalstruktur

capitalize, to aktivieren

capitalized costs, capitalized expenditures aktivierte Kosten

capitalized leases aktivierte Mietanlagen

capitalized own production aktivierte Eigenleistung

capital lease Leasing, Finanzierungsleasing

capital loss Veräußerungsverlust beim Verkauf von Posten des Anlagevermögens

capital not yet paid-in, thereof called up (capital stock subscriptions receivable) noch nicht eingezahltes Kapital, davon eingefordert

capital paid-in eingezahltes Grund- oder Stammkapital

capital rationing Kapitalverhältnis

capital stock Grund- oder Stammkapital

capital stock, authorized genehmigtes Aktienkapital

capital stock, issued ausgegebenes Aktienkapital

capital stock, outstanding ausstehendes Aktienkapital

capital stock register Aktienbuch

capital subscribed gezeichnets Kapital

capital surplus Kapitalrücklage, Rücklage aus Agio (eingezahltes Aufgeld);

capital transfer taxes, taxes on capital transactions Kapitalverkehrssteuer

capital value Barwert

capital yield Kapitalertrag

capital yields tax/capital gains tax Kapitalertragsteuer

caption Titel, Überschrift

carry back Rücktrag

carry-back steuerlicher Verlustrücktrag (durch Verrechnung mit Gewinnen der Vorjahre)

carry-forward steuerlicher Verlustvortrag

carry on the books, to in den Büchern findencarrying value–Buchwert

cash Bargeld, flüssige Mittel; Bilanzposition: Kasse, Postbank- und Bankguthaben

cash accounting Überschußrechnung, Einnahmen-Ausgabenrechnung

cash and trade discounts Skonti und Rabatte

cash audit Prüfung der Kassen- und Banktransaktionen

cash balance, cash position Bestand an flüssigen Mitteln

cash basis, accounting on a Einnahmen-Ausgabenrechnung; Buchführung, die nur die Bewegung der Barmittel festhält

cashbook, cash journal Kassenbuch, einschl. Bankverkehr

cash budget Einnahmen- und Ausgabenplan

cash disbursement Auszahlung durch Kasse oder Bank; Geldausgänge

cash dividend Bardividende

cashed checks zum Inkasso gegebene Schecks

cash flow (forecast) Liquidität(-svorschau)

cashflow statement Kapitalflußrechnung

cashier Kassierer

cash in bank Bankguthaben

cash on delivery Nachnahme

cash on hand (petty cash) Kassenbestand, Bargeld (kleine Kasse, Handkasse)

cash over or short Kassenmehr- oder -fehlbetrag; Kassendifferenz

cash purchase Barkauf

cash receipt Kassen-, Bankeinnahme; Geldeingang

cash remittance Überweisung

cash report Kassenbericht

cash requirement Finanzbedarf

cash sale Bar-, Kassaverkauf

cash surrender value Rückkaufswert (einer Rückdeckungsversicherung)

cash surrender value of life insurance policies Rückkaufswert von Lebensversicherungen

cash transaction Bargeschäft, Kassageschäft

cash transfer Barüberweisung

cash value Barwert

casualty insurance Unfallversicherung

ceiling Obergrenze

ceiling, limit Plafond

ceiling value Höchstwert

central bank Zentralnotenbank

certificate of deposit (CD) Hinterlegungsbescheinigung für eine befristete Einlage

certificate of incorporation Gründungsbestätigung einer Kapitalgesellschaft

certificate of indebtedness Schuldschein

certificate of participation Genußschein

certified beglaubigt, geprüft

certified financial statements Jahresabschluß, versehen mit dem Bestätigungsvermerk des Wirtschaftsprüfers; geprüfter Jahresabschluß

certified public accountant amerikanischer Wirtschaftsprüfer

certified true copy beglaubigte Abschrift

cession Abtretung, Zession

chairman of the administrative board Verwaltungsratsvorsitzender

chairman of the board Aufsichtratsvorsitzender

chairman of the board of management/directors Vorstandsvorsitzender

chairman of the executive board (US) Vorstandsvorsitzender, -sprecher

chairman of the management board Vorsitzender der Geschäftsführung

chairman of the supervisory board Aufsichtsratsvorsitzender

chamber of commerce Industrie- und Handelskammer

change as compared to prior year Veränderung gegenüber dem Vorjahr

change in stock (increase/decrease) Bestandsveränderung

change of articles Satzungsänderung

change of ownership Eigentumswechsel

change of title Eigentumsübertragung

changes in inventory Bestandsveränderungen

charge Belastung, Kostenbelastung (buchhalterisch); Ladung (technisch)

charge, to; to debit belasten

charitable contributions Spende für mildtätige Zwecke, Zuwendung an gemeinnützige Organisationen

chartered accountant Wirtschaftsprüfer (UK und Commonwealth-Länder)

chart Übersicht, Tabelle

chart of accounts Kontenplan

chattel bewegliche Sache

chattel mortgage, chattel loan Sicherungsübereignung, Eigentumsvorbehalt

check (US), cheque (UK) Scheck

check against, to vergleichen mit, gegenprüfen

check register Scheckausgangsbuch

check request Scheckanforderung

check, bounced geplatzter Scheck

check, cancelled eingelöster Scheck

check, certified Bankscheck

check, counter Blankoscheckformular

check, crossed Verrechnungsscheck

check, on hand Scheckbestand

check, open Barscheck

check, outstanding noch nicht zur Einlösung vorgelegter Scheck

check, returned Rückscheck

check, to prüfen, durchsehen

check, to countermand einen Scheck zu Protest gehen lassen

check, to issue einen Scheck ausstellen

check, unclaimed nicht eingelöster Scheck

check, voided unbrauchbar/ungültig gemachter Scheck

chief accountant Leiter des Rechnungswesens

Christmas bonus Weihnachtsgratifikation

church tax Kirchensteuer

circuit Stromkreis

circularization Einholung von (Salden-)Bestätigungen

circularization test stichprobenweise Anforderung von Saldenbestätigungen

civil law Zivilrecht

claim Anspruch, Forderung

claim for damages Schadensersatzanspruch

claim for refund Erstattungsanspruch
claim, preferred bevorrechtigte Forderung
classification Gliederung
classification by size Größengliederung
classify, to klassifizieren, kontieren, gliedern
clause Klausel, Vertragsbestimmung
clear, to löschen
clearing Clearing, Verrechnungsverkehr der Banken
clearing account Verrechnungskonto, Durchgangskonto
clearing house Clearingstelle, Verrechnungsstelle
clearing system Abrechnungssystem
clerical accuracy rechnerische Richtigkeit
clerical error Schreib- oder Rechenfehler
clock card Kontrollkarte, Stechkarte
clock unit Zeiteinheit
closed account abgeschlossenes Konto
closed shop Gewerkschaftszwang
closely-held corporation personenbezogene Kapitalgesellschaft, Gesellschaft mit überschaubarem Kreis von Anteilseignern
closing balance Endsaldo
closing date Abschlußtermin
closing entry Abschlußbuchung
closing statement Abschlußbenachrichtigung, Kontenabschluß
closing stock Schlußbestand, Vorräte am Abschlußstichtag
closing the books Abschluß der Bücher und Konten zum Jahresende
codetermination law Betriebsverfassungsgesetz
coin Münze
collar Bandbreite; wörtlich: Kragen
collate, to zuordnen, mischen
collateral Sicherheiten
collateral loan Lombardkredit
collectibility Einzugsfähigkeit von Forderungen
collection Inkasso, Einzug, Einziehung
collection period Dauer der Kreditinanspruchnahme durch Kunden
collective bargaining gewerkschaftliche Tarifverhandlungen
column Spalte
combine Konzern, Trust, Pool

combined financial statements zusammengefaßter Jahresabschluß
come into force, to in Kraft treten
commercial balance sheet Handelsbilanz
commercial code Handelsgesetzbuch
commercial domicile Geschäftssitz
commercial expenses Verwaltungsgemeinkosten
commercial law Handelsrecht
commercial paper Form der Selbstfinanzierung durch Ausgabe kurzfristiger, markthandelbarer Eigenwechsel (USA)
commercial papers Handelswechsel (UK)
commercial register Handelsregister
commercial transaction Handelsgeschäfte
commercial usage, commercial custom Handelsbrauch
commercial value Handelswert, Marktwert
commission Provision, Vermittlungsgebühr
commission claim Provisionsanspruch
commitment fee Bereitstellungsprovision
commitments Verpflichtungen; Bestellobligo
commodity Ware
commodity exchange Warenbörse
common stock Stammaktien
community of interests Interessengemeinschaft
company law Gesellschaftsrecht
comparative financial statements Jahresabschluß mit Vergleichszahlen
comparative presentation Vergleichsübersicht
comparison Vergleich
comparison of effective tax rate Steuerbelastungsvergleich
compatibility Verträglichkeit
compensating balance vereinbartes Gegenguthaben
compensation for damages Schadensersatz
compensation in kind geldwerter Vorteil
compete, to sich dem Wettbewerb stellen, Wettbewerb treiben
competition Wettbewerb
complaint Beschwerde, Mängelrüge, Reklamation
completed contract Abrechnung nach kompletter Auftragsfertigstellung

compliance testing Verfahrens-, Ablaufprüfung, Prüfung der internen Abläufe
composite rate method of depreciation Abschreibung nach Durchschnittssätzen, Gruppenabschreibung
composition, accord Vergleich (mit Gläubigern)
composition/arrangement proceedings Vergleichsverfahren
compound entry zusammengesetzter Buchungssatz
compound interest Zinseszins
comptroller, controller Leiter des Rechnungswesens
compulsory obligatorisch
compulsory bankruptcy proceedings Zwangskonkursverfahren
compulsory insurance Pflichtversicherung
compulsory liquidation Zwangsauflösung
compulsory settlement Zwangsvergleich
computation Berechnung, Errechnung
conclusion Schlußfolgerung
condensed balance sheet zusammengefaßte Bilanz
condition Bedingung, Voraussetzung
conditional capital bedingtes Kapital
conditional sale Verkauf unter Eigentumsvorbehalt
condition precedent aufschiebende Bedingung
condition subsequent auflösende oder nachfolgende Bedingung
confidential vertraulich
confirmation (letter) Bestätigung von Dritten, (Bestätigungsschreiben)
confirmation of bank balance Banksaldenbestätigung
conservative approach Imparitätsprinzip
conservative valuation vorsichtige Bewertung
consideration Gegenleistung, Gegenwert
consignment Konsignation
consignment goods Konsignationsware
consignment sales Kosignationsverkäufe, Kommissionsverkauf
consignment stock Konsignationslager
consistency Stetigkeit, Kontinuität, Anwendung gleicher Grundsätze
consistency in applying valuation (accoun-

ting) **methods and principles** Bewertungsstetigkeit
consistency in presentation (classification) Ausweisstetigkeit
consistent stetig
consolidated accumulated deficit or net liabilities Konzernverlust
consolidated balance sheet Konzernbilanz, konsolidierte Bilanz
consolidated companies Konsolidierungskreis
consolidated financial statements Konzernabschluß
consolidated profit and loss account Konzerngewinn- und Verlustrechnung
consolidated retained earnings Konzerngewinn
consolidation Konsolidierung
consolidation balance Unterschiedsbetrag aus der Kapitalkonsolidierung, Passivseite
consolidation of debts Schuldenkonsolidierung
consolidation using the pooling of interest method Kapitalkonsolidierung bei Interessenzusammenführung
consultant Berater
consumption Verbrauch
consumption of materials Materialverbrauch
content of balance sheet Bilanzinhalt
contingencies, contingent liabilities ungewisse Verpflichtungen
contingency Zufälligkeit, Zufall
contingent fee Erfolgshonorar
contingent liabilities from bills of exchange Wechselobligo
contingent liability Eventualverbindlichkeit, Haftung
continuing audit file (CAF) Dauerakte (bei einer Prüfung)
continuous production fortlaufende Fertigung; Fließbandfertigung
contra account Gegenkonto
contract Vertrag, Kontrakt
contract for material and labor Werklieferungsvertrag
contract note Schlußnote
contractor Vertragslieferant

contract retentions Einbehaltungsrechte, vertragliche
contractual liability Vertragshaftung
contractual obligations Vertragspflichten
contractual rights Vertragsrechte
contra entry Gegenbuchung
contributed capital eingebrachtes Kapital
contribution Spende, Beitrag
contribution in kind Sacheinlage
contributions Einlagen
contributory pension plan Pensionsplan, bei dem Arbeitgeber und -nehmer gemeinsam Beiträge leisten
control account Sammelkonto, Kontrollkonto
controllable costs variable Kosten
controlled company beherrschte Gesellschaft, Tochtergesellschaft
controller, comptroller Leiter des Rechnungswesens
controlling company Obergesellschaft, Muttergesellschaft
controlling enterprise herrschendes Unternehmen
control notice Kontrollmitteilung
conversion Konvertierung, Umkodierung, Übersetzung; Umrechnung
conversion (of securities) Wandlung (von Wertpapieren)
conversion costs Umarbeitungskosten, Fertigungskosten
convertible bond Wandelschuldverschreibung, Schuldverschreibung verbunden mit einem Bezugsrecht auf Aktien
convertible currency konvertierbare Währung
convey, to übertragen, übereignen, auflassen
conveyance of real estate Grundstücksübereignung
cooling-off period Friedenspflichtzeitraum bei lohnpolitischen Auseinandersetzungen
cooperative association Genossenschaft
coordination center (office) Koordinierungsstelle
co-ownership Miteigentum
copyright Urheberrecht
corporate body Körperschaft, juristische Person

corporate income tax/corporation tax Steuer, Körperschaftsteuer
corporate income tax Ertragsteuer für Körperschaften, Körperschaftsteuer
corporate organization Organisationsplan
corporate ownership chart Übersicht über die Beteiligungsverhältnisse im Konzern
corporate tax liability for distributed profits Ausschüttungsbelastung
corporation Kapitalgesellschaft
corporation law Gesellschaftsrecht
corporation tax Körperschaftssteuer
correspondent bank Korrespondenzbank
cost Kosten
cost accountant Kostenrechner, Betriebsabrechner
cost accounting Kostenrechnung, Betriebsabrechnung
cost allocation Kostenumlage
cost center Kostenstelle
cost center overhead rate Kostenstellenzuschlag, Fertigungsgemeinkostenzuschlag
cost data Kostenangaben, Kostendaten
cost department Kalkulationsabteilung, Betriebsabrechnung
cost distribution Kostenumlage
cost-effective wirtschaftlich
cost estimate Vorkalkulation, Aufwandsschätzung
cost ledger Kontenbuch der Betriebsbuchhaltung
cost of financing Finanzierungskosten
cost of goods manufactured Kosten der hergestellten Waren, Herstellungskosten
cost of goods purchased Wareneinstandskosten
cost of goods sold Anschaffungs- und Herstellkosten der verkauften Waren
cost of operation Betriebskosten
cost of production Fertigungskosten
cost of sales Anschaffungs- und Herstellkosten der verkauften Ware
cost of sales method Umsatzkostenverfahren
cost or net realizable value whichever is lower Bewertung zu Anschaffungs(Herstellungs-)kosten oder zum Nettover-

kaufserlös, je nachdem, was niedriger ist

cost per item, unit cost Stückkosten

cost-plus Kosten plus vereinbartem Gewinn

cost-plus contract Vertrag mit Preis auf Basis von Selbstkosten plus Gewinnzuschlag

cost price Selbstkostenpreis

cost recovery Kostendeckung, Kostenerstattung

cost reduction Kostensenkung

costs Selbstkosten

cost saving Kosteneinsparung

cost sharing Kostenbeteiligung

cost sheet Kostenanalyse

cost variation Kostenabweichung

costing Kostenermittlung

counterfeit money Falschgeld

counter offer Gegenangebot

counter receipts Bareinnahmen

count sheet Aufnahmeblatt (körperliche Inventur), Zählblatt

coupon Zinsschein, Gewinnanteilschein

coupon sheet Kouponbogen

courtage Courtage

court of jurisdiction Gerichtsstand

court order (for payment) Zahlungsbefehl

cover Deckung

cover, hedge Kurssicherung

create a reserve, to eine Rücklage bilden

creation of wealth, law on Vermögensbildungsgesetz

credit against tax Steueranrechnung

credit department Kreditabteilung

credit entry Habenbuchung

credit facilities Kreditfazilitäten

credit grantor Kreditgeber

credit guarantee Kreditbürgschaft

credit investigation Kreditwürdigkeitsprüfung

credit limit Kreditgrenze, Kreditlinie

credit line Rahmenkredit

credit loss Kreditausfall

credit manager Leiter der Abteilung Kreditzusagen

credit note Gutschriftsanzeige; Gutschrift

credit order Kreditauftrag

credit purchase Kreditkauf

credit record, credit standing Kreditwürdigkeit, Bonität

credit risk Kreditrisiko

credit sale Kreditverkauf, Kauf auf Ziel

credit symbol Habenzeichen

credit terms Kreditkonditionen, Zahlungsbedingungen

criminal subsidy fraud Subventionsbetrug

criminal tax fraud Steuerbetrug

criminal tax litigation/proceedings Steuerstrafverfahren

cross affiliated companies wechselseitig beteiligte Unternehmen

cross-checking, crossfooting Querkontrolle, Queraddition

cross rate Usance-Kurs

cross-reference, cross-index Verweisung; Nachweis der Übereinstimmung

cumulative kumulativ

cumulative preferred dividends in arrears rückständige Dividenden auf Vorzugsaktien

cumulative preferred stock kumulative Vorzugsaktien

cumulative total Staffelsumme

cumulative voting Abstimmung mit kumulativem (Mehr-)Stimmrecht

currency Währung

currency control, exchange control Währungskontrolle

currency conversion Kurs-, Währungsumrechnung

currency risk/exposure Währungsrisiko

current laufend

current liability element/current portion of long-term debt Teil einer langfristigen Verbindlichkeit, der innerhalb der nächsten 12 Monate fällig wird

current account Verrechnungskonto, Kontokorrentkonto, laufendes Konto

current assets Umlaufvermögen

current cost accounting Zeit-/Verkehrswertbilanzierung

current liabilities kurzfristige Verbindlichkeiten

current price Tagespreis

current purchasing power accounting reale/laufende Kaufkraft-Rechnung

current rate Stichtagskurs

current ratio Liquiditätskennzahl (Umlaufvermögen: kurzfristige Verbindlichkeiten)

current receivables noch nicht fällige Forderungen

current replacement cost Wiederbeschaffungskosten

curriculum vitae (CV) Lebenslauf

custodian Vermögensverwalter, Treuhänder

customary place of abode gewöhnlicher Aufenthalt

customer service Kundendienst

customers' deposits Kundengelder

customers with credit balances kreditorische Debitoren

customs and excise Zollbehörde (UK)

customs declaration Zollerklärung

customs duties Einfuhrabgaben

customs duty Zollabgabe

customs duty audit Zollprüfung

customs invoice Zollrechnung

customs office Zollamt, Hauptzollamt

cut-off date Abschlußtag

cycle billing Monatsabrechnung; Sammelfaktura einmal monatlich, und zwar jeweils für bestimmte Kundengruppe an einem bestimmten Tag

D

date issued Ausstellungsdatum

day work Lohnarbeit

deadline Termin, vorgegebener Zeitpunkt

deadline for filing a tax return Zeitpunkt für Abgabe der Steuererklärung

death duty Erbschaftsteuer

debenture Obligation, Schuldverschreibung

debit entry Sollbuchung, Belastung

debit note, debit memo Belastungsanzeige

debt discount Disagio, Damnum

debt instrument Schuldbrief

debtor Schuldner

debt ratio Verschuldungsgrad

debt restructuring Umschuldung

declaration of assignment Abtretungserklärung

declared dividend erklärte Dividende

decree Erlaß, Anweisung

deductible abzugsfähig, absetzbar

deductions Abzüge, Aufwendungen

deduction for losses Verlustabzug

deed of assignment Abtretungsurkunde

deed of conveyance Grundstücksübereignungsvertrag, Auflassungsurkunde

deemed capital gains tax Vermögenszuwachssteuer

defalcation Unterschlagung, Betrug

default Verzug, Nichterfüllung einer Verpflichtung

deferral of collection Aussetzung der Vollziehung

deferred zurückgestellt (passivisch); aufgeschoben (aktivisch abgegrenzt)

deferred annuity aufgeschobene Leibrente

deferred charges aktive Rechnungsabgrenzung (siehe: Rechnungsabgrenzungsposten)

deferred income vereinnahmte, aber noch nicht verdiente Erträge (siehe: Rechnungsabgrenzungsposten)

deferred income tax latente Einkommensteuerverbindlichkeit (in der Bilanz passiviert), Steuerstundung (als Begriff)

deferred payment Terminzahlung

deferred stock nicht sofort dividendenberechtigte Aktie

deferred taxes latente Steuern

deficit Fehlbetrag, Verlust; Bilanzposition: Verlustvortrag

defined benefit scheme bei Pensionen: Pensionsplan mit bestimmtem Rentenbetrag

defined contribution scheme bei Pensionen: Pensionsplan mit bestimmtem Zuschuß-/Einzahlungsbetrag

delay Verzug, Verzögerung

delete, to löschen

delivery cost Versandkosten

delivery note Lieferschein

demand deposit Sichteinlage

demand/energy (electrical) Leistung/Arbeit (elektrische)

demand note Sichtwechsel

denial Verneinung, Verweigerung

denomination Stückelung (bei Aktien)

density Dichte (Zeichendichte)

departmental costing Kostenstellenrechnung, Abteilungskostenrechnung

departmental overheads Stellengemeinkosten, Abteilungsgemeinkosten

dependency agreement Beherrschungsvertrag

depletion Abschreibung wegen Substanzverzehr (von Bodenschätzen)

deposit Kaution, Hinterlegung

depositary Verwahrer

deposit fees Depotgebühren

deposit in transit unterwegs befindliche Gelder; von der Bank noch nicht verbuchte Einzahlung

deposit slip Einzahlungsbeleg

depreciable cost abschreibbare Kosten eines Wirtschaftsgutes

depreciable property abschreibbares Anlagevermögen

depreciate, to abschreiben

depreciation Abschreibung

depreciation, imputed kalkulatorische Abschreibung

depreciation expense Abschreibungsaufwand

depreciation for tax purposes steuerliche Abschreibung

depreciation method Abschreibungsmethode

depreciation/write-off of low value items Abschreibung geringwertiger Wirtschaftsgüter

deputy member of the board of management/executive board (US) stellvertretendes Vorstandsmitglied

derivative Derivative

detailed accounts receivable ledger Debitorenunterkonten, Debitorenkontokorrent

detailed test lückenlose Prüfung

devaluation Währungsabwertung

devalue, to abwerten

development expenses Entwicklungskosten

deviation from standard costs Standardkostenabweichung

diagram graphische Darstellung

differential cost Grenzkosten

digit Ziffer, Stelle

diluted stock verwässertes Grundkapital

(durch spätere Ausgabe von unbewerteten Aktien)

direct costing Kostenverrechnungsprinzip, bei dem alle fixen Kosten sofort und direkt dem Aufwand belastet und nur die variablen auf das Stück umgelegt werden; Grenzkostenrechnung

direct debit Abbuchungsverfahren

direct depreciation Abschreibung, direkte

direct insurance Direktversicherung

directive, regulation Richtlinie

direct labor Fertigungslöhne

direct material Fertigungsmaterial

direct overhead Fertigungsgemeinkosten

direct sales costs Sondereinzelkosten des Vertriebs

director, vice president Vorstand, Geschäftsführer, Aufsichtsratsmitglied

directors' tax Aufsichtsratssteuer

director(UK)/executive for labor relations Arbeitsdirektor

disallow, to zurückweisen, abweisen

disbursement Bezahlung mit Bargeld oder durch Scheck, Auszahlung

disbursement voucher Zahlungsbeleg

discharge, release Entlastung (des Vorstands)

discharge in bankruptcy Konkursaufhebung

discharge of debt Schuldbegleichung; Schulderlaß

disclose, to ausweisen; aufdecken

disclosure Hinweis, Anmerkung; Enthüllung

disclosure requirement Ausweispflicht; Angabepflicht

disclosure requirements Offenlegungspflichten/Pflichtangaben im Jahresabschluß (Anhang)

discount Diskont, Skonto, Rabatt

discount credit Diskontkredit

discount, cash Skonto

discount, quantity Mengenrabatt

discount, trade Handelsrabatt

discountable bankfähig, diskontfähig

discounted note Wechsel, diskontierter

discount factors Abzinsungsfaktoren

discount granted gewährte Skonti

discounting Abzinsung; Diskontierung von Wechseln

discount on notes Wechseldiskont
discount rate Abzinsungssatz, Diskontsatz
discount rate, discount factor Kapitalisierungszinsfuß
discrepancy Abweichung
discretionary clause Kannvorschrift
dishonoured bill notleidender Wechsel
dismantling cost Abbruchkosten
disposal Veräußerung, Verkauf
disposition of earnings Ergebnisverwendung
dispositions Abgänge
dispossession Enteignung
dissolve a corporation, to eine Kapitalgesellschaft auflösen
distortion Verzerrung
distributed dividend Dividende, ausgeschüttete
distribution of charges Kostenumlage
distribution of income Ausschüttung, Dividende
distribution of payroll Verteilung der Löhne und Gehälter auf Kostenstellen
distribution of profit, distribution of earnings Gewinnausschüttung
distribution of retained earnings Gewinnverteilung
dividend, to declare a dividend eine Dividende beschließen/genehmigen
dividend declaration Gewinnverwendungsbeschluß
dividend declaration Gewinnverwendungsbeschluß
dividend income Dividendenertrag
dividend payable Verbindlichkeit aus erklärter Dividende
dividends in arrears rückständige Dividende (bei kumulativen Vorzugsaktien)
dividends received (earned) Dividendenerträge
division Teilbetrieb, Unternehmensbereich; Sparte; Geschäftsbereich
division manager Abteilungsleiter
documentary evidence, documentary support Belegunterlage; Dokumente oder Belege, die einer Buchung zugrunde liegen
domestic business Inlandsgeschäft
domestic deliveries Inlandslieferung

domicile Sitz, Wohnsitz
dominant influence beherrschender Einfluß
donation Schenkung, Spende
dormant partner stiller Teilhaber
double household doppelte Haushaltsführung
double taxation Doppelbesteuerung
double taxation agreement, tax treaty Doppelbesteuerungsabkommen
doubtful accounts zweifelhafte Forderungen
doubtful debtors, doubtful trade receivables zweifelhafte Kundenforderungen
down payment; installment payment Anzahlung, Abschlagzahlung
downsizing Anpassung auf ein angemessenes Niveau
downward trend rückläufiger Trend, negative Entwicklung
draft Entwurf; gezogener Wechsel
drawee Bezogener, Trassat
drawer Aussteller
drawing account Entnahmekonto
drawings Entnahmen
dual resident company Gesellschaft mit Doppelsitz (in zwei verschiedenen Staaten)
due fällig
due date Verfalltag
due date of tax returns Einreichungstermin für Steuererklärungen
due diligence sorgfältige Untersuchung (bezeichnet üblicherweise sorgfältige Durchsicht aller Unterlagen und Verträge im Vorfeld eines Unternehmenskaufes)
due notice Vertrags- oder satzungsgetreue Ladung oder Benachrichtigung
dues Beitrag, Gebühren
dummy note Kellerwechsel
dummy transaction Scheingeschäft
dunning letter Mahnbrief
dunning procedures Mahnverfahren
duplicate, to abschreiben, ablichten
duty, customs duty Zoll(abgabe)
duty drawback Zollerstattung
duty free zollfrei
duty-paid verzollt
duty refund Zollerstattung

duty to keep accounting records Buchführungspflicht

E

early retirement Vorruhestand
earmarked cash zweckgebundenes (Bank) Guthaben
earned surplus, earnings reserves unverteilter Reingewinn (als Bilanzposition Gewinnrücklagen und Bilanzgewinn), Gewinnrücklagen
earnings Gewinne
earnings per share Ergebnis pro Aktie
earnings power Ertragskraft
earnings statement Gewinn- und Verlustrechnung, Erfolgsrechnung
earnings summary zusammengefaßte Erfolgsrechnung für mehrere Jahre
earnings value Ertragswert
economical integration, business integration wirtschaftliche Eingliederung
economic ownership wirtschaftliches Eigentum
economic point of view wirtschaftliche Betrachtungsweise
economic unit Wirtschaftseinheit
economic value Handels-, Marktwertediting–Korrektur; Druckaufbereitung
effectiveness Wirksamkeit
efficiency Nutzeffekt, Wirkungsgrad
eliminate, to ausschalten, weglassen
eliminating entry Ausscheidungsposten bei Konsolidierungen
elimination of intercompany profit Zwischengewinneliminierung
embargo Handelsembargo
embezzlement Unterschlagung
emergency facilities Reserveanlagen (US)
emission Ausgabe, Emission
employee Angestellter, Arbeitnehmer
employee capital creation betriebliche Vermögensbildung
employees' welfare expenses Unterstützungsaufwand für Arbeitnehmer
employee share (UK), employee stock (US) Belegschaftsaktie

employer Arbeitgeber
employment Anstellungsverhältnis
employment application Bewerbung
employment contract Arbeitsvertrag
enactment Verordnung, Verfügung
encumbrance hypothekarische Belastung
ending balance Endsaldo
endorsement, signature Indossament
endorsement in blank Blankoindossament
endorsement without recourse Indossament ohne Obligo
endowment Stiftung
enforcement Vollstreckung
engineering department technische Abteilung; Konstruktionsabteilung
enter, to buchen; eingeben
enterprise Unternehmen
entertainment expenses Bewirtungskosten
entertainment tax Vergnügungsteuer
entitled to berechtigt zu
entrepreneur Unternehmer
environmental protection Umweltschutz
equalization levy Ausgleichsabgabe
equipment Einrichtung, Ausrüstung
equitable title, pledged property Sicherungseigentum
equity capital Eigenkapital
escrow Aufbewahrung durch einen Dritten
escrow account Treuhandkonto
estate Nachlaß
estate duty Erbschaftsteuer
eurocredits, euroloans Eurokredite
eurocurrency markets Eurodevisenmärkte
evaluate bewerten
evaluation Bewertung
evasion Gesetzesumgehung
evidence Beweis, Nachweis
examine, to prüfen, untersuchen
exception Ausnahme, Beanstandung
exceptional item Ausnahmeposten, außerordentlicher Posten
exchange arbitrage Devisenarbitrage
exchange broker Börsenmakler
exchange fluctuation Wechselkursschwankung
exchange losses and gains Kursverluste und -gewinne
exchange of information Informationsaustausch

exchange rate Devisenkurs
exchange risk, exchange exposure Kursrisiko
exchange transaction Tauschgeschäft
exchange transaction, foreign Devisengeschäft
excise tax Verbrauchsteuer
ex dividend Börsenwert der Aktie ausschließlich der erklärten Dividende
execution, foreclosure Vollstreckung, Zwangsvollstreckung Geschäftsführer
executive committee Führungsgremium, -ausschuß
executive vice president Vorstandsmitglied
exemption limit Freigrenze
exemptions dependent upon size größenabhängige Befreiungen
exhibit Anlage
exhibition Ausstellung, Messe
exhibit to financial statements Anlage zum Jahresabschluß
expansion Ausbreitung, Erweiterung
expected useful life voraussichtliche Nutzungsdauer eines Wirtschaftsgutes
expedite, to beschleunigen
expenditure Ausgabe
expense Aufwand
expense account Kostenkonto; Spesenkonto
expense allocation Umlage von Aufwendungen
expense allowance Tagegeld, Auslagenpauschale
expense allowances Aufwandsentschädigung
expense report Spesenabrechnung
expense, business related expense Betriebsausgabe
expenses Spesen; Aufwendungen
expert Fachmann
expert opinion Gutachten
expiration Verjährung
expiration date Verfalltag
explanatory notes to the financial statements Erläuterungen zum Jahresabschluß; Anhang
exploitation Ausnutzung, Ausbeutung
exploration expenses Aufschlußkosten (i. R. geologische und geophysikalische)

export and import financing Export- und Importfinanzierung
export credit Ausfuhrkredit
export financing Ausfuhrkredite
ex rights Aktien ohne Bezugsrecht
extension Prolongation; Verlängerung, Stundung
extension of time to file Fristverlängerung
extensions, improvements Ausbauten
extinguishment of debt Schuldenerlaß
extraordinary depreciation außerordentliche Abschreibung
extraordinary expenses außergewöhnliche Belastungen, Aufwendungen
extraordinary income außerordentliche Erträge
extraordinary profit/loss außerordentliches Ergebnis

F

face value Nominalbetrag, Nennwert
face value of policy Versicherungswert
facility (Betriebs-) Einrichtung
factoring Verkauf von Forderungen, Factoringgeschäft
factory cost Herstellkosten
failure to perform Nichterfüllung
fair dealing Kulanz
fair market value gemeiner Wert, Marktwert
fair value Verkehrswert, angemessener Wert
fault Mangel
faulty mangelhaft
feasibility Durchführbarkeit
feasibility study Planungsstudie, Einsatzstudie
federal department of finance Bundesfinanzministerium
federal gazette Bundesanzeiger
Federal Reserve Bank Bundesbank
federal tax bulletin Bundessteuerblatt
federal treasury department Bundesamt für Finanzen
fee Honorar, Gebühr
feed, to zuführen, eingeben

FICA (US) (=Federal Insurance Contribution Act) gesetzliche Sozialversicherung (US)
FICA taxes (Federal Insurance Contribution Act) Beiträge zur gesetzlichen Sozialversicherung (Arbeitgeber- und Arbeitnehmeranteil) (US)
fidelity bond, fidelity insurance Unterschlagungsversicherung
fiduciary Treuhänder
fiduciary, in trust treuhänderisch
field work Arbeit vor Ort
FIFO (first-in first-out) Inventurbewertung nach dem ‚first-in-first-out'-Prinzip, FIFO-Verfahren
figure Zahl, Zeichen
file Datei, Datengruppe; Ablage
file, to einordnen, ablegen; einreichen
filing deadline Frist für die Einreichung einer Steuererklärung
filing due date Abgabefrist
fill in, to ausfüllen
final payment Abschlußzahlung
finance bill Finanzierungswechsel
finance company Finanzierungsgesellschaft
finance lease Finanzierungsleasing
financial budget Finanzplan
financial commitments Verpflichtungen, finanzielle
financial difficulties finanzielle Schwierigkeiten
financial integration finanzielle Eingliederung
financial position Vermögenslage, finanzielle Lage, Finanzlage
financial results Finanzergebnis
financial statements Jahresabschluß
financing, self- Eigenfinanzierung
financing Finanzierung
financing with borrowed funds Fremdfinanzierung
fine Geldstrafe
finished goods fertige Erzeugnisse
fiscal fiskalisch
fiscal court, lower tax court Finanzgericht
fiscal court proceedings/litigation Finanzgerichtsverfahren
fiscal period Abrechnungszeitraum

fiscal year Abrechnungsjahr, Wirtschaftsjahr, Geschäftsjahr
fixed asset account Anlagekonto
fixed assets Anlagevermögen, Sachanlagen
fixed assets register Anlagenkartei
fixed cost, fixed charge Fixkosten, fixe Belastung
fixed exchange rates feste Wechselkurse
fixed fix, fest
fixed point Festkomma
fixed price Festpreis
fixed value Festwert
fixtures Einbauten
flash report Blitzmeldung
flexible exchange rates flexible Wechselkurse
floating charge besitzloses Pfandrecht mit wechselndem Zuordnungsobjekt
floating exchange rates floatende Wechselkurse
folder Akte, Ordner
follow up, to verfolgen (einen Vorgang)
foolproof betriebssicher, narrensicher
foot, to addieren
footing Addition
footnote Fußnote, Anmerkung
footnote to the balance sheet Bilanzvermerk
forced sale value Zwangsverkaufswert
force majeure höhere Gewalt
forecast Vorschau
foreclosure sale Zwangsverkauf
foreign balances Auslandsguthaben
foreign bond Auslandsanleihe
foreign branch/permanent establishment ausländische Betriebsstätte
foreign currency Fremdwährung, Devisen
foreign currency account Fremdwährungskonto
foreign currency futures contract Fremdwährungsverpflichtung
foreign currency translation Fremdwährungsumrechnung
foreign exchange Devisen, Fremdwährung
foreign exchange adjustment Kursdifferenzbuchung
foreign exchange broker Devisenmakler
foreign exchange business Devisenhandel, Währungsgeschäft

foreign exchange position Devisenposition
foreign exchange restrictions Devisenbeschränkungen
foreign exchange transactions Devisengeschäfte
foreign income ausländisches Einkommen
foreign investment tax law Auslandsinvestitionsgesetz, Importfinanzierung
foreign notes and coins Sorten
foreign tax credit Anrechnung ausländischer Steuern
foreign trade law Außenwirtschaftsgesetz, Außenwirtschaftsverordnung
foreign transaction tax law Außensteuergesetz
foreman Vorarbeiter
forfeiture Verlust (eines Rechtes)
forfeiture of shares Kaduzierung von Aktien
forgery Fälschung
form Formular
formal requirement Formvorschrift
formation Gründung
form over substance, abuse of Gestaltungsmißbrauch
forward discount Deport
forward exchange contract Devisentermingeschäft
forward exchange Termindevisen
forward exchange transactions Devisenterminhandel
forward rate Devisenterminkurs
forward transaction, future contract Termingeschäft, Börsentermingeschäft
forwarding agent Spediteur
foundation Gründung, Stiftung
founder Gründer
foundry Gießerei
fraction Bruchteil, Bruch
franchise Konzession
fraud Betrug, Schwindel
fraudulent betrügerisch
fraudulent trading Gläubigerbenachteiligung
fraudulent tax evasion, tax fraud Steuerhinterziehung
freehold estate Grundstückseigentum
freehold land unbebaute Grundstücke
free-of-charge frei, umsonst, ohne Berechnung

free of charge asset kostenfreier Erwerb eines Vermögenswertes
free-of-charge replacement kostenlose Ersatzlieferung
freight/delivery expenses Transportkosten
freight-in Eingangsfracht
freight-out Ausgangsfracht
freight insurance Transportversicherung
fringe benefits Nebenleistungen, Sachbezüge; freiwillige soziale Leistungen
front running Insidergeschäft, bei dem ein Wertpapierhändler das Wissen um eine anstehende Großorder privat nutzt
frozen loan eingefrorener Kredit
full consolidation Vollkonsolidierung
full cover volle Deckung, voll versichert
fully paid up capital volleingezahltes Grundkapital
fund Fonds
funded debt durch einen Tilgungsfonds besicherte Schuld, bzw. Schuldverschreibung
fund statement Mittelherkunft und Verwendungsrechnung, Kapitalflußrechnung
furniture and fixtures Büromobiliar und Einbauten
futures Termingeschäfte, Outrightgeschäfte
futures exchange Terminbörse

G

GAAP (Generally Accepted Accounting Principles) Grundsätze ordnungsgemäßer Buchführung (GoB)
GAAS (Generally Accepted Auditing Standards) Grundsätze ordnungsgemäßer Buchführung
gain Nettoergebnis, Gewinn
gain from sale Veräußerungsgewinn
gain/loss from speculative transactions Spekulationsgewinn/-verlust
gain/loss on sale Veräußerungsgewinn/-verlust
gap Lücke

garnishment Pfändung einer Forderung,
Lohnpfändung
gas tax Benzin-, Mineralölsteuer
gearing Verhältnis zwischen Eigen- und
Fremdkapital
**general allowance for extra-ordinary finan-
cial burdens** Pauschbetrag für außergewöhnliche Belastungen
general and administrative expenses allgemeine und Verwaltungskosten
general assignment Globalabtretung
general business conditions allgemeine
Geschäftsbedingungen
general ledger Hauptbuch
general ledger accounts Hauptbuchkon-
ten
generally accepted accounting principles
Grundsätze ordnungsmäßiger Buchführung und Bilanzierung
**generally accepted auditing standards
(GAAS)** Grundsätze ordnungsmäßiger
Abschlußprüfung
general manager Generaldirektor, Generalbevollmächtigter
general meeting Hauptversammlung
general representation letter Vollständigkeitserklärung
general reserve Pauschalwertberichtigung,
Sammelwertberichtigung
general tax code, fiscal code Abgabenordnung
gift tax Schenkungsteuer
going concern Unternehmensfortführung
»going concern« concept Bilanzierungs-
prinzip, das von der Annahme ausgeht,
daß der Geschäftsbetrieb fortgeführt
wird
going concern value Teilwert
goodwill Ertragswert, Firmenwert, Goodwill
grace period gewährte Verzugstage,
Schonfrist
grand total Endsumme
grant of pension Pensionszusagen
gross brutto
gross amount Bruttobetrag
gross income, gross revenue Bruttoeinkommen, Umsatz
gross presentation Bruttoausweis
gross proceeds Bruttoertrag

gross profit Bruttogewinn, Rohüberschuß
gross profit margin Bruttogewinnspanne
gross results Rohergebnis
gross sales Umsatzerlöse, Bruttoumsatz
gross wage Bruttolohn
group Konzern; Gruppe
group management report Konzernlagebericht
guarantee, guaranty Garantie, Bürgschaft, Aval
guarantee, warranty obligation Garantieverpflichtung
guarantee claim Garantieforderung
guarantee for notes or bills of exchange
Wechselbürgschaft
guarantees in favor of third parties Haftung aus der Bestellung von Sicherheiten für fremde Verbindlichkeiten
guarantor Bürge
guaranty Garantie
guard against, to absichern
guest house Gästehaus

H

handling time Materialtransportzeit (im
Betrieb); Bearbeitungsdauer
head of department Bereichsleiter
head of division Hauptabteilungsleiter
**head of personnel department, personnel
manager** Leiter der Personalabteilung
head of tax office Vorsteher, eines Finanzamts
**head of the legal department, general
counsel** Leiter der Rechtsabteilung
hedge Deckungsgeschäft
hedges Termingeschäfte, Fixgeschäfte;
Deckungsgeschäfte
hereditary leasehold Erbpacht
**hidden profit distribution, constructive divi-
dend** verdeckte Gewinnausschüttung
hidden reserve stille Reserve
highlights Kurzüberblick, Zusammenfas-
sung
high-spot review Kurzprüfung (ohne Erteilung eines Bestätigungsvermerks)

hire-purchase business Ratenkreditgeschäft
historical cost ursprüngliche Anschaffungskosten
honorary chairman Ehrenvorsitzender
hot money Fluchtgeld
hourly rate wages Zeitlohn
human resource department Personalabteilung

I

idle assets betrieblich nicht genutzte Vermögenswerte
idle plant, idle equipment stillgelegte/ungenutzte Anlagen
idle plant expense Leerkosten, Stillstandskosten
immaterial unbedeutend, unwesentlich
immediate write-off Sofortabschreibung
import credit Einfuhrkredit, Importkredit
import duty Einfuhrzoll
import financing Importkredite
imprest cash fund Kasse mit festem Bestand
imprest fund Festbestand, bei Kassen
imputation system, tax credit system Anrechnungsverfahren
imputed cost kalkulatorische Kosten
in bond unter Zollverschluß
incidental acquisition expenses Anschaffungsnebenkosten
incidental purchasing costs Bezugskosten (bei Waren)
income Einkünfte
  – **domestic income** – inländische Einkünfte
  – **extraordinary income** – außerordentliche Einkünfte
  – **foreign income** – ausländische Einkünfte
  – **from capital investments** – Einkünfte aus Kapitalvermögen
  – **from employment** – Einkünfte aus nicht selbständiger Arbeit
  – **from farming and forestry** – Einkünfte aus Land- und Forstwirtschaft
  – **from self employment** – Einkünfte aus selbständiger Arbeit
  – **from other sources** – sonstige Einkünfte
  – **from rental and leasing** – Einkünfte aus Vermietung und Verpachtung
  – **from speculative dealings** – Einkünfte aus Spekulationsgeschäften
  – **from trade or business** – Einkünfte aus Gewerbebetrieb
income determination Gewinnermittlung
income earned erzielter Gewinn
income, business related income Betriebseinnahme
income, gross Bruttoertrag, Bruttoumsatz
income, net Jahresüberschuß
income, taxable steuerpflichtiges Einkommen
income from disposal of fixed assets Erträge aus dem Abgang von Anlagevermögen
income from investments Beteiligungserträge
income from reversal of accruals Erträge aus der Auflösung von Rückstellungen
income related expenses Werbungskosten
income source of Einkunftsart
income tax Ertragsteuer
income tax law Einkommensteuergesetz
income tax regulations Einkommensteuerrichtlinien
income tax return Einkommensteuererklärung
inconsistency Unstetigkeit
incorporated, Inc. Gesellschaft (AG, GmbH) mit beschränkter Haftung
incorporation Gesellschaftsgründung
increment Zuwachs, Anstieg
indebtedness Verbindlichkeit; Verschuldung; Verpflichtung
indemnification Entschädigung, Schadenersatzleistung
indemnity Abfindung
index Verzeichnis, Sachregister
indexing Numerierung, Katalogisierung
indirect depreciation indirekte Abschreibung

indirect labor indirekte Löhne, Fertigungsgemeinkostenlöhne
indirect ownership mittelbar im Besitz
individual natürliche Person
individual company financial statements Einzelabschluß
individual costs Einzelkosten
industrial right gewerbliches Schutzrecht
infringement Rechtsverletzung
infringement suit Klage wegen Verletzung vertraglicher Abmachungen (häufig von Patentrechten)
inheritance tax, estate tax Erbschaftsteuer
initiate commence bankruptcy proceedings Konkurs anmelden
inland revenue Finanzverwaltung (UK)
input kalkulierbare Vorleistungen
insolvency Insolvenz, Zahlungsunfähigkeit, Konkurs
insolvency practioner Konkursverwalter
inspection department Abnahme, Wareneingangskontrolle
inspection report Prüfbericht, Kontrollbericht
installment Rate, Teilzahlung
installment contract Abzahlungsvertrag
installment credit Abzahlungskredit, Teilzahlungskredit
installment debt in Raten rückzahlbare Schuld
installment loan Ratenkredit
installment method of accounting Buchungsmethode, bei der die Rohgewinne nach dem Bareingang der Teilzahlungen ermittelt und ausgewiesen werden
installment sales Teilzahlungsverkäufe
installment transaction Abzahlungsgeschäft
institutional holdings Aktienbesitz von Banken, Versicherungen, Pensionsfonds usw.
instruction Befehl, Anweisung
insurance cover Versicherungsdeckung
insurance excess Selbstbeteiligung
insurance tax Versicherungsteuer
intangible assets immaterielle Vermögenswerte

interbank balances gegenseitige Bankverpflichtungen
interbank deposits gegenseitige Bankguthaben
intercompany elimination/adjustments zwischenbetriebliche Eliminierungen/Korrekturen
intercompany profit Zwischengewinn
intercompany transactions Konzerngeschäftsvorfälle, Geschäfte zwischen verbundenen Unternehmen
interest and similar charges Zinsen und ähnliche Aufwendungen
interest and similar income Zinsen und ähnliche Erträge
interest balance Zinssaldo
interest bearing verzinslich
interest coupon Zinskupon
interest expense Zinsaufwand
interest income Zinsertrag
interest margin Zinsspanne
interest on current account Kontokorrentzinsen
interest on long-term debt Dauerschuldzinsen
interest on taxes suspended from collection Aussetzungszinsen
interest rate Zinssatz
interest, imputed kalkulatorischer Zins
interface Verzahnung, Schnittstelle
interim audit Zwischenprüfung
interim dividend Vorabausschüttung, Vorabdividende
interim warehouse Zwischenlager
intermediate company Zwischengesellschaft
intermediate control Zwischenkontrolle
intermittent production Intervall- oder stoßweise Fertigung
internal audit Innenrevision
internal control procedures innerbetriebliche Kontrollmaßnahmen, Ablaufkontrollen
internal rate of return interne Verzinsung, interne Rendite
internal revenue service (IRS) Finanzbehörde (USA)
international business Auslandsgeschäft
International Monetary Fund (IMF) Internationaler Währungsfonds (IWF)

intervention Intervention
intervention currency Interventionswährung
intervention points Interventionspunkte
intrabank transfer Überweisung von Konto zu Konto innerhalb einer Bank
intracompany sales Innenumsatz
intracompany transactions innerbetriebliche Geschäftsvorfälle
intrinsic value innerer Wert
invalidate, to ungültig machen
inventories Vorräte, Vorratsvermögen
inventory count körperliche Bestandsaufnahme der Vorräte
inventory cutoff periodengerechte Erfassung der Vorräte
inventory listing Bestandsverzeichnis
inventory location Lagerort
inventory records, permanent laufende Inventuraufzeichnungen
inventory shrinkage Bestandsverlust, Schwund
inventory tag Inventurzettel (bei Zählung)
inventory turnover Lagerumschlag
inventory turnover rate Bestandsumschlagshäufigkeit
inventory turnover ratio Lagerumschlagshäufigkeit
investigation Nachforschung, Untersuchung
investment Beteiligung; Investition
investment allowance Steuerfreibetrag für Investitionen
investment company Beteiligungsgesellschaft, Investmentgesellschaft
investment consultant Anlageberater
investment credit Investitionskredit
investment grant (tax free) Investitionszulage
investment grant Investitionszulage
investment premium Investitionszulage
investment premium law Investitionszulagengesetz
investment securities Wertpapiere mit Anlagecharakter
investment subsidy (taxable) Investitionszuschuß
investment tax Investitionssteuer

investment tax credit Investitionszuschuß (durch Steuerermäßigung)
investment trust, fund Kapitalanlagegesellschaft
investor Anleger
invitation to tender Ausschreibung
invoice Rechnung
irredeemable unkündbar
irregularity Unregelmäßigkeit
irrevocable/confirmed letter of credit unwiderrufliches/bestätigtes Akkreditiv
IRS (Internal Revenue Service) Finanzverwaltung (US)
issue Emission; Problem
issue a check, to einen Scheck ausstellen
issued stock, issued share ausgegebene Aktie
issue price Emissionskurs
issuer of a note Aussteller eines Wechsels
itemization spezifizierte Aufstellung, detaillierte Aufgliederung
item Posten, Gegenstand

J

job Auftrag; EDV-Maschinenlauf; Projekt
job cost estimate Auftragskalkulation
job costs Kosten, die auf einen Auftrag entfallen
job description Tätigkeitsbeschreibung
job order cost system Kostenrechnung nach Einzelaufträgen, Auftragsabrechnung
job order record (Einzel-)Auftragskostenblatt
job time ticket Zeitaufwandszettel, Akkordzettel (per Auftrag)
jobless (unemployed) arbeitslos
joint gemeinschaftlich
joint liability Gesamthaftung, Mithaft
joint product Kuppelprodukt
joint return (married) gemeinsame Steuererklärung
joint venture Arbeitsgemeinschaft, Gemeinschaftsunternehmen, BGB-Gesellschaft

journal entry Journalbuchung
jurisdiction in tax, power to tax Steuerhoheit
jurisdiction in tax matters Steuerhoheit

K

key data Kennziffern, Kerndaten
kiting Scheckreiterei

L

label Etikett; Marke
labor Arbeit, Arbeitskosten
labor contract Tarifvertrag
labor cost distribution Lohnverteilung,
Arbeitskostenverteilung
labor disputes Tarifstreitigkeiten
labor efficiency variance Leistungsgradabweichung (bei Standardkostenrechnung)
labor management committee Arbeitneh-
mer-Arbeitgeber-Ausschuß, Arbeitsver-
mittlungsausschuß
labor union Gewerkschaft
labor, direct Fertigungslohn
land Grundstücke; Land
land acquisition tax Grunderwerbsteuer
land charge (mortgage) Grundschuld
land improvements Grundstücksverbesse-
rungen; Erschließungsmaßnahmen
land/property and buildings Grundstücke
und Gebäude
late filing penalty Verspätungszuschlag
late-payment penalty Säumniszuschlag
law, code Gesetz
lawsuit Prozeß
leads and lags „leads und lags"
lead time Lieferzeit
lease, to verpachten, vermieten
lease agreement/contract Mietvertrag,
Leasing-Vertrag
leased asset Leasing-Gegenstand
leasehold improvements Einbauten (oder

Ausbauten) in gemieteten Räumen, Ge-
bäudemeliorationen
ledger, general Hauptbuch
ledger card, ledger sheet Kontenblatt
legal gesetzlich
legal and professional fees Rechts- und
Beratungskosten
legal claim Rechtsanspruch
legal entity juristische Person
legal gazette entspr.: Bundesgesetzblatt
legal provision gesetzliche Bestimmung
legal requirements gesetzliche Vorschriften
legal reserve gesetzliche Rücklage
legal right verbrieftes Recht
lend against security, to beleihen
lessee Leasingnehmer; Mieter
lessor Leasinggeber; Vermieter
letter of comfort Patronatserklärung
letter of credit Akkreditiv
letter of indemnity Ausfallbürgschaft
letter of inquiry Auskunftsersuchen
levy Abgabe
levy rate Hebesatz
liabilities Passiva, Verbindlichkeiten
liability, commitment Obligo
liability for taxation, subject to taxation
Steuerpflicht
licence fee, royalty Lizenzgebühr
licence income Lizenzeinnahmen
licence Lizenz
lien Zurückbehaltungsrecht, Pfandrecht
life annuity Leibrente
LIFO (last in - first out) Inventurbewertung nach dem »last in first out« Prinzip
limitation of liability Haftungsbeschränkung
limited partnership Kommanditgesellschaft
limited tax liability beschränkte Steuerpflicht
limits Limit, Höchstbetrag
line of credit Kreditlimit; verfügbarer
Kredithöchstbetrag
liquid assets, cash Bargeld sowie sonstige
Vermögensteile, die jederzeit verflüssigt
werden können; liquide Vermögensteile,
Barvermögen
liquidation loss Liquidationsverlust

liquidation surplus Liquidationsverlust
liquid funds flüssige Mittel
liquidity position, cash position Liquiditätslage
listed stock an der Börse notierte Aktie
loan conversion Anleihekonversion
loan Darlehen
 – **overdraft loan**
  Überziehungskredit
 – **revolving credit loan**
  Darlehen mit festen einzelnen Tranchen
 – **term loan**
  Termindarlehen mit fester Laufzeit und vereinbarter Rückzahlung
loan interest Anleihezinsen
loan rate, borrowing rate Ausleihungssatz
loan redemption Anleihtilgung
loans payable Darlehensverbindlichkeiten
loans receivable Darlehensforderungen
loan stock Anleihe
loan terms Anleihebedingungen
local currency Landeswährung
long-term debt, long-term liabilities langfristige Verbindlichkeiten
long-term lease langfristiger Miet- oder Pachtvertrag
long-term loan Dauerschuld
loss absorption Verlustausgleich, Verlustdeckung, Verlustübernahme
loss allocation Verlustzuweisung
loss carryback Verlustrücktrag (auf die Vorjahre)
loss carryforward Verlustvortrag (auf die Folgejahre)
 – **expiration of a tax loss carry forward** – Auslauf eines Verlustvortrages
loss from sale Veräußerungsverlust
lower of cost or net realisable value Niederstwert zwischen Anschaffungs- oder Herstellungskosten und Nettoverkaufserlös
lower of cost or net realisable value principle Niederstwertprinzip
low tax country Niedrigsteuerland
low value items geringwertige Wirtschaftsgüter
lump-sum amount Pauschbetrag
luxury tax Luxussteuer

M

machinery and equipment Maschinen und maschinelle Anlagen
machine shop Werkstatt
mail transfer Postüberweisung
maintenance Wartung
maintenance and repairs Instandhaltung und Reparaturen
maintenance cost Erhaltungsaufwand; Unterhaltungskosten
maintenance expenses Reparatur-/Erhaltungsaufwand
major hauptsächlich, wesentlich
majority Mehrheit
majority held enterprise mit Mehrheit beteiligtes Unternehmen
majority holding Mehrheitsbeteiligung
makeup/breakdown of balance Zusammensetzung eines Saldos
management Geschäftsleitung
management board Vorstand
management body Geschäftsführungsorgan
management buy-in Unternehmenskauf durch die zukünftige Geschäftsführung
management buy-out Unternehmensübernahme durch Firmenangehörige
management by exception Unternehmensführung mittels Ermittlung der Gründe für Ausnahmen und Abweichungen von Planzielen
management by objective Unternehmensführung mittels Zielsetzung
management position Führungsposition
management's report Lagebericht
managing director Vorstandsvorsitzender, -sprecher
manual, accounting Buchhaltungshandbuch für Verfahrensfragen
manufactured part selbstgefertigtes Teil
manufacturing Herstellung, Fertigung
manufacturing burden Fertigungsgemeinkosten
manufacturing cost, manufacturing expense Herstellungskosten, Fertigungskosten
manufacturing facilities Fertigungseinrichtungen

manufacturing overhead Fertigungsgemeinkosten
manufaturer's liability Produkthaftung
margin Spanne
marginal cost Grenzkosten
marginal costing Grenzplankostenrechnung
marginal tax rate Spitzensteuersatz
margin of profit Gewinnspanne
marketable securities börsengängige Wertpapiere
market capitalization Börsenwert eines Unternehmens
marketing Vertriebstechnik, Vertrieb
market price Marktpreis, Wiederbeschaffungspreis; Kurswert
market quotation Preisnotierung (der Börse)
market value Marktwert
mark up and mark down Preisaufschlag und -abschlag
matching of income and expense periodengerechte Abgrenzung von Aufwand und Ertrag
material Material; wesentlich, grundlegend
material, bill of Stückliste
materiality relative Bedeutung, Wichtigkeit, Wesentlichkeit
material overheads Materialgemeinkosten
matured liability fällige Schuld
maturity value Fälligkeitswert
maximum amount Höchstbetrag
maximum value Wertobergrenze
means, funds Mittel
means of financing Finanzierungsmittel
medium and long-term liabilities mittel- und langfristige Verbindlichkeiten
meeting, session Sitzung
member of the board of management/directors Vorstandsmitglied
member of the executive board (US) Vorstandsmitglied
member of the supervisory board Aufsichtsratmitglied
memo account statistische Buchung
merchandise Handelswaren
merchandise in transit unterwegs befindliche Handelsware
merger Verschmelzung, Fusion

method of income determination Gewinnermittlungsart
minimum capital Mindestkapital
minimum nominal amount Mindestnennbetrag
minimum participation requirement Mindestbeteiligung
minimum terms of lease Grundmietzeit
mining claims Bergbaurechte
ministry of finance Finanzministerium
minor geringfügig, unwesentlich
minority equity Anteil der Minderheitsaktionäre am Eigenkapital
minutes Protokoll
minutes/representation letter Vollständigkeitserklärung über die Vorlage der Versammlungsprotokolle
miscellaneous expense verschiedene Aufwendungen
misstatement falsche Angabe
modelling, computer modelling Modellrechnungen durchführen, Szenarien betrachten
module Baustein, Baugruppe
monetary/non-monetary (assets) monetäre/nicht-monetäre (Aktiva)
monetary transactions Zahlungsverkehr
money laundering Geldwäsche
money market Geldmarkt
money market hedge (Geldmarkt) Deckungsgeschäft, Sicherungsgeschäft
money transfer Geldüberweisung
monitor, to überwachen
moratorium Moratorium
mortality rate table Sterbetafel, Sterblichkeitstabelle (in Versicherungsmathematik)
mortgage Hypothek
mortgage deed hypothekarisch gesicherte Schuldverschreibung (entspr.: Hypothekenpfandbrief)
mortgage loan hypothekarisch gesichertes Darlehen
mortgaged asset hypothekarisch belasteter Vermögenswert (Grundstück)
mortgages bond Pfandbrief
motor vehicle tax Kraftfahrzeugsteuer
moving expenses Umzugskosten
multinational multinational
municipality Gemeinde, Kommune

municipal trade tax Gewerbesteuer
mutual fund Kapitalanlagegesellschaft
»auf Gegenseitigkeit«

N

negative confirmation Saldenbestätigung,
bei der eine Rückantwort nur im Falle
einer Abweichung erbeten wird
negligent fahrlässig
negotiable übertragbar durch Indossament, verkäuflich, begebbar
net netto
net assets Eigenkapital (Kapital, Rücklagen und Bilanzgewinn), Reinvermögen
net assets tax, net worth tax Vermögen-
steuer
net asset value Substanzwert
net book value Nettobuchwert, Restbuchwert
net equity Eigenkapital
net equity, distributable for tax purposes
verwendbares Eigenkapital
net gain Reingewinn (häufig bei einer
Transaktion)
net income, net profit Jahresüberschuß
net loss Jahresfehlbetrag, Reinverlust
net margin Netto-Gewinn
net presentation Nettoausweis
net present value gegenwärtiger Netto-
wert, Barwert
net proceeds Reinertrag
net profit Nettoerlös
net realizable value Nettoerlöswert, Nettoverkaufserlös
net salary agreement Nettolohnvereinbarung
net sales Netto-Verkaufserlöse, Nettoumsatz
net worth Eigenkapital (Kapital, Rücklagen und Gewinnvortrag
net, to saldieren
new share junge Aktie
NIC (National Insurance Contribution)
Sozialversicherungsbeiträge/-abzüge
(UK)

nominal nominal, nominell
nominal account Erfolgskonto
nominal amount Nennbetrag
nominal capital Grundkapital
nominal value Nennwert
non-competition clause Wettbewerbs(ver-
bots)klausel
non-controllable cost nicht kontrollierbare
Kosten
non deductible (business) expenses nicht
abzugsfähige Betriebsausgaben
non discrimination Gleichbehandlung
non-interest-bearing securities unverzinsliche Wertpapiere
non-operating expense betriebsfremder
Aufwand
non-operating income betriebsfremder
Ertrag
non-operating results neutrales Ergebnis
non profit institutions gemeinnützige
Organisationen
non-recourse financing Forfaitierung
non-resident accounts Devisenausländerkonten
non-resident entity gebietsfremde Körperschaft
non-resident taxpayer beschränkt Steuerpflichtiger; Steuerausländer
normal capacity Normalbeschäftigung
notary public Notar
notation Anmerkung
note, promissory note Wechsel, Sola-
Wechsel
note register Wechselkopierbuch-
notes due, matured note–fälliger
Wechsel
notes payable Schuldwechsel, Wechselverbindlichkeiten
notes receivable Besitzwechsel, Wechselforderungen
notes receivable discounted zum Diskont
gegebene Besitzwechsel
notes to financial statements Anmerkungen zum Abschluß, Anhang (im Jahresabschluß)
notice of determination Feststellungsbescheid
notice of liability Haftungsbescheid
notification of (tax payer's) rights Rechts-
belehrung

notional (royalty) gedachte (Lizenz)
null and void nichtig

O

objection Einwendung
objective Zielsetzung; objektiv
obligation Verbindlichkeit, Schuld, Verpflichtung; Schuldverschreibung
obligation to cooperate Mitwirkungspflicht
obsolescence Veralterung; Wertminderung wegen Veralterung oder sonstige Schwerverkäuflichkeit (bei Vorräten)
obsolete veraltet
odd ungerade
off balance sheet financing Finanzierungsform, die nicht bilanzierungspflichtig ist
offer (and sale) Emission (von Wertpapieren)
offer to acquire, recommended bid/friendly offer; hostile bid/unfriendly offer Übernahmeangebot;
– freundliches (in Abstimmung mit dem Management des zu übernehmenden Unternehmens)
– unfreundliches (gegen den Willen des Managements des zu übernehmenden Unternehmens)
office Büro
office furniture and equipment Büromobilar und -maschinen
officers/executive remuneration Vorstandsbezüge
officer Vorstandsmitglied, Mitglied der Geschäftsleitung
office supplies Bürobedarf, Büromaterial
official market Devisenbörse
old age allowance Altersfreibetrag
old age exemption Altersfreibetrag
old age pension Altersrente, Ruhegeld
on consignment Fremdlager, Konsignationslager
on hand (amount) Bestand
on sight bei Sicht
on-the-job training Ausbildung am Arbeitsplatz

open account laufendes Konto
opening balance Anfangssaldo
opening balance sheet Eröffnungsbilanz
opening stock Anfangsinventur
open items offenstehende Beträge, noch nicht ausgeglichene Positionen
open order jederzeit widerruflicher Auftrag
operating budget Budget der betrieblichen Aufwendungen und Erträge
operating cost Betriebskosten
operating cycle Geschäftszyklus, Betriebskreislauf
operating expenses Betriebsaufwendungen
operating features Arbeitselemente (der Maschine)
operating income Betriebsgewinn
operating lease Miete
operations research Unternehmensforschung (auf mathematischer Grundlage)
operator Maschinenbediener
optional capitalization Aktivierungswahlrecht
optional valuation Bewertungswahlrecht
option Bezugsrecht; steuerliches Wahlrecht
option to account for Bilanzierungswahlrecht
option to capitalize Aktivierungswahlrecht
oral agreement mündlicher Vertrag
order Auftrag
order backlog Auftragsbestand
order book Auftragsbuch
order confirmation, order acknowledgment Auftragsbestätigung
order inflow Auftragseingang
order number Auftragsnummer
ordinary operations/activities gewöhnliche Geschäftstätigkeit
ordinary shares Stammaktien
organic unity, integrated group Organschaft
organizational integration organisatorische Eingliederung
organization chart Organisationsplan, Organigramm

organization manual Organisationshandbuch
original Original; ursprünglich
original acquisition cost ursprüngliche Anschaffungskosten
original capital Gründungskapital
original investment Erstinvestition
other taxes sonstige Steuern
outlay, cash Barauslage
outlay, window Schaufenster-, Auslagendekoration
out-of-court settlement außergerichtlicher Vergleich
out-of-pocket expenses Barauslagen, Spesen
output Produktion, Ausstoß; Ertrag
outside capital Fremdkapital
outsourcing Fremdvergabe bisher intern abgewickelter Aufgaben
outstanding unausgeglichen, offenstehend, nicht eingezahlt
outstanding check unbezahlter Scheck (noch nicht zur Einlösung vorgelegt)
outstanding debts Schuldenstand
overabsorbed overheads Gemeinkostenüberdeckung
overage Bestandsüberschuß
overall basis Gesamtbasis, überschlägig
overdraft Banküberziehungskredit, Überziehung, Kontokorrentkredit
overdraft fee Überziehungsprovision
overdraft loan Überziehungskredit
overdue notleidend
overdue account receivable überfälliges Debitorenkonto, überfällige Forderung
overdue/delinquent tax rückständige Steuer
overgearing Überschuldung, Gefährdung des Eigenkapitals
overhead absorption rate Gemeinkostenverrechnungssatz
overhead costs, underabsorbed/overabsorbed Gemeinkosten, Unterdeckung/Überdeckung
overlap Überlappung
overstatement zu hoch ausgewiesener Betrag
oversubscription Überzeichnung
over-the-counter business außerbörslicher Effektenhandel, Schaltergeschäft

overtime premium Überstundenprämie, -zuschlag
overvaluation, overestimate Überbewertung
owner Eigentümer
ownership Eigentum
own funds eigene Mittel

P

paid bezahlt
paid-in capital eingezahltes Kapital
paid-in share capital eingezahltes Aktienkapital
paid in surplus, capital surpluscapital reserves Kapitalrücklagen (gesetzliche) Rücklage aus Aufgeld (Agio) bei Aktienemissionen
paid-up capital voll eingezahltes Grund- oder Stammkapital
parent company Muttergesellschaft, Konzernobergesellschaft
parity Parität
participating preferred stock Vorzugsaktien, die neben einer Vorrechtsdividende Anspruch auf weitere Beteiligung am verbleibenden Gewinn haben
participating share dividendenberechtigte Aktie
participating unit Anteil an einem joint venture oder fund
participation in profits Gewinnbeteiligung
partner for tax purposes Mitunternehmer
partner, general Komplementär
partner, limited Kommanditist
partner, silent stiller Gesellschafter
partnership for tax purposes Mitunternehmerschaft
partnership, general offene Handelsgesellschaft (OHG)
partnership, limited Kommanditgesellschaft (KG)
partnership, silent stille Gesellschaft
partnership capital Gesellschaftskapital
parts, accessories and spare parts Zubehör und Ersatzteile
par value Nominalwert, Nennwert

par value shares/stock capital stock Aktien, die über einen bestimmten Nennbetrag lauten
pass title, to Eigentum übertragen
past due, overdue überfällig
patent infringement Patentverletzung
patent infringement suit Rechtsstreit wegen Patentverletzung
patent right Patentrecht
pattern Muster
payee Zahlungsempfänger
payment in kind Sachleistung
payment record Zahlungsweise
payments made Zahlungsausgang
payments received Zahlungseingang
payments to dependents Hinterbliebenenbezüge
payment terms Zahlungsbedingungen
pay-out Kapitalrückfluß, Auszahlung
pay rate Stundenlohnsatz
payroll Lohnliste, Lohnabrechnung
payroll account Lohnkonto
payroll deductions Gehaltsabzüge, einbehaltene Lohnsteuer und Sozialabgaben,
payroll register Lohnjournal
payroll taxes gesetzliche Sozialabgaben
pay slip Lohnstreifen
peak load Spitzenbelastung
penalty Verzugsstrafe
penalty for breach of contract Konventionalstrafe
pending contracts schwebende Geschäfte
pending transactions schwebende Geschäfte
pension accrual Pensionsrückstellung
pension appraisal/actuarial review Pensionsgutachten
pension liability Pensionsverpflichtung
pension obligation Pensionsverpflichtung
pension reserve Pensionsrückstellung
pension right Pensionsanwartschaft
per diem, per diem allowance pro Tag, Tagegeld, Tagesspesen
performance rating Leistungsbeurteilung, -bewertung
performance record Arbeitsnachweis
period Punkt; Zeitraum
permanent debt Dauerschuld

permanent establishment Betriebsstätte
permanent reduction/diminution in value dauernde Wertminderung
perpetual count of inventories permanente Inventur
perpetual inventory records laufende Inventuraufzeichnungen, permanente Bestandsfortschreibung
personal allowance persönliche Freibeträge
personal income tax Einkommensteuer
personal loan, advance Mitarbeiterdarlehen, Vorschuß
personal loan company, finance company Abzahlungs-Finanzierungsgesellschaft
personal property persönlichesEigentum
personnel costs Personalaufwand
personnel department Personalabteilung
personnel manager Personalchef
personnel records Personalakten
personnel, staff Personal
petty cash kleine Kasse, Handkasse
petty cash voucher Ausgabenbeleg für kleine Kasse
physical inventory count körperliche Bestandsaufnahme der Warenvorräte
piece Stück
piecework Akkordarbeit; Einzelakkord
piece work rate unveränderlicher Stücklohnfaktor
pilferage Bestandsverlust durch kleine Diebstähle
placing, placement Plazierung
plant and equipment Betriebseinrichtung
plant Betrieb, Fabrikanlage
plant expansion Betriebserweiterung
plant/factory site Fabrikgrundstück
plant in the process of construction im Bau befindliche Anlagen
plant maintenance engineer Betriebsingenieur
plant manager Betriebsleiter, Werksleiter
plant records Inventarbücher, Einzelkonten des Anlagevermögens
plant shut down, plant close down Betriebsstillegung
pledge Verpfändungsvertrag
pledged verpfändet
pledged asset durch Verpfändung belastetes Wirtschaftsgut

pledging and assigning of accounts receivable Verpfändung und Abtretung von Forderungen
point Punkt (bei Zahlen), Komma
policy Geschäftspolitik, -grundsatz
policy, insurance Versicherungspolice
pooling of interests Fusion; im Amerikanischen: Buchungsverfahren beim Zusammenschluß zweier oder mehrerer Unternehmen, bei dem die bisherigen Buchwerte der fusionierten Unternehmen fortgeführt werden, typisch unter Vermeidung des Ausweises eines »goodwill«
portfolio Portefeuille
position sheet Aufstellung der Devisenengagements
positive confirmation Saldenbestätigung, bei der die Rückantwort des Kunden erforderlich ist
post balance sheet event nachträgliches Ereignis nach dem Bilanzstichtag
posting, entering Verbuchung
posting to an account Verbuchung auf einem Konto
power of attorney Vollmacht
preauthorized payment method/direct debit Abbuchungsverfahren
predetermined cost vorkalkulierte Kosten
preemptive right, preemption rights Vorkaufsrecht, Bezugsrecht auf Aktien
preemptive shares Bezugsaktien, Vorzugsaktien
preferential creditors absonderungsberechtigte (Vorzugs-) Gläubiger
preferential rights Vorzugsrechte
preferred stock Vorzugsaktien
prefinancing Vorfinanzierung
preliminary work, preliminary audit, interim audit Vorprüfung, Zwischenprüfung
premium Aufgeld, Agio
premium on merger Verschmelzungsmehrwert
premium stock mit einem Agio abgegebene Aktie
prepaid expenses Rechnungsabgrenzungsposten, vorausbezahlte Aufwendungen
prepaid insurance premiums vorausbezahlte Versicherungsbeiträge

prepaid tax Vorsteuer
preparation of financial statements Bilanzaufstellung
prepayment Anzahlung, Vorauszahlung
presentation Ausweis, Vorlage
present value Gegenwartswert, Barwert
present value of annuity Gegenwartswert einer zukünftigen Rente, Rentenbarwert
price earnings ratio Kurs-Gewinn-Verhältnis
price level Preisniveau, Preisindex
price reduction Preisermäßigung, -rückgang
price variance Preisabweichung (in Kostenrechnung)
prime contractor Hauptlieferant
prime rate Leitzinssatz
principal and interest Kapital und Zinsen
principles of consolidation Konsolidierungsgrundsätze
procedure Verfahren
proceeds Einnahme, Erlös
process costing system Divisionsstufenkalkulation, -kostenrechnung
process engineer Betriebsorganisator, Verfahrensingenieur
processing costs Fertigungskosten
procurement Vermittlung, Beschaffung, Einkauf
production control Fertigungssteuerung
production cost Herstellkosten
production manager Betriebsleiter
production scheduling Fertigungsplanung
production under licence Lizenzfertigung
production unit Produktionsstätte; Produktionseinheit
production volume Produktionsvolumen
productivity Produktivität
professional fees Honorare
professional standards Berufsgrundsätze
profit Gewinn
profit and loss pooling, agreement to pool profits and losses Gewinngemeinschaft
profit and loss statement Gewinn- und Verlustrechnung, Erfolgsrechnung
profit and loss transfer agreement Gewinnabführungsvertrag, Ergebnisabführungsvertrag
profit available for distribution ausschüttungsfähiger Gewinn

profit before taxes Gewinn vor Ertrag-steuern
profit improvement Gewinnverbesserung
profit/loss from operations Betriebsergeb-nis
profit making, profit realization Gewinn-realisierung
profit margin Gewinnspanne
profit participating loan partiarisches Darlehen
profit participating loan partiarisches Darlehen
profit sharing Gewinnbeteiligung, Er-folgsbeteiligung
profitibility Rentabilität
profits and losses on sale of fixed assets Gewinne und Verluste aus dem Abgang von Gegenständen des Anlagevermö-gens
pro-forma invoice Proforma-Rechnung
progress billing Zwischenrechnung, Ab-rechnung nach Projektfortschritt
progressive tax progressive Steuer
project costs Projektkosten
project financing Projektfinanzierung
property account Anlagenkonto
property improvements Gebäudeeinrich-tungen und -ausstattung
property ledger Anlagenbuch
property, plant and equipment Anlagever-mögen
proportional tax proportionale Steuer
pro rata pro rata
protection of creditors Gläubigerschutz
provide for, to accrue for, to create an ac-crual eine Rückstellung bilden
provision Rückstellung
provision for income taxes Aufwand für Ertragsteuer
proxy Handlungsvollmacht
proxy statement Bevollmächtigung eines Dritten zur Abgabe einer Stimme in der Hauptversammlung
prudence Umsicht, Vorsicht
prudence concept Vorsichtsprinzip
public öffentlich
public accounting Wirtschaftsprüfung
public corporation Körperschaft des öf-fentlichen Rechts
public liability insurance Haftpflichtversi-cherung, Betriebshaftpflichtversiche-rung
public utility öffentlicher Versorgungsbe-trieb
publication Veröffentlichung
publish, to veröffentlichen
purchase commitment Kaufverpflichtung, Abnahmeverpflichtung
purchase cut-off periodengerechte Ab-grenzung der Einkaufsrechnungen
purchase investigation Sonderprüfung zu Übernahmezwecken
purchase journal, purchase register Ein-kaufsbuch
purchase on credit Zielkauf
purchase order Bestellung, Bestellschein
purchase price Kaufpreis
purchase requisition Bedarfsmeldung
purchasing agent Einkäufer
purchasing department Einkaufsabteilung
purpose of an enterprise Gegenstand eines Unternehmens
put option Andienungsrecht

Q

qualifiedminority interest Schachtelbeteili-gung
qualified opinion eingeschränkter Bestäti-gungsvermerk des Wirtschaftsprüfers
quantity rebate, volume rebate Mengen-rabatt
quick assets flüssige Mittel und Forde-rungen
quick current ratio Liquidität 1. Grades; Verhältnis der Barmittel und Forderun-gen zu den kurzfristigen Verbindlich-keiten
quota consolidation, pro rata consolida-tion Quotenkonsolidierung
quotation Kursnotiz
quotation (bid) Preisangabe, Kostenvor-anschlag (Börsennotierung)
quotation record Börsenkurstabelle
quoted flat ohne Zinsen notiert

R

random, at willkürlich (statistisch: nach der Zufallszahlenmethode)
ranking Rangfolge
rate of dividend Dividendensatz
rate setting, for a public utility Festsetzung der Abgabepreise bei Versorgungsbetrieben
rating Bewertungsstufe, Leistungsbewertung, Kreditwürdigkeitseinstufung
rating agency Analysten, die Kreditwürdigkeitsbeurteilungen abgeben
rationalization Rationalisierung
ratio Verhältniszahl
raw material supplies and purchased merchandise used Aufwendungen für Roh-, Hilfs- und Betriebsstoffe sowie für bezogene Waren
real earnings Realeinkommen
real estate Immobilien, Grundbesitz; Grundstücke und Gebäude
real estate investment trust Immobilienfonds
real estate levies Grundbesitzabgaben
real estate transfer tax, real estate acquisition tax Grunderwerbsteuer
realizable realisierbar
realization and liquidation statement (US) Konkursbilanz
realize, to realisieren
realized gain realisierter Gewinn
real property Grundvermögen
real property tax, real estate tax Grundsteuer
reappraisal, revaluation, reassessment Neubewertung
reassessment Neuveranlagung
rebate Rabatt
receipt Empfangsbestätigung, Quittung
receipt of merchandise Wareneingang
receivables Forderungen
receivership Konkursverwaltung
receiving Annahme, Warenannahme
recipient, payee Überweisungsempfänger
reclassification Umgruppierung
reconciliation Abstimmung
reconciling item Differenzposten in der Abstimmung
record Aufzeichnung, Akte

recourse claims Regreßansprüche
recourse Rückgriff, Regress
recovery of bad debts Eingang von bereits ausgebuchten/wertberichtigten Forderungen
recruiting expense Personalbeschaffungsaufwand
redeemable einlösbar, rückzahlbar
redemption Ablösung, Tilgung, Rückzahlung
redemption fund Tilgungsfonds
redemption rate Rückkaufskurs
red tape Bürokratismus
reduced tax rate ermäßigter Steuersatz
reducing balance (method of) depreciation progressive Abschreibung
reduction in profit Mindergewinn
reduction of share capital, capital reduction (US) Kapitalherabsetzung
redundancy fund Personalabfindungsfonds
redundancy payments, severance payments Entlassungsgelder
referencing, cross- Hinweis auf die Quelle einer Angabe, Rückverweisung
referencing Überprüfung von Berichtsdaten
refinancing Refinanzierung
refund Rückvergütung
regional customs office Hauptzollamt
regional tax office Oberfinanzdirektion (OFD)
register, to eintragen
registered branch eingetragene Zweigniederlassung
registered office Gesellschaftssitz
registrar Führer des Namensregisters der Aktionäre (US)
registration in the trade register Eintragung ins Handelsregister
registration statement Prospekt, der bei der Securities- and Exchange Commission (S.E.C.) bei Beantragung der Börsenzulassung von Wertpapieren einzureichen ist (US)
regular/normal depreciation planmäßige Abschreibung
regulated currencies nicht frei konvertierbare Devisen
reimbursement Erstattung

reinsurance Rückdeckungsversicherung, Rückversicherung
reinvestment Wiederanlage, Reinvestition
relating to other periods periodenfremd
release Freigabe, Entlastung; Veröffentlichung
release/disclosure of hidden reserves Aufdeckung stiller Reserven
remittance Überweisung
remittance advice Überweisungsanzeige
remuneration, employee compensation Entlohnung
renewal note prolongierter Wechsel
renewal of credit Kreditprolongation
rent paid in advance Mietvorauszahlung
rent, rental expense Mietaufwand
reorganization Neuordnung; Sanierung
reorganization tax law Umwandlungssteuergesetz
reorganize, to/to restructure umwandeln
repair and maintenance costs Instandhaltungskosten
repayment claim, refund claim Erstattungsanspruch
repayment mortgage Amortisationshypothek
replacement cost Wiederbeschaffungswert (derzeitige Einstandskosten für Handelsware und Rohmaterial, Herstellkosten für Halb- und Fertigware)
replacement value Wiederbeschaffungswert
replenishment Auffüllung
reporting Berichterstattung
reporting period Berichtszeitraum
reporting requirements Meldepflichten, Berichtspflichten
reporting standards Berichtsnormen
representation Erklärung
representation letter Vollständigkeitserklärung
representative, agent Vertreter
reproduction cost Wiederherstellungskosten (derzeitige Herstellungskosten für Halb- und Fertigware)
requisition Anforderung
research and development (R&D) Forschung und Entwicklung
reserve Rücklage

– **reserve for asset replacement** – Rücklage für Ersatzbeschaffung
– **stock appreciation reserve** – Preissteigerungsrücklage
– **reserve for foreign subsidiaries' losses** – Rücklage für Verluste ausländischer Tochtergesellschaften
reserve Wertberichtigung eines Vermögenswertes; Rückstellung; (zweckgebundene) Rücklage
reserve account Rücklage; Rückstellung
reserve for doubtful debts Wertberichtigung für zweifelhafte Forderungen
reserve for price increases Preissteigerungsrücklage
reserve for sinking fund Tilgungsrücklage
reserve for treasury stock Rücklage für eigene Anteile
reserve/provision for bad/doubtful debts Wertberichtigung auf zweifelhafte Forderungen, Delkredererückstellung
reserve/provision for contingencies Rücklage für Eventualverbindlichkeiten
reserve requirements Mindestreservevorschriften
reserve, free freie Rücklage
reserve, legal gesetzliche Rücklage
resident taxpayer Steuerinländer
residual cost Restbuchwert
residual value Merkposten, Restwert
resources Aktiva, Vermögenswerte; Resourcen
resources, financial verfügbare Geldmittel
resources, natural Bodenschätze
restore, to wiedereinspeichern; wiederherstellen
restrictive endorsement Indossament mit Weitergabeverbot
retail Einzelhandel, Handel
retail method of inventory pricing Bestandsermittlung durch retrograde Kalkulation von den Verkaufspreisen
retained earnings, earnings surplus unverteilter Reingewinn (als Bilanzposition i.R.: Gewinnrücklagen und Bilanzgewinn)
retainer fee Festhonorar
retention periods Aufbewahrungsfristen
retirement Stillegung von Anlagevermögen; Pensionierung

retirement benefits Altersversorgung und -unterstützung
retirement compensation Ruhegeld
retirement, early Vorruhestand
retroactive, retrospective rückwirkend
retroactive/retrospective balance sheet adjustment Bilanzberichtigung
retroactive/retrospective balance sheet change Bilanzänderung
return on investment Kapitalverzinsung; Reinertrag des angelegten Eigenkapitals
returns Ware, retournierte
returns and allowances Retouren und Nachlässe
revaluation Aufwertung
Revaluation Währungsaufwertung
revaluation of assets Aufwertung von Vermögenswerten durch Schätzung
revenues Einnahmen; Erträge, Umsatz
reversal of reserves Auflösung von bestehenden Reserven
reverse an accrual, to eine Rückstellung auflösen
reverse an entry, to eine Buchung stornieren
reverse a reserve, to eine Rücklage auflösen
review Überprüfung, Durchsicht
revocation Widerruf
revolving revolvierend
revolving credit revolvierender Kredit
revolving fund zweckbestimmter Fonds, dem Geld laufend entnommen und wieder zugeführt wird
right of first refusal Vorkaufsrecht
right of use, beneficial interest Nießbrauch
rightsizing Anpassung auf ein angemessenes Niveau
right to information Auskunftsrecht
risk capital Hafteinlage
roll forward Bestandsfortschreibung; Darlehensverlängerung; Fortschreibung
rollover credit Verlängerungskredit (i.d.R.: von vornherein vereinbart)
royalty Lizenzgebühr
ruling Verfügung
run Lauf, Durchlauf

S

safe deposit box Schließfach bei einer Bank
salaries and wages Gehälter und Löhne
salary Gehalt
sale of a business, disposal of an enterprise Betriebsveräußerung
sale of a division Teilbetriebsveräußerung
sale on credit Verkauf auf Ziel
sales Umsatzerlöse
sales agent Handelsvertreter
sales allowance Verkaufsrabatt
sales analysis Umsatzstatistik
sales backlog Auftragsbestand
sales branch Verkaufsniederlassung
sales commitment Lieferverpflichtung
sales cut-off periodengerechte Abgrenzung der Verkäufe
sales deductions Erlösschmälerungen
sales force Verkaufsaußendienst
sales invoice Verkaufsrechnung
sales ledger Umsatzkonto, Umsatzbuch
sales manager Verkaufsleiter
sales of merchandise Umsatz an Handelswaren
sales order Verkaufsauftrag
sales price Abgabepreis, Verkaufspreis
sales promotion Verkaufsförderung
sales register Verkaufsjournal
sales returns Rücksendungen, Retouren
sales stock Vertriebslagerbestände
sales subject to taxation steuerbarer Umsatz
salvage value Schrottwert, Bergungswert
sample Gebrauchsmuster; Stichprobe
satisfaction vergleichsweise Erfüllung einer
savings bank Sparkasse
savings certificate Wertpapier für eine Spareinlage
savings deposit Spareinlage
schedule Tabelle, Verzeichnis, Aufstellung
scheduling Planung
scope of application Anwendungsbereich
scope of audit Prüfungsumfang
scrap value Schrottwert
scrip Interimschein, Berechtigungsschein
seat/place of management Geschäftssitz, Ort der Geschäftsleitung

secondary liability Mithaftungsschuld
secured gesichert, besichert
secured trust bonds gesicherte Schuldverschreibungen
securities Wertpapiere, Effekten
**Securities and Exchange Commission
(SEC)** (amerikanische) Börsenaufsichtsbehörde
securities dealer Börsenhändler
securities in default Wertpapiere, für die
Zins- oder Dividenden-Zahlungen ein-
gestellt wurden
securities, inventory of Zählung von
Wertpapieren
security Sicherheit, Kaution
security clause Sicherheitsklausel
security transaction tax Wertpapiersteuer
segmental reporting Darstellung bestimmter Daten nach Geschäftsberei-
chen
segment of business, division Geschäftsbereich
segregated assets abgesonderte Vermögenswerte
self assessment Selbstveranlagung
self-insurance reserve Rücklage für
Selbstversicherung
selling expenses Vertriebskosten, Verkaufskosten
semi variable cost Sprungfixekosten
seniority höheres Dienstalter; Vorrang
sense, to abfühlen, abtasten
sensitivity analysis Sensitivitätsanalyse
separate return (married) getrennte Steuererklärung
service bureau (EDP) EDV-Buchführung
außer Haus
service fee Gebühr für Dienstleistungen
settlement Übereinkommen; Liquidierung; Abrechnung
settlement day Abrechnungstag
set-up time Einrichtungszeit (bei Maschinen), Rüstzeit
share Aktie, Anteil
share capital Stammkapital
share certificate Aktie (Zertifikat)
shareholder Aktionär, Anteilseigner
shareholders' equity Reinvermögen der
Gesellschafter; Eigenkapital
shareholders' loan Gesellschafterdarlehen

shareholders' meeting Hauptversammlung, Gesellschafterversammlung
shareholding Anteilsbesitz
share index Aktienindex
share of capital Kapitalanteil
share valuation Anteilsbewertung
shell company Firmenmantel
shift Verschiebung, Stellenversetzung,
Schicht
shipment Lieferung
shipping Versand
shipping department Versandabteilung
shipping order Versandauftrag
shipping ticket Versandschein, Lieferschein
shortfall Ausfall
short sale Leerverkauf
**short-term debts (UK), short-term recei-
vables (US)** kurzfristige Forderungen
short-term investments Wertpapiere des
Umlaufvermögens
short-term liability kurzfristige Verbindlichkeit
showing a deficit Verlustausweis
sight test Prüfung »auf Sicht«
signature authorization Zeichnungsberechtigung
significant post balance sheet date events
Vorgänge von besonderer Bedeutung
nach Abschluß des Geschäftsjahres
silent partner still Beteiligter, stiller Gesellschafter
silent partnership stille Beteiligung, stille
Gesellschaft
single-entry bookkeeping einfache Buchführung
sinking fund Tilgungsfonds
size criteria Größenkriterien
slow-moving inventory items schwer gän-
gige Vorräte, »Ladenhüter«
slump Preissturz, Baisse
small business mittelständische Industrie
social facilities soziale Einrichtungen
social security expenses/dues/expenses soziale (gesetzliche) Aufwendungen
sole proprietorship Einzelunternehmen
sole trader/proprietor Einzelkaufmann
solvency Solvenz
source of funds Mittelherkunft
special audit Sonderprüfung

special charges außerordentliche Aufwendungen, die in der Ertragsrechnung nach dem Jahresergebnis angeführt sind (US); Sonderposten

special credits außerordentliche Erträge, die in der Ertragsrechnung nach dem Jahresergebnis angeführt sind (US); Sonderposten

special depreciation allowance,accelerated depreciation Sonderabschreibung

special drawing rights Sonderziehungsrechte

special expenses Sonderausgaben

special item Sonderposten (entweder: special charge oder special credit – s.o.)

special tax Sondersteuer

specification Spezifizierung

specimen signature Unterschriftsprobe

speculative transaction Spekulationsgeschäft

split tax rate gespaltener Steuersatz

splitting up of a business Betriebsaufspaltung

spoilage Ausschuß

spot exchange transactions Devisenkassahandel

spot rate Devisenkassakurs, Kassakurs

spread Marge

spreadsheet Verteilungsbogen

staff schedule Stellenbesetzungsplan

stage of completion Abrechnung nach Auftragsfortschritt

stamp tax, stamp duty Stempelsteuer

standard cost (accounting) system Standardkostenrechnung (auf Basis optimaler Vollkosten), Plankostenrechnung

standard price Einheitspreis, Standardpreis

stand by fee Bereitstellungsgebühr

standing credit Kredit, laufender

starting pay/salary Anfangsgehalt

start-up and business expansion expenses Aufwendungen für die Ingangsetzung und Erweiterung des Geschäftsbetriebs

start-up costs Ingangsetzungskosten

start-up expenses Organisationskosten (Aufwendungen für Gründung und Ingangsetzung)

start-up losses Anlaufverluste

stated liabilities in der Bilanz ausgewiesene Verbindlichkeiten

statement Aufstellung

statement of account Kontoauszug

statement of affairs (UK) Konkursbilanz

statement of changes in financial position Kapitalflußrechnung, Mittelherkunfts- und Verwendungsrechnung, Bewegungsbilanz

statement of earnings surplus Aufstellung der Jahresbewegung des Bilanzgewinns einschl. der offenen Rücklagen (USA); Gewinnvortragsrechnung

statement of income Gewinn- und Verlustrechnung, Ertragsrechnung

statement of source and application of funds Mittelherkunfts- und Verwendungsrechnung (alte Bezeichnung), Kapitalflußrechnung

statutory (legal) audit requirement gesetzliche Prüfungspflicht

statutory limitation period Verjährungsfrist

statutory provisions Satzungsbestimmungen

statutory reserve, minimum reserve Mindestreserve, satzungsgemäße Rücklage

statutory tax rate Tarifbelastung

sterling area Sterling Block

stipulation Vereinbarung; Klausel

stock Aktie; Lager

stockbroker Makler

stockbroking Aktienhandel

stock certificate Aktie (Zertifikat)

stock dividend Gratisaktie, Stockdividende

stock exchange Aktienbörse

stock exchange transaction tax, share transfer tax Börsenumsatzsteuer

stockholder Aktionär

stockholders' equity Reinvermögen der Gesellschafter: Eigenkapital

stockholders' meeting Hauptversammlung

stock issued to employees an Betriebsangehörige ausgegebene Aktie

stock option Bezugsrecht auf Aktien

stock premium Aktienagio

stock price Aktienkurs

stock record Lagerkarte

stock status report Lagerbestandsbericht
stocktaking (UK) Inventur durch körperliche Bestandsaufnahme
stop payment order Schecksperre
stopped account gesperrtes Guthaben, Sperrkonto
straight-line depreciation lineare Abschreibung
stub period Rumpfgeschäftsjahr
subassembly Teilmontage
subcontractor Unterlieferant, Subunternehmer
subject to limited taxation, limited tax liability beschränkte Steuerpflicht
subject to unlimited taxation, unlimited tax liability unbeschränkt steuerpflichtig, unbeschränkte Steuerpflicht
subordinated creditor ein im Range nachstehender Gläubiger
subordination Rangrücktrittserklärung
subscribed capital stock ausstehende Einlagen auf das Grundkapital
subscriber (of shares) Zeichner (von Aktien)
subscription Zeichnung von Aktien oder Schuldverschreibungen
subscription right Bezugsrecht
subscriptions Zeitschriftenabonnement
subsequent payments (receipts) die nach einem Stichtag erfolgten Zahlungen (Zahlungseingänge)
subsequent transactions nach einem Stichtag erfolgende Transaktionen
subsidiary company Tochtergesellschaft (über 50%)
subsidiary company, wholly-owned Tochtergesellschaft (100%)
subsidiary ledger Unterkonten zu einem Hauptbuchkonto, z.B.: Kontokorrentkonten
subsidy Zuschuß
subsistence level Existenzminimum
substantial investment wesentliche Beteiligung
substantive testing Belegprüfung
subtotal Zwischensumme
sue, to verklagen
suit, to file a Klage, eine Klage erheben
sum-of-the-digits method of depreciation digitale Abschreibungsmethode

sundry sonstige
supersede, to überholen, durch verbesserte Neuauflage ersetzen
supervisory board, non executive directors Aufsichtsrat
supplementary tax Ergänzungsabgabe, Zusatzsteuer
supplier Lieferant
suppliers with debit balances debitorische Kreditoren
supplies Hilfs- und Betriebsstoffe
support, subsidy, welfare benefits Unterstützung
supporting details zugrundeliegende Einzelheiten
supreme tax court Bundesfinanzhof (BFH)
surplus, excess Überschuß
surplus/profit after taxes versteuerte Rücklage
survey Analyse eines Sachgebietes, Befragung
suspense account Zwischen- oder Haltekonto
swaps transaction Swap-Geschäft
syndicate Übernahme-, Anleihe-) Konsortium, Verband; Syndikat, Interessengemeinschaft
syndicate business Konsortialgeschäft
syndicate member Konsortialbank

T

tag Kennzeichen; Zettel
take inventory, to Bestand aufnehmen
take-over Übernahme der Geschäftsführung/Aktienmajorität
tally sheet Inventuraufnahmeblatt
tangible fixed assets Sachanlagevermögen
tariff reduction Zollsenkung
tariff Zolltarif
tax Steuer, Abgabe
taxable, subject to taxation steuerbar
taxable income zu versteuerndes Einkommen, steuerpflichtiges Einkommen
tax accrual Steuerrückstellung
tax advantage Steuervorteil

tax advisory law Steuerberatungsgesetz
tax agent, revenue agent Steuerbeamter
tax allowed reserve, tax free reserve steuerfreie Rücklage
tax assessment Steuerfestsetzung, Steuerveranlagung
tax assessment basis Steuerbemessungsgrundlage
tax assessment notice Steuerbescheid
 – **legally effective tax assessment notice** – rechtskräftiger Steuerbescheid
tax at source Quellensteuer
tax audit Betriebsprüfung, steuerliche Außenprüfung
tax auditor Betriebsprüfer
tax authority Steuerbehörde, Finanzbehörde
tax avoidance, tax evasion Steuerumgehung
tax balance sheet Steuerbilanz
tax benefit, tax concession Steuervergünstigung
tax bracket Steuerstufe
tax burden on (dividend) distribution Ausschüttungsbelastung
tax burden Steuerbelastung, Steuerlast
tax claim Steuerforderung, Steueranspruch
tax class Steuerklasse
tax committee Steuerausschuß
tax computation Steuerberechnung
tax confidentiality Steuergeheimnis
tax consultant, tax advisor Steuerberater
tax court Steuergericht
tax credit Steueranrechnung
 – **indirect tax credit** – indirekte Steueranrechnung
 – **limitation for tax credit** – Höchstgrenze für Steueranrechnung
 – **deemed tax credit** – fiktive Steuerrechnung
tax credit system, imputation system Steueranrechnungsverfahren
tax crime Steuerstraftat
(tax) deductible expenses abzugsfähige Betriebsausgaben
tax deferral Steueraufschub
tax deficit Steuerausfall
tax department Steuerabteilung
tax due Steuerschuld

tax estimation Steuerschätzung
tax evasion Steuerflucht
tax exempt steuerfrei
tax exempt amount Steuerfreibetrag
tax exempt income steuerfreie Einnahme/Einkünfte
tax exemption Steuerbefreiung
tax exemption limit Steuerfreigrenze
tax form Steuervordruck
tax free income steuerfreie Einkünfte
tax haven Steueroase
tax incentive steuerliche Förderungsmaßnahme
tax investigation Steuerfahndung
tax journal Steuerzeitschrift
tax law Steuerrecht
tax law, revenue code (US) Steuergesetz
tax legislation Steuergesetzgebung
tax loss carry-forward steuerlicher Verlustvortrag
tax object Steuerobjekt
tax office, finance office Finanzamt
tax office reference number, taxpayer's identification number Steuernummer
tax on dividends Ausschüttungsbelastung
tax on gifts, gift tax
tax on liqueur Branntweinsteuer
tax on promissory notes Wechselsteuer
tax payer's rights Rechtsmittel eines Steuerpflichtigen
tax payment date Steuertermin
tax penalty Steuerstrafe, Strafsteuer
tax planning Steuerplanung
tax prepayment Steuervorauszahlung
tax privileged steuerbegünstigt
tax rate Steuersatz
tax reduction Steuerermäßigung
tax refund claim Steuerrückvergütungsanspruch
tax refund Steuererstattung, Steuerrückvergütung
tax regulations Steuerrichtlinien
tax relief Steuererleichterung
tax return Steuererklärung
 – **to file a tax return** Steuererklärung abgeben
tax revenue Steuerertrag, Steueraufkommen
tax revenues Steuereinnahmen
tax ruling Steuererlaß (-vorschrift)

tax saving Steuerersparnis
tax shelter company Abschreibungsgesellschaft
tax subject Steuersubjekt
tax table Steuertabelle
tax withheld at source, withholding tax
Quellensteuer
tax withholding Steuereinbehalt
tax withholding at source, tax deduction at
source Steuerabzug an der Quelle
tax year, fiscal year Steuerjahr
taxation, assessment Besteuerung
taxation at flat rates Pauschalbesteuerung
taxation at source –Quellenbesteuerung
taxation using income averaging Durchschnittsbesteuerung
taxpayer Steuerzahler
teller Bankkassierer
termination of a business Betriebsauf-
gabe/Geschäftsaufgabe
termination payment Abfindung
term of lease Leasingdauer
terms Bedingungen
terms of notice Kündigungsfrist
terms of payment Zahlungsziel
terms of sale Verkaufsbedingungen
test Stichprobe, Test
test basis, on a Prüfung auf Stichprobenbasis,
test count stichprobenweise Zählung
third party work/third party service
Fremdleistung
tick mark Prüfungszeichen, Haken
tie in, to abstimmen
time and motion study Zeit- und Bewegungsstudien, Arbeitsstudien
time card Anwesenheitskarte
time deposit, fixed deposit Termineinlage,
Festgeld
time keeping Zeitkontrolle
time schedule Zeittabelle, Fristenübersicht
tobacco tax Tabaksteuer
tolling Lohnverarbeitung
tools Handwerkzeuge
tools and dies Hand- und Maschinen-
werkzeuge
tort unerlaubte Handlung
total Summe, Betrag

total operating expenses Betriebsaufwendungen, insgesamt
trace to, to zurückverfolgen auf
trade Handel
trade credit on goods Warenkredit
trade-in, to eintauschen, in Zahlung
geben
trade-in allowance Gegenwert für in
Tausch gegebenes Wirtschaftsgut
trade margin Handelsspanne
trademark Warenzeichen, Markenzeichen, Marke
trade or business income gewerbliche Einkünfte
trade register Handelsregister
trade union Gewerkschaft
trading capital, capital for trade tax pur-
poses Gewerbekapital
trading company Handelsgesellschaft
trading forward, trading in futures Börsentermingeschäft
trading profit Gewerbeertrag
trading stock Warenbestände
trading year (UK) Geschäftsjahr
traffic and shipping Transport und Versand
transaction taxes Verkehrsteuern
transaction Umsatz; Abschluß; Transaktion
transfer Überweisung; Umbuchung;
Übertragung
transfer agent Bank oder »Trust Company«, die für die Neuausstellung der
Zertifikate über erworbene Aktien zu-
ständig ist (US)
transfer gain Übertragungsgewinn, Überführungsgewinn
transfer of business Geschäftsübertragung
transfer order Überweisungsauftrag
transfer prices Verrechnungspreise
transferred costs anteilige Kosten
transitional provision Übergangsregelung
translation Übersetzung, Währungsumrechnung
translation, of foreign currency, financial
statements into local currency Währungsumrechnung im Jahresabschluß
transportation tax Beförderungssteuer
travel expenses Reisekosten
treasurer Finanzdirektor

treasury bonds öffentliche Rentenpapiere
treasury note Schatzanweisung
treasury shares, treasury stock eigene Aktien
trial balance Saldenbilanz
trust Kartell
trustee Vermögensverwalter, Treuhänder
turnkey projekt Projekt mit vereinbarter schlüsselfertiger Leistung
turnover Umsatz
 – **taxable turnover** – steuerbarer Umsatz
 – **tax exempt turnover** – steuerfreier Umsatz
 – **turnover subject to taxation** – steuerpflichtiger Umsatz
turnover rebate Umsatzboni
turnover tax Umsatzsteuer

U

ultra vires clause Satzungsklausel einer Kapitalgesellschaft, die über den Geschäftsgegenstand hinausgehende Geschäftsvorfälle deckt
umbrella agreement Manteltarifvertrag
unallocated overhead nicht umgelegte Gemeinkosten
unclaimed dividends nicht geltendgemachte Dividendenansprüche
uncollectible accounts, bad debts uneinbringliche Forderungen
underlying data zugrundeliegende Angaben
undervaluation Unterbewertung
underwriters Garantiesyndikat bei Wertpapieremissionen; Emissionskonsortium
unearned noch nicht verdient, unverdient
unemployed, jobless arbeitslos
unemployment insurance Arbeitslosenversicherung
unexpired noch nicht abgelaufen
uniform control einheitliche Leitung

unincorporated association nicht rechtsfähiger/eingetragener Verein
union agreement Gewerkschaftstarifvertrag
union dues Gewerkschaftsbeiträge
unissued share Aktie, noch nicht ausgegebene
unit Einheit; Stück
unit cost Stückkosten
unit-of-production depreciation method Abschreibung auf Basis von Produktionseinheiten als Maßstab der Gesamtlebensdauer eines Wirtschaftsgutes
unit price Stückpreis
unlisted shares nicht an der Börse eingeführte Aktien
unpaid note/bill nicht eingelöster Wechsel
unrealized currency gains or losses unrealisierte Währungsgewinne oder -verluste aus der Bewertung von Devisenpositionen)
unrealized gain nicht realisierter Gewinn
unrealized loss nicht realisierter Verlust
unreconciled (amount) Abstimmungsdifferenz; nicht stimmend
unrecorded liabilities unverbuchte Verbindlichkeiten
unrecovered cost Restwert
unredeemed coupons noch nicht eingelöste Kupons
unsecured credit Blankokredit
unsecured creditors ungesicherte/unbesicherte Gläubiger, Konkursgläubiger
unsecured debts ungesicherte Forderungen
unsecured liability ungesicherte Verbindlichkeiten
unsecured loans ungesicherte Darlehen
upward trend steigende Tendenz, positiver Trend
usage variance Verbrauchsabweichung (in Kostenrechnung)
useful life Nutzungsdauer
utility expenses Aufwand für Strom, Gas, Wasser
utilization Inanspruchnahme

V

vacation/holiday pay Urlaubsgeld
validation check Gültigkeitsprüfung
valid wirksam, gültig, rechtskräftig
valuation Bewertung, Wertansatz
valuation adjustment Bewertungsabschlag
valuation appraisal Bewertungsgutachten
valuation law Bewertungsgesetz
valuation method Bewertungsmethode
valuation option Bewertungswahlrecht
valuation privilege Bewertungsfreiheit
valuation reserve Wertberichtigung
valuation rules Bewertungsvorschriften
valuation study, appraisal Bewertungsgutachten
valuation study using the net asset value method Bewertungsgutachten nach dem Substanzwertverfahren
valuation using the earnings method Bewertungsgutachten nach dem Ertragswertverfahren
value Wert
value added tax Mehrwertsteuer
value added tax on imports Einfuhrumsatzsteuer
value fluctuations Wertschwankungen
value, to valutieren, schätzen
variable cost veränderliche/variable Kosten
variance Abweichung
vault Tresor
vendor Verkäufer
venture capital Wagniskapital, Risikokapital
venture Unternehmen
verification Bestätigung, Beglaubigung
vertical integration vertikaler Zusammenschluß; Fusion
vice (UK)/deputy (US) chairman of the board stellvertretender Vorstandsvorsitzender
vice (UK)/deputy (US) chairman of the supervisory board stellvertretender Aufsichtsratsvorsitzender
volume discount Mengenrabatt
voting power, voting right Stimmrecht
voting shares stimmberechtigte Aktien
voucher Beleg

W

wage arbitration Schlichtung im Lohnstreit
wage negotiations Lohnverhandlungen
wages and salaries Löhne und Gehälter
wage tax Lohnsteuer
wage tax audit Lohnsteueraußenprüfung
wage tax card Lohnsteuerkarte
wage tax withheld einbehaltene Lohnsteuer
waive a claim, to auf einen Anspruch verzichten
waiver of receivable Forderungsverzicht
warehouse Warenlager
warehouse charges/storage charges Lagergebühren
warehouse receipt Lagerschein
warrantee Sicherheitsnehmer
warrantor Sicherheitsgeber
warrants Optionsscheine
warranty Gewährleistung
warranty claims Gewährleistungsansprüche
warranty obligations, guarantee obligations Gewährleistungsverpflichtungen
waste Abfall, Ausschuß
wasting asset kurzfristig abnutzbares Wirtschaftsgut
wear and tear Abnutzung
wear and tear allowance Absetzung wegen Substanzverringerung
weighted average cost of capital gewichtete durchschnittliche Finanzkosten oder Kapitalkosten
wholesale Großhandel
windfall profit unerwarteter Gewinn
window dressing Bilanzfrisur
withdrawal Abhebung; Entnahme; Austritt; Zurückziehung
withholding tax, tax at source Abzugsteuer
without consideration, free of charge unentgeltlich
worker Arbeiter
working capital kurzfristiges Betriebskapital (Umlaufvermögen abz. kurzfristiger Verbindlichkeiten)
working capital loan Betriebsmittelkredit
working year Betriebsjahr

work in process, work in progress (UK)
  unfertige Erzeugnisse
work load Auslastung (der Kapazität)
works order Arbeitsauftrag
write-down Sonderabschreibung, Teilwertberichtigung von Anlagegütern
write-off Ausbuchung (typisch bei uneinbringlichen Forderungen)
write off, to abschreiben, ausbuchen
wrongful trading Bankrott, (illegales Weiterführen der Geschäfte trotz Insolvenz)

Y

year-end closing Jahresabschluß
year-to-date seit Jahresanfang
yield Ausbeute; Rendite

2. English-German Glossary
Electronic Data Processing
Terms (EDP)

2. Englisch-Deutsche Fachausdrücke
Elektronische Datenverarbeitung (EDV)

A

abend, abort Abbruch
- Termination of a computation process before its final conclusion (mostly through a programming error).
- Einen Prozeß vor der Vollendung beenden (meistens durch Programmfehler).

access Zugriff

access time Zugriffszeit
- The time required for a computer to locate data and move them into the central processing unit.
- Die Zeit, die ein Computer benötigt, um bestimmte Informationen in einem Datenspeicher zu finden und in die Zentraleinheit zu übertragen.

accessories Zubehör

accumulator Akkumulator
- A register, in which the result of an operation is performed.
- Rechenwerksregister, in dem das Ergebnis arithmetischer Operationen gebildet wird.

acoustic memory akustischer Speicher

ADA ADA
- High-level computer language (3rd generation) which was developed by order of the US-defense department. ADA is aimed to produce efficient programs for all size computers of different vendors and to achieve a minimum of future program maintenance.
- Programmiersprache der 3. Generation, die im Auftrag vom US-Verteidigungsministerium entwickelt wurde. Ziel von ADA ist die Erstellung effizienter Programme für Rechner aller Größenklassen und Hersteller mit minimalem Aufwand an späterer Programmwartung.

adaptor Anpassungselement

address Adresse (Speicheradresse)
- The code used to designate a specific piece of data within the computer storage media.
- Code zur Kennzeichnung eines Spei-

cherplatzes oder eines zusammenhängenden Speicherbereiches innerhalb des Speichermediums.

address space Adreßraum
- The complete range of addresses that is available to a programmer. The addresses point to the memory space.
- Ein Bereich von Adressen, die einem Computerprogramm zugänglich sind. Die Adressen verweisen auf den Speicherraum.

addressable memory adressierbarer Speicher

aging Altersgliederung
- Identification of unprocessed or retained items in files according to their date, usually the transaction date. The aging classifies items according to various ranges of dates.
- Zuordnung der Einzelsätze eines Datenbestandes in unterschiedliche Altersgruppen; z. B. anhand des Rechnungsdatums offener Forderungen.

AI, 5th generation language, artificial intelligence KI, Programmiersprachen der 5. Generation, künstliche Intelligenz
- Computer languages with a degree of intelligence, so far only achieved by human beings. Features would be: sample recognition (optical and acoustical), contextual human speech communication, robot development, logical reasoning by programs, and mechanical learning. Examples are: LSP, SMALLTALK, PROLOG.
- Programmiersprachen mit bisher dem Mensch vorbehaltenen Intelligenzleistungen, z. B. Mustererkennung (optisch und akustisch). Inhaltsbezogene natürlichsprachliche Kommunikation, Entwicklung von Robotern, logische Beweisführung durch Programme und maschinelles Lernen. Beispiele sind: LISP, SMALLTALK, PROLOG.

ALGOL, Algorithmical Language
- acronym for ALGOrithmic Language. Early high-level computer language (3rd generation). For mathe-

matical-statistical purposes. Recently
has tended to be replaced by Pascal.
- Abkürzung für ALGOrithmic Language. Frühe Programmiersprache
der 3. Generation, speziell für mathematisch-statistische Zwecke konzipiert. Heute weitgehend durch Pascal
abgelöst.

alias Alias
- An alternate label used as synonym.
For example, a label and one or
more aliases may be used to refer to
the same data element or point in a
computer program.
- Eine Ersatzbezeichnung als Synonym; z. B. ein Label und ein oder
mehrere Alias können benutzt werden, um sich auf dasselbe Datenelement oder denselben Punkt in einem
Computerprogramm zu beziehen.

alphanumeric Alphanumerisch
- The character sets composed of letters, digits, or special characters.
- Daten bestehend aus Buchstaben,
Zahlen oder Sonderzeichen.

analog computer Analogrechner
- A device which performs computational functions by using a nondiscrete representation such as variations in voltage.
- Anlage, welche Berechnungen durchführt unter Zuhilfenahme von nicht
diskreten Darstellungen wie z. B.
Schwankungen in der Stromstärke.

anticipation Wahrscheinlichkeitsgrad
- The expectation of a given transaction or event at a particular time.
- Erwartung eines bestimmten Vorgangs oder Ereignisses zu einem bestimmten Zeitpunkt.

APL APL
- Acronym for A Programming Language. High-level computer language
(3rd generation) with a mathematical
focused, very compact notation.
- Abkürzung für A Programming Language. Programmiersprache der 3.
Generation mit mathematisch orientierter, sehr kompakter Schreibweise.

application software Anwendungssoftware
- A program written for or by a user
to apply to a specific business function, such as personnel/payroll, financial accounting, inventory management, etc.
- Software, die spezifisch für eine
bestimmte Unternehmensfunktion
geschrieben wurde, z. B. Lohn und
Gehalt, Finanzbuchhaltung, Materialwirtschaft.

approval Genehmigung
- The acceptance of a transaction for
processing after it is initiated.
- Freigabe eines erfaßten Geschäftsvorganges zur Weiterverarbeitung.

artificial intelligence, 5th generation language, AI Künstliche Intelligenz, KI,
Programmiersprachen der 5. Generation
- see AI

Assembler Assembler
- A computer program (2nd generation) depending on a machine that
accepts instructions in a symbolic
code and produces machine language
instructions. Generally, one machine
instruction is produced for each symbolic instruction.
- Maschinenabhängige Programmiersprache (2. Generation). Ein Übersetzer, der symbolische Ursprungsanweisungen in maschinell verarbeitbare Befehle umwandelt
(assembliert). Normalerweise wird
für jede Ursprungsanweisung ein
Maschinenbefehl erstellt.

audit trail lückenlose Prüfbarkeit
- The availability of a manual or machine-readable means for tracing the
status and contents of an individual
transaction record backwards or forwards and between output, processing, and source.
- Verfügbarkeit eines manuell oder maschinell durchführbaren Kontrollverfahrens, daß die Verarbeitungsstati
eines Geschäftsvorganges von der Er-

fassung bis zum Abschluß lückenlos abzustimmen ermöglicht.

authorization Vollmacht
– Limits the initiation of a transaction or performance of a process to selected individuals.
– Beschränkt die Auslösung oder Durchführung bestimmter Geschäftsvorgänge auf ausgewählte Personen.

automated error correction automatische Fehlerkorrektur
– Automatic error correction of transactions or records which violated a detective control.
– Automatische Fehlerkorrektur von Bewegungen oder Datensätzen, die bei einer Kontrolle festgestellt werden.

automatic control Gruppenkontrolle

automatic programming automatische Programmierung

B

backup Sicherung
– Files, equipment, and procedures that are available if the originals are destroyed or out of service.
– Dateien, Maschinen und Verarbeitungsverfahren, auf die bei Ausfall oder Zerstörung als Notorganisation zurückgegriffen werden kann.

balancing Abstimmsummen
– A test for equality between the values of two equivalent sets of items or one set of items and a control total. Any difference indicates an error.
– Abgleich der Informationen zweier Datenbestände auf Gleichheit bzw. der Akkumulationsergebnisse von Kontrollfeldern eines Datenbestandes mit vorgegebenen Kontrollsummen; jede Abweichung weist auf Fehler hin.

bar code scanner Strichcodeleser
– Input-device that can optically identify bar code information.

– Eingabegerät, das Strichcodes optisch erfassen kann.

BASIC BASIC
– Acronym for Beginners All-Purpose Symbolic Instruction Code. A high-level computer language (3rd generation) which was developed from FORTRAN. BASIC ist easy to learn as it is closely related to the English language.
– Abkürzung für Beginners All-Purpose Symbolic Instruction Code. Programmiersprache der 3. Generation, aus FORTRAN entwickelt und besonders leicht zu erlernen, da stark an die englische Sprache angelehnt.

batch balancing Stapelabstimmung
– A comparison of the items or documents actually processed against a predetermined control total.
– Ist der Vergleich von verarbeiteten Belegen oder Daten gegen eine vorher ermittelte Kontrollsumme.

batch processing Stapelverarbeitung
– An application system where transactions to be processed are collected into groups (= batches) and concentrated for processing into a brief time span.
– Ein System, in dem die zu verarbeitenden Daten zusammengefaßt und in Gruppen verarbeitet werden.

batch serial numbers (batch sequence) Stapelnummern
– Batches of transaction documents are numbered consecutively and accounted for.
– Stapelkontrollbelege werden fortlaufend numeriert und bei der Verarbeitung diesbezüglich geprüft.

batch totals (batch control) Stapelsummen
– Any type of control total or count applied to a specific number of transaction documents or to the transaction documents that arrive within a specific period of time.
– Jede Art von Kontrollsummen über eine bestimmte Anzahl oder in einer bestimmten Periode erfaßten Belege.

belt printer Typenbanddrucker
– Line printer with a horizontally circulating endless metallic belt containing all characters. At every print position a hammer strikes the belt onto
the paper when the right character
passes by.
– Zeilendrucker mit einem horizontal
umlaufenden endlosen Metallband
mit allen Typen. An jeder Schreibposition schlägt ein Hammer im Moment des Vorbeigleitens das Band
gegen das Papier.

binary binär
– A number system with a base (radix)
of two. The decimal number 39
would be represented as 100111.
– Ein auf der Bezugsbasis ›2‹ aufbauendes Nummernsystem. Der Dezimalzahl 39 entspricht 100111.

Binary Coded Decimal System (BCD)
Binär-codiertes Dezimalsystem (BCD)
– A method of representing the decimal digits by a four-digit binary
code. For example, the decimal number 39 would be represented as
00111001 in BCD, but would be
100111 in pure binary.
– Methode der Darstellung einer Dezimalzahl durch Verschlüsselung jeder
Ziffer durch einen vierstelligen Binärcode, z. B. die Dezimalzahl 39 würde
binär als 00111001 dargestellt: in
reinem Binär würde 39 als 100111
dargestellt.

bit Bit, Binärzahl
– An on- or off state in storage representing a binary digit of 0 or 1.
– Status eines elektromagnetischen
Speichers zur Darstellung der binär
möglichen Zustände 0 oder 1 bzw. an
oder aus.

blank character Leerzeichen, Leerstelle
block Block
– A set of data transferred as a unit
between components of a computer
system. A block may include one or
more records.
– Ist eine Gruppe von Daten, die zwischen den verschiedenen Komponen-

ten des Computersystems bewegt
werden. Ein Block kann einen oder
mehrere Datensätze enthalten.

blocking factor Blockungsfaktor
– The number of records incorporated
into a single block.
– Anzahl der Datensätze, die in einem
einzelnen Block zusammengefaßt
werden.

bootstrap Bootstrap
– Short permanent resident program.
Its execution loads longer programs,
e. g. the operating system, into the
main storage.
– Kurzes Computerprogramm, das
permanent resident ist und dessen
Ausführung ein anderes größeres
Programm, z. B. Betriebssystem, in
den Speicher bringt.

Bottom-Up Bottom-Up
– A type of analysis, starting with the
lowest levels within a hierarchy or
structure and finishing it with the
highest level.
– Vorgehensweise, die mit der untersten
Ebene einer Struktur oder Hierarchie
beginnt und durch zunehmend höhere Ebenen bis zur Komponente der
obersten Ebene fortschreitet.

branch Branch
– A computer-language instruction
that may cause the computer to next
process an instruction other than
that which is immediately following
(i. e.: »branching«).
– Instruktion aus der Computersprache, die den Computer dazu
veranlaßt, einen Prozeß durchzuführen, der nicht in der logischen Folge
des Programms liegt. (also: »Abzweigung«)

buffer Zwischenspeicher
– Storage used to compensate for differences in the rates of transfer of
data or in the timing of transmission
of data from one device to another.
– Ist ein Speicher für den Ausgleich
der Übertragungsgeschwindigkeit
zwischen einzelnen Geräten des
Computersystems.

bug Fehler
– An inadvertent mistake in the logic of a computer program or in the wiring of a circuit.
– Fehler in der Programmlogik oder in der Elektronik eines Maschinenteils.

business graphics Geschäftsgrafik
– The graphical output of business figures (e. g. curves, pie and column charts).
– Die bildliche Darstellung von betriebswirtschaftlichem Zahlenmaterial (z. B. Kurven, Kuchen- und Balkendiagramme).

byte Byte
– A set of eight adjacent bits that can be used to represent one alphanumeric character or two decimal digits.
– Eine Byte besteht aus 8 Bits, die dazu benutzt werden, ein alphanumerisches Zeichen oder zwei Dezimalziffern darzustellen.

C

C C
– High-level computer language (3rd generation). C is closely connected to the UNIX operating system, which is itself almost completely written in C.
– Programmiersprache der 3. Generation. C ist eng mit dem Betriebssystem UNIX verknüpft, das selbst zu 90% in C geschrieben ist.

calculation Berechnung
– The performance of various mathematical operations yielding a numeric result.
– Durchführung der zur Ermittlung eines Rechenergebnisses erforderlichen mathematischen Operationen.

cancellation Stornierung
– Identifies transaction documents to prevent their further or repeated use.
– Kennzeichnung von Geschäftsvorgängen, die nicht weiter verarbeitet

werden sollen bzw. deren Bearbeitung abgebrochen werden soll.

cathode-ray tube (CRT) Bildschirm
– A device similar to a television screen upon which data can be displayed.
– Ein Gerät zur optischen Darstellung von Daten (wie ein Fernsehschirm).

CCITT CCITT
– International standards organization for telegraphy and telephony.
– Internationaler Normungsausschuß für Telegrafie und Telefonie.

central computer Zentralrechner

central processing unit Zentraleinheit
– The portion of a computer system that contains the circuits controlling the interpretation and execution of instructions. Abbreviation: CPU.
– Teil des Computers, der die Instruktion interpretiert und ausführt.

centralization zentrale Datenverarbeitung, Zentralisation
– Processing type where all DP-functions are performed by a central location or central computer.
– Verarbeitungsform, bei der alle DV-Funktionen von einer (zentralen) Stelle oder einem Zentralcomputer vorgenommen werden.

chain printer Kettendrucker
– Line printer like a belt printer, using print chains instead of print belts.
– Zeilendrucker wie ein Typenbanddrucker, der anstelle von Typenbändern Druckketten verwendet.

chained list gekettete Liste
– A list, in which the parts can be scattered, but each part having a pointer with which the next part can be located.
– Liste, in der die Gegenstände verstreut sein können, in der jedoch jeder einzelne Gegenstand einen Verweis enthält, mit der der nächste Gegenstand lokalisiert wird.

character Druckzeichen

character printer, serial printer Zeichendrucker, serieller Drucker
– Output-device, printing the charac-

ters one by one, similar to a typewriter.
– Ausgabegerät, bei dem die Zeichen
einzeln, wie bei einer Schreibmaschine, gedruckt werden.
check bit Prüfbit
– A binary check digit
– eine binäre Prüfziffer
check digit Prüfziffer
– A digit which is a function of the
other digits within a word or number
used for testing an accurate transcription.
– Prüfziffer, die für eine vorgegebene
Informationsverschlüsselung entsprechend eines bestimmten Algorithmus
ermittelt wird und dadurch später die
Überprüfung der einwandfreien
Übermittlung der Informationen ermöglicht.
check point Kontrollpunkt
– A point in time during processing
when a record is made of the status
of all the contents of the computer
registers and main storage so as to
minimize restart efforts should a failure subsequently occur.
– Zeitpunkt der Verarbeitung, zu dem
der Inhalt der Computerregister und
des Hauptspeichers aufgezeichnet
wird, um den Aufwand beim Wiederanlauf nach unplanmäßigen Verarbeitungsabbrüchen zu minimieren.
clearing account Abstimmkonto
– An amount which results from the
processing of independent items of
equivalent value. Net control value
should equal zero.
– Betragsfelder, welche als Ergebnis der
Verarbeitung unabhängiger Vorgänge
gleichen Wertes ermittelt werden.
Der Saldo der Kontrollfelder sollte
Null ergeben.
clearing position automatische Nullstellung
COBOL COBOL
– Acronym for Common Business-Oriented Language. A high-level com-
puter-source compiler language developed for common business

functions. Every COBOL source program has four segments: Identification, Environment, Data, Procedures.
The procedure statements resemble
English.
– Abkürzung für Common Business-
Oriented Language. COBOL zählt zu
den höheren Quellenumwandlungs-
programmen, die für die Lösung
wirtschaftlicher Aufgaben entwickelt
wurden. Jedes COBOL-Quellenprogramm hat vier Segmente: Identification, Environment, Data, Procedures.
Die Instruktionen ähneln der englischen Sprache.
code, to ein kodiertes Programm her-
stellen
coding Codierung
– Successive instructions which direct
the computer to perform a particular
process.
Instruktionen, die den Computer
veranlassen, eine bestimmte Verarbeitung durchzuführen.
– The recording of values or characters
having meanings which are not readily apparent.
Aufzeichnung von Werten oder Zeichen, deren Bedeutung nicht unmittelbar verständlich ist.
common carrier Datenübermittler
– In data processing, a company which
rents or leases transmission lines for
communication purposes such as
Western Union or AT&T.
– In der Datenverarbeitung sind Datenübermittler (Common Carriers)
Gesellschaften, die Fernsprechleitungen für Datenübertragungen
vermieten.
comparison Vergleich
– The examination of data by using
logical or conditional tests to determine or to identify similarities or differences.
– Logische oder konditionale Tests von
Daten auf Gleichheit oder Ungleichheit.
compatibility Kompatibilität
– A term indicating whether different

parts fit together, can communicate or function with each other. Compatibility can refer to: vendors, hardware, software, components, systems, etc.

– Ein Ausdruck dafür, ob verschiedene Teile zueinander passen bzw. miteinander kommunizieren können. Kompatibilität kann sich dabei beziehen auf: Hersteller, Hardware, Software, Komponenten, Systeme usw.

compile kompilieren
– The process of translating program statements expressed in a problem-oriented language into a computer-oriented language.
– Der Prozeß des Übersetzens von Anwendungen aus einer höheren Programmiersprache in das Äquivalent der Maschinensprache.

compiler Übersetzer
– A program that compiles object language instructions from source language statements.
– Ein Computerprogramm, das Quellenprogramminstruktionen in Objektprogramminstruktionen übersetzt.

completeness check Vollständigkeitskontrolle
– A test that data entries are made in fields which cannot be processed in a blank state.
– Ein Test, daß für alle zur Verarbeitung erforderlichen Felder ein gültiger Inhalt vorhanden ist.

computer Elektronenrechner
computer code Maschinensprache
– Computer language (1st generation) with all instructions written in binary code.
– Programmiersprache (1. Generation), in der alle Befehle im binären Code dargestellt sind.

computer graphics graphische Datenverarbeitung
– Techniques and applications to input, edit, or output pictures.
– Techniken und Anwendungen, bei

denen Bilder eingegeben, bearbeitet oder ausgegeben werden.

computer network Computer Netzwerk
– A complex consisting of computer procedures connected to each other.
– Ein Komplex, der aus zwei oder mehreren untereinander verbundenen Prozessoren besteht.

configuration Konfiguration
– In systems network architecture, the group of links, nodes, machine features, devices and programs that make up a data processing system, or a network.
– Zusammenstellung eines Computersystems oder eines Netzwerkes, definiert durch die Art, Anzahl und hauptsächlichen Merkmale seiner Funktionseinheiten.

console Bedienungspult, Steuerpult
control break Gruppenwechsel
control code Steuersymbol
control column Kontrollspalte
control counter Befehlszählregister
control panel Schalttafel
control program Kontrollprogramm
– see »operating system.«
– siehe Betriebssystem.

control register/batch control log Stapel/Kontroll-Protokoll
– A log or register indicating the disposition and control values of batches or transactions.
– Ein Protokoll zur Aufnahme von Stapel- oder Bewegungskontrollwerten.

control total Kontrollsumme
– Totals of homogeneous amounts for a group of transactions or records, usually dollars or quantities.
– Summierungsergebnis bestimmter Felder gleichartiger Bewegungen, z. B. Beträge oder Mengenangaben.

control unit Steuereinheit
controller Controller
– A component of the computer used for communication and control by the operator or maintenance engineers.
– Eine Einheit des Computers, die für

Kommunikation und Kontrollzwecke
der Bediener oder Wartungsingenieure benötigt wird.
core storage Speicher, Kernspeicher
counter Zähler
 – A component of a computer used to
store numbers which may be increased or decreased to affect the
process of counting.
 – Eine Komponente des Computers für
die Zählung von Verarbeitungsschritten.
CPU CPU
 – abbreviation for a Central Processing
Unit
 – Abkürzung des englischen Begriffes
für Zentraleinheit
cue Unterprogrammaufruf

D

daisy wheel printer Typenraddrucker
 – Mechanical character printer with
changeable daisy wheels for different
fonts.
 – Mechanischer Zeichendrucker mit
auswechselbaren Typenrädern für unterschiedliche Schriftarten.
data base Datenbank
 – An integrated file containing multiple record types or segments that
may be accessed in a nonsequential
manner.
 – Eine integrierte Datei, auf deren
Daten nach unterschiedlichen Kriterien zugegriffen werden kann.
data base administrator Datenbankadministrator
 – Person in charge for the implementation and maintenance of the data
bases on the computer.
 – Verantwortlicher für die Realisation
und Wartung der Datenbankkonzepte auf dem Rechner.
data base machine Datenbankmaschine
 – A computer especially designed with
the data base integrated in hard- and

software to improve performance
compared with conventional data
base systems.
 – Ein Rechner mit einer speziell für die
Datenbankverwaltung ausgelegten
Architektur (Hardware und Software), die das Laufverhalten gegenüber konventionellen Datenbanksystemen verbessert.
data definition language, DDL Datendefinitionssprache, DDL
 – Programming language, defining the
physical data structure with the help
of the logical data base structure.
 – Programmiersprache, mit der mittels
der logischen Datenbankstruktur die
physische Datenstruktur festgelegt
wird.
data manipulation language, DML Datenmanipulationssprache, DML
 – Programming language with which
data of a data base system can be
queried, inserted, changed, or erased.
 – Programmiersprache, mit der Daten
eines Datenbanksystems abgefragt,
eingefügt, geändert und gelöscht werden können.
data model Datenmodell
 – A logical model to represent the
structure of information using specific modelling techniques such as
the Entity Relationship Model or the
Vetter-Model.
 – Ein logisches Modell, das die Struktur von Informationen mit Hilfe spezieller Modellierungstechniken, wie
z. B. Entity Relationship Modell oder
Vetter-Modell, darstellt.
data processing Datenverarbeitung
data record Datensatz
data storage Datenspeicher
 – Storage of transactions or records so
that they may be retrieved upon request.
 – Speicherung von Daten für Abruf-
zwecke.
DATEX DATEX
 – Public digital dial network of the
German post for data transmission,
using the public circuit switched net-

work (DATEX-L) or using the public package switching system (DATEX-P).
- Öffentliches digitales Wählnetz der Deutschen Bundespost für die Datenübertragung mit Leitungsvermittlung (DATEX-L) oder mit Datenpaketvermittlung (DATEX-P).

dating Datumsspeicherung
- The recording of calendar dates for purposes of later comparison or expiration testing.
- Speicherung von Kalenderdaten für spätere Vergleichszwecke.

DDP, distributed data processing DDP, distribuierte Datenverarbeitung
- A combination of centralized and decentralized data processing.
- Eine Kombination von zentraler und dezentraler Datenverarbeitung.

debug Fehlersuche
- To identify and to eliminate faults in computer program logic.
- Fehlersuche in Computerprogrammen.

DL, data definition language DDL, Datendefinitionssprache
- see data definition language

decentralization Dezentralisation, dezentrale Datenverarbeitung
- Processing type where all DP-functions are performed at the location of the end-user.
- Verarbeitungsform, bei der alle DV-Funktionen möglichst nahe am Standort des Endbenutzers durchgeführt werden.

decision table Entscheidungstabelle
- A table listing all the conditions that may exist and the corresponding actions to be performed. It permits complex logic to be expressed in a concise format and may be used in lieu of flowcharts.
- Eine tabellarische Auflistung aller vorkommenden Bedingungen und entsprechend vorzunehmenden Aktivitäten. Damit ist es möglich, eine komplexe Logik einfach darzustellen.

Diese Methode kann an Stelle von Flußdiagrammen verwendet werden.

decode, to entschlüsseln

default option automatische Eingabe
- The automatic utilization of a predefined value in situations where input transactions have certain values left blank.
- Automatische Eingabe von vorher definierten Werten, wenn leere (blank) Eingabefelder vorhanden sind.

Desk-Top-Publishing, DTP Desk-Top-Publishing, DTP
- Integrated PC-system of word processing, business graphics, free graphics, layout and print functions to produce publications.
- Integrierte Form von Text-Verarbeitung, Geschäftsgrafik, freier Grafik, Layout und Druckfunktionen zur Produktion von Druckvorlagen auf einem PC.

development tools Entwicklungswerkzeuge
- DP-technical programs or utilities (e. g. editor and program generator) which are used in application development to speed, to simplify, to standardize the process and to obtain a higher quality of programs.
- Programme oder DV-technische Hilfsmittel (wie z. B. Editor, Programmgenerator), die benutzt werden, um den Anwendungsentwicklungsprozeß zu beschleunigen, zu vereinfachen, zu standardisieren und die Qualität der Programme zu erhöhen.

diagnostic routine Fehlersuchprogramm
- A computer program designed to test and diagnose defects in computer machinery or violations of source program conventions.
- Ein Computerprogramm, welches dazu verwendet wird, Fehler innerhalb der Datenverarbeitungsanlagen festzustellen.

digit selector Ziffernverteiler

digital computer digitale Rechenanlage

– A device that may be used to manipulate data expressed as discrete values. Contrast with analog computer.
– Eine Anlage zur Verarbeitung von diskreten Werten; steht im Gegensatz zu Analog-Computer.

direct access direkter Zugriff

discrepancy report Fehlerbericht
– A listing of items which have violated some detective control and require further investigation.
– Auflistung von festgestellten Abweichungen in der Verarbeitung, die nachgeprüft werden müssen.

disk file Plattendatei

disk storage Plattenspeicher

distributed data processing, DDP distribuierte Datenverarbeitung, DDP
– A combination of centralized and decentralized data processing.
– Eine Kombination von zentraler und dezentraler Datenverarbeitung.

DML, data manipulation language DML, Datenmanipulationssprache
– see data manipulation language

document control total Belegsumme
– A count of the number of individual documents entered or processed.
– Zählung eingegebener oder verarbeiteter Belege.

documentation Dokumentation
– Written records for the purpose of providing communication.
– Dokumentation von Vorgängen zwecks Kommunikation.

downtime Maschinenausfallzeit

DTP, Desk-Top-Publishing DTP, Desk-Top-Publishing
– see Desk-Top-Publishing

dual access/dual control Zweifachkontrolle
– Two independent, simultaneous actions or conditions required before processing is permitted.
– Zwei unabhängige gleichartige Handlungen oder Bedingungen, die Voraussetzung für die Freigabe zur Verarbeitung sind.

dual printing Zweifachschreibung

dump Kernspeicherausdruck

– A printed record of the contents of computer storage usually produced for diagnostic purposes.
– Ausdruck des Kernspeichers, wird zur Fehlersuche verwendet.

E

EBCDIC EBCDIC
– Abbreviation for extended binarycoded decimal interchange code. An 8-bit code used to represent up to 256 distinct characters and numerals.
– Abkürzung für extended binarycoded decimal interchange code. Ist ein 8-Bit-Code zur Darstellung von 256 Zeichen und Ziffern.

echo check Echo-Prüfung
– A test of the accuracy of data transfer by retransmitting the data received to their source and comparing them to the original.
– Prüfung der Richtigkeit von Datenübertragungen durch Rückübertragung der Daten und Vergleich mit dem Original.

edit Eingabe-/Ausgabeprüfung (Edit)
– A general control term that includes format check, completeness check, check digits, reasonableness tests, limit check, validity check, etc.
– Prüfung der Eingabe/Ausgabe auf Formalfehler

editing Druckaufbereitung
– Modification of the form or format of data, e. g. to insert or delete characters such as page numbers or decimal points.
– Aufbereitung des Druckbildes.

editor Editor
– A computer program which allows the user to enter, modify, delete, or rearrange data.
– Ein Computerprogramm, das dem Benutzer die Eingabe, Änderung, Löschung oder Neuordnung von Daten erlaubt.

electronic data processing (EDP) Elektronische Datenverarbeitung (EDV)

electrographic ink leitfähige Tinte

electronic data processing bureau Lohnarbeitsbetrieb für EDV

electronic data processing machines elektronische Datenverarbeitungsanlagen

emulator Emulator
- A hardware device that enables a computer to execute object language programs written for a different computer design/operating system.
- Ein Maschinenteil, das das Betriebssystem eines Anlagentyps nachbildet, damit Programme, die nicht für dieses Betriebssystem geeignet sind, verarbeitet werden können.

endorsement Belegkennzeichnung
- the marking of a form or document so as to direct or to restrict its further use in processing.
- Kennzeichnung eines Beleges, um künftige Verarbeitung oder Nicht-Verarbeitung zu veranlassen.

equipment check Anlagenkontrolle
- A control built in by the computer manufacturer to verify the accuracy of data transmitted, processed, or stored.
- Eingebaute Kontrolle der Funktionsfähigkeit der Anlage.

error checking Fehlerprüfung

error limit Fehlergrenze

error-source statistics Fehlerstatistik
- Accumulation of information on the type of error and origin.
- Zusammenstellung festgestellter Fehler nach ihrer Art und Herkunft.

exception input Ausnahmeeingabe
- Input transactions which specify processing with different values or in a different manner than the predefined routine.
- Eingabe, welche festgelegte Verarbeitungsfolge oder Verarbeitung verändert.

execution Verarbeitung
- The process of carrying out the instructions of a computer program.
- Prozeß der Ausführung einer Befehlsfolge eines Computerprogramms.

execution time Ausführungszeit
- Elapsed CPU-time, which is needed to execute a program.
- Die Zeit, die vom Prozessor benötigt wird für die Ausführung eines Programms.

expert system Expertensysteme
- Programs based upon knowledge which can reach or even exceed the problem solving capability of human experts within a well defined area of application. Expert systems are part of the artificial intelligence.
- Wissensbasierte Programme, die für einen abgegrenzten Anwendungsbereich die Problemlösungsfähigkeit menschlicher Experten erreichen oder sogar übertreffen. Expertensysteme sind Bestandteil der künstlichen Intelligenz.

expiration Datum, Verfalldatum
- A limit check based on a comparison of current date with the date recorded on a transaction, record, or file.
- Vergleich des Verarbeitungsdatums (Maschinendatum) mit Datum der Eingabe.

F

feed, to Daten eingeben
- To feed data into; to input

feedback Rückkopplung, Außenrücklauf

field Datenfeld
- An element of data within a record that constitutes an item of information. Example: name, account number, amount.
- Ein Element innerhalb eines Datensatzes: z. B. Name, Konto, Kontonummer, Wert.

5th generation language, artificial intelligence, AI Programmiersprachen der

5. Generation, Künstliche Intelligenz, KI
- see AI

file Datei
- A set of related data records.
- Eine Zusammenstellung von in Beziehung zueinander stehenden Daten.

file, to abstellen

file maintenance Dateiverwaltung
- Changing information in a file through addition, deletion, or replacement.
- Zugang/Änderung/Löschung von Daten auf der Datei.

file protect ring Schreibring
- A plastic ring that, when inserted in a recess on the back of a standard magnetic tape reel, depresses a switch on the tape drive to allow the drive to write upon that particular reel. No ring – no write.
- Schreibring zum Beschreiben von Banddateien – Fehlt der Schreibring, ist eine Beschreibung nicht möglich.

firmware Firmware
- Computer programs and data stored in parts of the storage, which cannot be dynamically changed during execution.
- Computerprogramme und Daten, die in Teile des Speichers geladen werden, die während der Verarbeitung nicht dynamisch verändert werden können.

fixed-length record Satzlänge, Datensatz mit fester
- A record that is the same size in all occurrences. Contrasts with variable-length record.
- Datensatz mit fester Satzlänge, im Gegensatz zu variabler Satzlänge.

flipflop Schaltkreis mit zwei stabilen Zuständen

floating point Gleitkomma
- Pertaining to a numeration system in which the position of the point does not remain fixed with respect to one end of the numerals. Used to express very large numbers accurately and efficiently.

- Zahlendarstellung, bei der die Position des Kommas nicht fest steht im Bezug auf die Größe der Zahl, sondern vor der höchstwertigen Stelle positioniert wird.

flowchart Flußdiagramm
- A diagram that presents through symbols and connecting lines either the logical structure of computer program or the sequence of processes in a system.
- Ein Diagramm zur Darstellung der logischen Struktur oder des Ablaufes der Verarbeitung mit Hilfe von Symbolen und Verbindungslinien.

format check Formatprüfung
- Determination that data are entered in the proper mode – numeric or alphanumeric – within designated fields of information.
- Formatprüfung der Eingabe (numerisch oder alphanumerisch).

FORTRAN FORTRAN
- Acronym for FORmula TRANslator. A high-level computer language (3rd generation). Used especially for solving numeric algorithms.
- Abkürzung für FORmula TRANslator. FORTRAN zählt zu den höheren Programmiersprachen (3. Generation) und seine Stärken liegen im Bereich numerischer Algorithmen.

4th generation language Programmiersprachen der 4. Generation
- Program systems for »individual data processing« with a great number of preprepared statements and an integrated, interactive development environment. Examples are: FOCUS, NATURAL, ADF.
- Programmsysteme zur »Individuellen Datenverarbeitung« mittels einer großen Zahl vorbereiteter Befehle und einer integrierten, interaktiven Entwicklungsumgebung. Beispiele sind: FOCUS, NATURAL, ADF.

EDP / EDV

G

general storage unit Hauptspeicher
generate, to generieren
- To produce machine language instructions from a set of user specifications.
- Erstellung von Maschineninstruktionen ausgehend von Anwenderbeschreibungen.

generator Generator
- A computer program designed to produce other programs. Based upon input parameters, a generator may apply decision criteria and produce a program suitable to the parameters.
- Ein Programm, das in einer bestimmten Programmiersprache abgefaßte Programme oder Folgen von Anweisungen oder Daten erzeugt.

group control change Gruppenwechsel

H

hard copy Liste
- Printed reports, listings, etc., produced by a computer on paper.
- Vom Drucker eines Computers erstellte Berichte auf Endlos-Papierbahnen.

hardware maschineller Teil eines Computers
- The machinery constituting a computer or peripheral devices, in contrast to programs (= software).
- Maschinelle Ausrüstung der Rechenanlage, im Gegensatz zu den Programmen (= software).

hierarchical data base model hierarchisches Datenbankmodell
- Logical data base structure formed like a tree. The relations between entries are unique.
- Logische Datenbankstruktur in Form eines Baumes. Es bestehen eindeutige Beziehungen zwischen den Eintragungen.

high-speed feed beschleunigte Zuführung
high-speed printer Schnelldrucker
housekeeping interne Systemsteuerung und -verwaltung
- Broadly pertaining to the general upkeep and maintenance activities within an information processing facility.
- Alle Aktivitäten der Steuerung und Verwaltung der internen Verarbeitungsprozesse.

I

identifier, label Identifikator, Label
- A character or group of characters used to identify or name an item of data (and possibly to indicate certain properties of that data).
- Ein Zeichen oder eine Gruppe von Zeichen, die benutzt werden, um ein Datenelement zu identifizieren oder zu benennen (und möglicherweise bestimmte Eigenschaften dieses Datenelementes anzuzeigen).

Impact-matrix printer Impact-Matrix-drucker
- Line printer with a dot-matrix for all characters within a print line.
- Zeilendrucker mit einer Matrix für alle Zeichen einer Druckzeile.

implementation Einführung
- The realization of a concept especially into hardware, software or into both.
- Die Realisierung einer Konzeption in konkreter Form, insbesondere in Form von Hardware, Software oder beidem.

initialize initialisieren
- The instructions that set various registers and addresses to zero or a specific starting value at the beginning or end of a processing routine.
- Instruktion, welche verschiedene Register und Adressen am Anfang oder am Ende der Verarbeitung auf

Null oder bestimmte Anfangswerte
setzt.
ink jet printer Tintenstrahldrucker
– Non-mechanical character printer,
which creates the characters by
shooting a controlled bundle of ink
drops from a matrix on to the paper.
– Nichtmechanischer Zeichendrucker,
bei dem die Zeichen mittels eines
kontrollierten Strahlenbündels von
Tintentröpfchen aus einer Matrix erzeugt werden.
input Eingabe
input verification Prüferfassung
– The redundant entry of data so as to
verify the accuracy of a prior entry.
Differences between the data previously recorded and the data entered
in verification will be highlighted.
– Zweifache Eingabe von Daten, um
die Vollständigkeit der ersten Eingabe zu überprüfen. Abweichungen
der zweiten Eingabe von der ersten
Eingabe werden angezeigt.
inquiry Abfrage
– A request to obtain information
without altering it.
– Abfrage einer Information, ohne
diese zu verändern.
instruction code Befehlscode
integrity Integrität
– The degree to which a computer system controls preservation of data or
program consistency for their intended purpose.
– Das Ausmaß, in dem Ausführungen
oder Modifikationen von Programmen oder Daten durch ein Computersystem kontrolliert oder konsistent
gehalten werden können.
interactive computer Dialogrechner
– Relating to an interactive system,
which provides interaction between
user and system similar to a human
dialogue.
– Sich auf ein interaktives System be-
ziehend, das die Interaktion zwischen
Benutzer und System, ähnlich dem
menschlichen Gespräch, vorsieht.
interblock gap Blockzwischenraum

– The space on a magnetic tape between the end of one block and the
beginning of another. Each gap will
be of a defined length according to
the tape drive so as to permit the
mechanism to stop, start, and regain
appropriate speed for processing.
– Raum zwischen zwei Blöcken auf
einer Banddatei. Jeder Blockzwischenraum hat eine definierte Länge,
damit der Bandantrieb für Start/
Stop-Vorgänge ausreichende Zeitin-
tervalle zur Verfügung hat.
interface Schnittstelle
– A shared boundary. An interface
might be a hardware component to
link two devices or it might be a portion of storage or registers accessed
by two or more computer programs.
– Ein gemeinsamer Berührungspunkt.
Eine Schnittstelle kann als Hardwarekomponente zwei Geräte verbinden oder sie kann Teil eines Speichers oder Registers sein, auf die von
zwei oder mehreren Computerprogrammen zugegriffen wird.
interpreter Interpretierer
– A program or execution modus that
translates and executes each source
language expression before translating and executing the next one.
– Ein Verarbeitungsmodus, in dem jede
Quellenanweisung eines Computerprogramms zuerst übersetzt und ausgeführt wird, bevor die nächste Anweisung übersetzt und ausgeführt
wird.
interrupt Programmunterbrechung
I/O Eingabe/Ausgabe (I/O)
– Abbreviation for input/output.
– I/O ist eine Abkürzung für Input/
Output (Eingabe/Ausgabe)
IOCS Eingabe/Ausgabe Steuerungssystem (IOCS)
– Abreviation for input/output control
system. A standard set of routines to
initiate and control the input and
output activities of a computer system.
– IOCS ist die Abkürzung für Input/

Output Control System (Eingabe/
Ausgabe
Steuerungssystem).

ISDN ISDN
- Integrated Services Digital Network.
Integration of postal network services in one digital network.
- Dienstintegrierendes digitales Nach-
richtennetz. Integration aller posta-
lischen Netzdienstleistungen in einem
digitalen Netz.

ISO-reference model ISO-Referenzmodell
- Acronym for International Standards
Organization. ISO norms are general
industry standards.
- Abkürzung für Internationale Stan-
dardisierungs-Organisation. ISO-
Normen sind allgemeine Industrie-
standards.

iteration, loop Iteration, Schleife
- The repeated execution of a loop or
series of steps, until a given condition
is fulfilled or while a given condition
remains fulfilled.
- Der Prozeß der wiederholten Ausführung einer gegebenen Folge von Anweisungen, bis eine gegebene Bedingung erfüllt ist oder während eine
gegebene Bedingung zutrifft.

J

joystick Steuerknüppel
- Manual input-device to control the
movements of the cursor according
to movements of the hand.
- Handeingabegerät, die die Positionsmarke (Cursor) entsprechend der
Handbewegung steuert.

K

key Schlüssel
- Identifying characters within a re-

cord used to locate it or to control
sorting.
- Zeichen innerhalb eines Datensatzes,
die dazu benutzt werden, den Datensatz zu finden oder den Datensatz zu
sortieren.

keyboard Tastatur, Tastenfeld
keyword Schlüsselwort
- An identifier that is part of the language and which, when used in the
proper context, has a specific meaning to the compiler.
- Reserviertes Wort in einer Programmiersprache, das, im richtigen Zusammenhang gebraucht, eine festgelegte Bedeutung für den Compiler
hat.

L

label, identifier Identifikator, Label
- A character or group of characters
used to identify or name an item of
data (and possibly to indicate certain
properties of that data).
- Ein Zeichen oder eine Gruppe von
Zeichen, die benutzt werden, um ein
Datenelement zu identifizieren oder
zu benennen (und möglicherweise
bestimmte Eigenschaften dieses Datenelementes anzuzeigen).

labeling Kennzeichnung
- The external or internal identification of transaction batches or files
according to source, application,
date, or other identifying characteristics.
- Ist ein externes oder internes Identi-
fikationsmerkmal von Stapeln, Dateien im Hinblick auf die Herkunft,
Verarbeitung, Datum oder andere
charakteristische Merkmale.

laser printer, page printer Laserdrucker,
Seitendrucker
- Output-device, printing a whole page
electrophotographically, similar to a
xerograph, on to the paper.

– Ausgabegerät, bei dem eine ganze Seite elektrofotografisch, ähnlich wie beim Fotokopierer, auf das Papier übertragen wird.

level Ebene
– The degree of subordination within a hierarchical structure.
– Der Grad der Unterordnung eines Gegenstandes in einer hierarchischen Anordnung.

library routine Bibliotheksprozedur
– A standard set of program instructions maintained in on-line storage that may be called up and processed by other programs.
– Eine Zusammenstellung von standardisierten Programminstruktionen, die online gespeichert werden, und von anderen Programmen aufgerufen und verarbeitet werden können.

light pen Lichtgriffel
– Light-sensitive pen to mark certain points or areas on the screen.
– Lichtempfindlicher Stift, mit dem von Hand auf dem Bildschirm bestimmte Punkte oder Flächen markiert werden können.

limit check, range check Grenzwertprüfung
– Tests of specified amount fields against stipulated high or low limits of acceptability.
– Prüfung von Wertfeldern gegen vorher festgelegte Ober- oder Untergrenzen.

line control count Positionszähler
– A count of the individual line items on one or more documents.
– Anzahl Positionen auf Eingabebelege.

line posting Zeilenumstellung
line printer Zeilendrucker, Schnelldrucker
– Output-device, printing the characters of a whole line all at once.
– Ausgabegerät, bei dem die Zeichen einer ganzen Zeile auf einmal gedruckt werden.

line spacing Zeilenvorschub
linear programming Linearplanung oder lineare Planungsrechnung

link Wiedereintritt (in ein Hauptprogramm)
list speed Druckgeschwindigkeit
load, to laden
log Protokoll
– A record on paper or machinereadable media of all transactions, operating instructions, etc., sequenced in the order they occurred.
– Protokoll aller Bewegungen, Verarbeitungsinstruktionen, usw. in der Reihenfolge ihres Eintreffens.

logic diagram Ablaufdiagramm
– Synonymous with program flowchart.
– Ein Ablauf von Programminstruktionen, welche mehrfach verwendet werden können, abhängig von Bedingungen in den Daten.

logical data structure logische Datenstuktur
– A formal logical representation showing the relationship between data elements and -groups not regarding their actual, physical storage.
– Formallogische Darstellung der Ordnungsbeziehungen zwischen Datenelementen und -gruppen unabhängig ihrer tatsächlichen, physischen Speicherung.

loop, iteration Iteration, Schleife
– see iteration

M

machine cycle Machinengang
machine load Maschinenbelastung
machine-readable maschinenlesbar
macroinstruction Makrobefehl
– An assembly-language instruction that generates several predetermined machine instructions.
– Eine Instruktion aus der Assemblersprache, welche mehrere vorher definierte Maschineninstruktionen generiert.

magnetic disc storage Magnetplattenspeicher
magnetic tape Magnetband
mass memory, mass storage
Großraumspeicher
master file Stammdatei
– A computer file containing information to be retained and reused for
reference or in file maintenance.
Contrast with transaction file.
– Eine Datei, die Informationen enthält, die mehrfach verwendet werden; im Gegensatz zu Bewegungsdatei.
master tape Bestandsband
match-merge Mischen mit
Aussteuern memory Speicher
memory dump Speicherauszug
memory unit Speichereinheit
merge Mischen
– To combine two files into one.
– Sortierung und Zusammenführen
von zwei Datenbeständen in einen
physischen Datenbestand.
mnemonic symbol mnemonisches Symbol
– Abbreviation assisting the human
memory. For example, an abbreviation such as »MPY« for »Multiply«
is mnemonic.
– Abkürzung die das menschliche Ge-
dächtnis unterstützt, z. B. die Abkürzung »MPY« für »Multiply«.
module Modul
– A program unit that is discrete and
identifiable with respect to compil-
ing, combining with other units, and
loading.
– Eine Programmeinheit, die in bezug
auf die Übersetzung, die Verbindung
mit anderen Einheiten und das
Laden voneinander abgegrenzt und
identifizierbar ist.
mouse Maus
– Manual input-device to control the
movements of the cursor on the
screen.
– Handeingabegerät, zur Steuerung der
Positionsmarke (Cursor) auf dem
Bildschirm.
multiple line printing Mehrzeilenschreiber

multiprocessing Gleichzeitverarbeitung
– The simultaneous operation of more
than one set of processing circuitry
within a single computer.
– Gleichzeitige Problembearbeitung
durch mehrere Rechenwerke oder
Rechner.
Multiprogramming Multiprogramming
– Pertaining to the concurrent execution of two or more programs by a
single computer.
– Bezieht sich auf die gleichzeitige Ausführung zweier oder mehrerer Computerprogramme durch einen Computer.

N

network data base model Netzwerk Datenbankmodell
– Logical data base structure describ-
ing the information relationship between information within a network.
One entry may have multiple input
and output arrows so that relationships have to be indicated.
– Logische Datenbankstruktur, die die
Informationsstruktur mittels Netz-
werken darstellt. Eine Eintragung
kann mehrere Ein- und Ausgangs-
pfeile haben. Daher müssen Beziehungen gekennzeichnet werden.
node Knotenpunkt
– A point in a network where several
functional units are connected.
– In einem Netzwerk ein Punkt, an
dem mehrere Funktions-Einheiten
verbunden sind.

O

object language Objektsprache
– Machine instructions produced from

a compiler or assembler program
that accepts source language.
- Aus einer Quellensprache durch
einen Compiler oder Assemblerpro-
gramm erstellte Maschineninstruk-
tion.

object program Objektprogramm
- A computer program composed of
object language instructions.
- Ein Computerprogramm, das aus Instruktionen der Objektsprache zu-
sammengestellt ist.

OCR OCR
- Abbreviation for optical character
recognition. The mechanical facility
to recognize graphic characters using
devices sensitive to light.
- Abkürzung für optical character recognition – eine mechanische Einrichtung, um graphische Zeichen lesbar
zu machen.

office automation, OA Bürokommunikation, BK, Office Automation, OA
- Support of the basic office procedures by modern communication or
DP-technology. Examples are: word
processing, electronic mail, electronic
document storage and processing.
- Unterstützung der grundlegenden
Bürovorgänge durch moderne Kom-
munikations- oder EDV-Techniken.
Beispiele: Textverarbeitung, elektronische Post, elektronische Aktenablage und -verwaltung.

off-line equipment off-line Aggregat einer
EDV-Anlage
- Equipment, devices, or files not electronically connected to a computer.
- Anlage, Geräte, Dateien, welche
nicht mit dem Computer direkt verbunden sind.

on-line equipment on-line Aggregat einer
EDV-Anlage
- Equipment, devices, or files that are
electronically connected to the computer for access purposes.
- Anlagen, Geräte und Dateien, die
direkt mit dem Computer verbunden
sind.

operating system Betriebssystem

- A complex set of computer programs
normally provided by the computer
manufacturer to perform some or all
of the following functions:
- Eine komplexe Computerprogrammreihe, die normalerweise vom Hersteller des Systems für die Durchführung entweder von einigen oder
sämtlichen der folgenden Funktionen
geliefert wird:
- Schedule, load, initiate, and supervise
execution of programs.
- Zeitliche Planung, Ladung und Beginn des Programms sowie Kontrolle
seiner Verarbeitung.
- Allocate storage, peripheral units,
and other facilities of the computer.
- Zuordnung von Speicherplatz, Peri-
pherieeinheiten, peripherischer sowie
sonstiger Einrichtungen des Computers.
- Initiate and control input and output
operations.
- Beginn und Kontrolle der Eingabe-
und Ausgabeoperationen.
- Detect and correct certain classes of
machine and data malfunctions.
- Ermittlung und Korrektur gewisser
Gruppen von fehlerhaften Funktionen in der Anlage und fehlerhafter
Datenverarbeitung.
- Provide a means for communications
between the human operator and the
computer hardware.
- Versorgung mit Kommunikationsmitteln zwischen dem Bediener und dem
Computer.
- Produce a log of system operations.
- Herstellung eines Protokolls der Sy-
stemoperationen.
- Manage multiprogramming, multi-
processing, or time-sharing execution
of programs.
- Überwachung der Programmverzah-
nung, der Gleichzeitverarbeitung
oder des Time-Sharing.
- Manage utility programs and lan-
guage translators.
- Überwachung von Dienstprogram-

men und Umsetzern der Programmiersprachen.

operator Operator
- A person who operates a machine.
- Eine Person, die eine Maschine betreibt.

optical character reader Klarschriftleser
- Input-device, which can read normal typewriting as well as hand block writing.
- Eingabegerät, das normale Schreibmaschinenschrift sowie Handblockschrift lesen kann.

OSI OSI
- Acronym for Open Systems Interconnection. OSI standards include aspects of data communication between systems. Through OSI the compatibility between systems of different vendors should increase (e. g. X-400 standard).
- Abkürzung für Open Systems Interconnection. OSI umfaßt Standards für Aspekte von Datenkommunikation zwischen Systemen. Damit soll die Kompatibilität zwischen Systemen verschiedener Hersteller verbessert werden (z. B. X-400 Norm).

output; data output Datenausgabe
output unit Ausgabe-Einheit
- A device in a data processing system by which the system releases data.
- Funktionseinheit eines DV-Systems, mit der das System Daten nach außen hin abgibt.

overflow checks Überlaufprüfung
- A limit check based upon the capacity of a memory or file area to accept data.
- Prüfung der Eingabemengen ausgehend von der Kapazität der Speichereinheit oder Datei.

P

padding Auffüllen
- The completion of a block of data with meaningless characters.
- Das Auffüllen eines Datenblocks mit frei gewählten Zeichen.

paperfeed Papiervorschub beim Drucker
parity check Paritätsprüfung
Pascal Pascal
- 3rd generation computer language named after the mathematician Blaise Pascal. Pascal supports structured programming (top-down-approach).
- Nach dem Mathematiker Blaise Pascal benannte Programmiersprache der 3. Generation. Pascal unterstützt strukturierte Programmierung (Top-Down).

page printer, laser printer Seitendrucker, Laserdrucker
- Output-device, printing a whole page electrophotographically, similar to a xerograph, on to the paper.
- Ausgabegerät, bei dem eine ganze Seite elektrofotografisch, ähnlich wie beim Fotokopierer, auf das Papier übertragen wird.

PC, personal computer PC, Mikrorechner, Personal Computer
- A computer with a performance designated to serve a single user.
- Ein in seiner Leistung auf die Anforderungen eines Einzelbenutzers ausgerichteter Computer.

password Kennwort
- The authorization to allow access to data or to processes by providing a signal or code known only to authorized individuals.
- Datei- oder Verarbeitungsschutz durch einen Code, der nur den autorisierten Personen bekannt ist.

patch Korrektur
- To correct or to modify a computer program by directly altering the object code.
- Die Möglichkeit, ein Computerprogramm direkt im Kernspeicher zu korrigieren.

performance Laufverhalten, Performance
- A scale to measure the productivity of a system to meet its tasks; e. g.

throughput, response time, or execution time.
– Ein Maß der Fähigkeit eines Computersystems, seine Funktionen auszuführen, z. B. Antwortzeit oder Durchsatz.

periodic audit periodische Prüfung
– A verification of a file or of a phase of processing intended to check for problems and encourage future compliance with control procedures.
– Prüfung von Dateien oder Verarbeitungsphasen, um Probleme festzustellen und zukünftige Probleme durch Kontrollverfahren zu erkennen.

peripheral equipment Peripherie
– The auxiliary storage units of a computer used for input and output of data. All components of a computer other than the central processing unit and core storage.
– Unter Peripherie versteht man alle Komponenten eines Computers, die nicht zur Zentraleinheit und zum Zentralspeicher gerechnet werden.

personal computer, PC PC, Mikrorechner, Personal Computer
– see PC

physical data structure physische Datenstruktur
– A formal representation of the physical relationships between data elements and -groups showing how they are stored, depending on the used data base system.
– Formale datenbanksystemabhängige Darstellung der physischen Ordnungsbeziehungen zwischen Datenelementen und -gruppen, wie sie gespeichert sind.

PL/1 PL/1
– Acronym for Programming Language 1 (developed by IBM). High-level computer language (3rd generation) which is said to merge the benefits of FORTRAN, ALGOL, und COBOL, but as such has become a bit more complex.
– Abkürzung für Programming Lan-

guage 1 (von IBM entwickelt). Programmiersprache der 3. Generation. PL/1 soll die Stärken von FORTRAN, ALGOL, und COBOL verbinden, ist daher aber auch etwas komplexer.

plotter Plotter
– Output-device, printing graphs or other graphical data with high accuracy on paper.
– Ausgabegerät, das mit großer Genauigkeit Daten in Form von Kurven oder Einzelpunkten zu Papier bringen kann.

pointer Hinweisadresse
– An identifier indicating the address of another data item.
– Ein Identifikator, der die Adresse eines Datenelementes enthält.

precoded forms vorkodierte Formulare
– Fixed elements of information are entered on to forms in advance and sometimes in a format which permits direct machine processing so as to prevent errors in entry of repetitive data.
– Bestimmte Informationen werden auf dem Beleg vorkodiert, damit eine direkte Verarbeitung möglich ist. Dies geschieht, um Eingabefehler von sich wiederholenden Daten zu vermeiden.

printer Drucker
printing positio Schreibstelle
program Programm
program correction Programmberichtigung
program flowchart Programm-Ablaufdiagramm
– A flowchart that diagrams the processing steps or logic of a computer program.
– Eine Darstellung der Verarbeitungsschritte oder Logik eines Computerprogramms.

program generator Programmgenerator
– Program development system with a great number of preprepared statements and an integrated, interactive development environment.
– Programmentwicklungssysteme mit-

tels einer großen Zahl vorbereiteter Befehle und einer integrierten, interaktiven Entwicklungsumgebung.

program, to programmieren

programmed check programmierte Prüfung
- An edit performed by a program.
- Eine Prüfung, die durch das Programm durchgeführt wird.

programmer Programmierer
- An individual who codes computer programs in a source language.
- Eine Person, die Computerprogramme in Quellensprache kodiert.

programming costs Programmierkosten

programming language Programmiersprache
- A source language used to define operations that can be translated by software into machine instructions.
- Eine Quellensprache für die Beschreibung von Instruktionen, die in Maschineninstruktionen übersetzt werden können.

prompt Bedienerführung
- A message that helps a terminal user by requesting him to supply operands necessary to continue processing.
- Nachricht oder Hinweis, die einen Benutzer informiert, daß ein System im Wartezustand für einen folgenden Befehl, eine Nachricht oder eine Aktion ist.

Q

queue Warteschlange
- A line or list formed by items waiting for service (first-in-first-out).
- Eine Liste, bei der das zuerst eingefügte Element als nächstes entnommen wird (first-in-first-out-Prinzip).

R

random access Direktzugriff
- A manner of storing records in a file so that an individual record may be accessed without reading other records.
- Speicherungsverfahren, das den direkten Zugriff auf einen vorgegebenen Datensatz einer Datei erlaubt, ohne daß nicht benötigte Sätze vorher gelesen werden müssen.

rapid memory Schnellspeicher

real time processing Echtzeitverarbeitung, Sofortverarbeitung
- A computer system whose data reflects – within a matter of seconds – the current situation, i. e. the updating of the data takes place immediately.
- Computer-Verarbeitungsverfahren, das innerhalb von Sekunden nach Erhalt einer Abfrage oder von Anweisungen die erwarteten Ergebnisse bereitzustellen ermöglicht.

reasonableness Gültigkeitstest
- Tests applied to various fields of data through comparison with other information available within the transaction or master records.
- Prüfung von Eingabedaten durch Vergleich mit Daten aus Bewegungs- oder Stammdateien.

reconciliation Abstimmung
- An identification and analysis of differences between the values contained in two substantially identical files or between a detailed file and a control total.
- Abweichungsanalyse von Werten in zwei identischen Dateien.

record Datensatz
- group of data fields; data record Gruppe von Datenfeldern

record layout Satzaufbau
- A diagram showing the nature, location, size, and format of fields within a record.
- Aufstellung (Diagramm) des Satzauf-

baues (Länge, Format der Daten-
felder).

record mark Satzmarke
  – A special character used by some
    computer systems to designate the
    beginning or end of a record.
  – Kennzeichnung von Anfang und
    Ende eines Datensatzes.

recording Datenerfassung
  – The creation of a record on some
    medium.
  – Erfassung von Daten auf Datenträ-
    gern.

recording medium Datenträger
  – A medium such as a tape reel, disc
    pack, etc.
  – Speichermedium für Daten.

redundancy Redundanz
  – The unnecessary or repeated part of
    a message, which can be eliminated
    without loss of essential information.
  – Der überflüssige oder wiederholte
    Teil einer Nachricht, der ohne Ver-
    lust an Information weggelassen wer-
    den kann.

redundant processing redundante Verar-
beitung
  – A repetition of processing and an ac-
    companying comparison of results
    for equality.
  – Wiederholung der Verarbeitung und
    anschließender Vergleich der Daten.

reference documentation Referenzdoku-
mentation
  – Documents that serve to store infor-
    mation for reference.
  – Dokumentation von Referenzinfor-
    mationen.

relational data base model relationales
Datenbankmodell
  – Logical data base structure using ta-
    bles to describe and attribute keys to
    assign entries and their relations in a
    simple but unique way. The strict for-
    mal approach can describe even
    more complex problems accurately.
  – Logische Datenbankstruktur, die
    Eintragungen und deren Beziehungen
    in Tabellen darstellt und über Attri-
    butschlüssel eindeutig und einfach

einander zuordnet. Auch komplexe
Zusammenhänge lassen sich durch
die strikte Formalität korrekt dar-
stellen.

reorganization Restruktuierung
  – The process of changing the internal
    physical information structure to im-
    prove performance and to maintain
    data integrity.
  – Der Prozeß der Änderung der inter-
    nen Speicherverknüpfung, um das
    Laufzeitverhalten zu optimieren und
    die Integrität der Daten zu erhalten.

report file Berichts-Datei
  – A file containing records that may be
    directly printed to constitute a re-
    port.
  – Datei zum Drucken von Berichten.

report generator Berichtsgenerator
  – Program component (usually in con-
    nection with data base systems),
    which makes it easy to create user
    friendly reports.
  – Programmkomponente (häufig in
    Verbindung mit Datenbanksyste-
    men), bei der mit wenig Aufwand be-
    nutzerfreundliche Berichte erzeugt
    werden können.

RPG RPG
  – Acronym for Report Program Gen-
    erator. A high-level computer lan-
    guage (3rd generation). Using RPG
    makes the production of output lists
    especially easy.
  – Abkürzung für Report Program
    Generator. RPG zählt zu den höhe-
    ren Programmiersprachen (3. Gene-
    ration). Mit RPG ist die Erzeugung
    von Ausgabelisten besonders einfach.

rerun Wiederholungslauf
  – To reprocess a computer program,
    usually because of a defect or error
    in the previous processing.
  – Wiederholung einer Verarbeitung
    aufgrund von Fehlern in der voran-
    gegangenen Verarbeitung.

routine Programmablauf
  – A set of computer instructions that
    will cause the performance of a par-

ticular process. A computer program
may consist of one or more routines.
– Eine Gruppe von Instruktionen, die
eine bestimmte Verarbeitung steuert.
Ein Computerprogramm kann aus
einem oder mehreren Programmabläufen bestehen.

run Lauf
– The execution of a single computer
program.
– Die Ausführung eines Programms.

run manual Bedieneranweisung
– A description of one or more computer programs within an operating
system for use by the operator.
– Beschreibung von einem oder mehreren Verarbeitungsprogrammen.

run-to-run-totals Verarbeitungskontroll-
summen
– The utilization of output control totals resulting from one process as
input control totals over subsequent
processing.
– Abstimmsummen zwischen Verarbeitungsläufen.

S

sample Stichprobe
scanner Bildabtaster
– Input-device that transforms pictures
photographically line by line into
digital information.
– Eingabegerät, das Bildvorlagen zeilenweise auf fotografischem Wege in
digitale Informationen umsetzt.

sequence checking Folgekontrolle
– A verification of the alphanumeric
sequence of the »key« field in items
to be processed.
– Kontrolle der Folge des alphanume-
rischen Schlüsselfeldes der zu verarbeitenden Daten.

sequence link Folgeadresse
sequential access sequentieller Zugriff
– Data stored in a manner where all
preceding records must be accessed

sequentially in order to locate a specific record.
– Der Zugriff auf die Daten erfolgt sequentiell.

serial printer, character printer serieller
Drucker, Zeichendrucker
– Output-device, printing the characters one by one, similar to a typewriter.
– Ausgabegerät, bei dem die Zeichen
einzeln, wie bei einer Schreibmaschine, gedruckt werden.

signed field Feld mit Vorzeichen
– A numeric data field containing a
designation of an algebraic sign.
– Ein numerisches Feld mit Vorzeichen.

simulator Simulator
– A computer program which attempts
to imitate the consequences that
would be produced by variable conditions in a real-world environment.
– Ein Computerprogramm, das die
Folgen von unterschiedlichen Bedingungen, die tatsächlich auftreten
können, nachahmt.

simultaneous preparation einmalige Erfassung
– The one-time recording of a transaction for all further processing, using
multiple copies, as appropriate, to
prevent transcription errors.
– Einmalige Erfassung von Bewegungen für alle künftigen Verarbeitungen. Erfassungsfehler werden minimiert.

software Software
– All levels of computer programs that
control the operation of hardware.
– Programme, die die »Hardware«
steuern.

sort, to sortieren
– To arrange items or records into a
sequence.
– Daten in bestimmer Reihenfolge sortieren.

sort file Sortierdatei
source custody Datensicherheit
– Information assets are provided secu-

rity similar to tangible assets such as cash, negotiable securities, etc.
– Wichtige Informationen werden so sicher verwahrt wie Teile des Umlaufvermögens, usw.

source document Originaldokument
– A document from which data is originally acquired.
– Urbeleg.

source language, source program Quellenprogramm
– A computer language utilized by a programmer and submitted to a translation process in order to produce object instructions.
– Vom Programmierer erstellte Anweisung zur maschinellen Erstellung des Objektprogramms.

space Zwischenraum, Leerzeichen
spacing Zeilentransport
special characters Sonderzeichen
– A visible character other than a number or letter (e. g. $, #, /).
– Ein sichtbares Zeichen, außer Zahl oder Buchstabe z. B. $, /, l

spread sheet program Tabellenkalkulationsprogramm
– Software developed for the personal computer. It enables the user to create very individual spread sheets including explanatory text using a matrix.
– Für PC entwickelte Software. Sie ermöglicht dem Benutzer auf sehr flexible Art und Weise individuelle Rechenschemata samt erklärendem Text in Form einer Matrix zu gestalten.

stack Stack
– A list that is constructed so that the next information to be retrieved is the most recently stored information in the list (last-in-first-out).
– Eine Liste, bei der das letzte zugefügte Element als erstes wieder entnommen wird (last-in-first-out-Prinzip).

storage Speicher
storage capacity Speicherkapazität
storage counter Speicherzähler

storage for parallel processing Speicher für Simultanverarbeitung
storage protection Hauptspeicherschutz
– A provision by the software to protect against unauthorized reading or writing between portions of the general storage unit.
– Programmierte Kontrolleinrichtung, die das unkontrollierte Schreiben oder Lesen von Informationen in bzw. aus dem Hauptspeicher verhindern soll.

storage unit Speicherwerk
subroutine Unterprogramm
– A routine that may recurringly be called upon by a different routine to perform a defined process.
– Wird von verschiedenen Programmen aufgerufen, um eine bestimmte Verarbeitung durchzuführen.

summarization Aufsummierung
– To accumulate detail items having the same »key«.
– Aufsummierung von Daten mit gleichem Schlüsselbegriff.

supervisory program Aufsichtsprogramm
– Control program that coordinates the use of resources and maintains the flow of CPU operations.
– Ein Programm, gewöhnlich Teil des Betriebssystems, das die Ausführung anderer Computerprogramme kontrolliert.

suspense account durchlaufende Posten
– A control total for items awaiting further processing.
– Kontrollsumme für Daten, welche weiter verarbeitet werden.

suspense file durchlaufende Postendatei
– A file containing unprocessed or partially processed items awaiting further action.
– Datei mit Daten, welche weiter verarbeitet werden.

syntax Syntax
– The rules governing the structure of a language.
– Die Struktur von Ausdrücken in einer Sprache.

system System

– Such as: computer system, application system, operating system.
– z. B. Computersystem, Verarbeitungssystem, Betriebssystem.

system flowchart Datenflußdiagramm
– A flowchart illustrating the flow of documents and operations in an application.
– Ein Diagramm, das den Fluß von Dokumenten und die Abfolge von Verarbeitungsschritten innerhalb eines Informationsverarbeitungssystems zeigt.

system analysis Systemanalyse
– The function of determining what and how changes should be made to a business activity.
– Feststellung von Änderungen in Geschäftsvorgängen und die Festlegung, wie diese durchgeführt werden können.

T

tape drive Bandantrieb
tape-operated printer bandgesteuerter Drucker
tape unit Magnetbandeinheit
telecommunication Datenfernübertragung
– Long distance data tele-transcription such as by telegraph, radio, television, or telephone.
– Übertragung von Daten über eine längere Distanz mittels Telefon, Telegraf oder Radio.

teleprocessing Datenfernverarbeitung
– The processing of data that is received from or sent to remote locations by way of data links.
– Datenverarbeitung, durch Benutzen und Ausgeben von Daten an anderen Standorten mittels Datenübertragung.

thermal printer Thermodrucker
– Non-mechanical character printer which creates the characters by

touching heat-sensitive paper with a matrixlike block of heated needles.
– Nichtmechanischer Zeichendrucker, bei dem die Zeichen durch matrixförmige Heizstifte auf wäremempfindliches Papier gedrückt werden.

throughput Durchsatz
– Useful work performed by a computer system during a period of time.
– In einer bestimmten Zeiteinheit erbrachte effektive Verarbeitungsleistung eines Computers.

time sharing Time Sharing
– A technique of computer operations that permits a large number of users to access computer services simultaneously.
– Verarbeitungsverfahren, das die parallele Benutzung des Computers durch viele Anwender ermöglicht.

Top-Down Top-Down
– Approach starting with the highest component within a hierarchy or structure and finishing with the lowest levels.
– Vorgehensweise, die mit der höchsten Komponente einer Struktur oder Hierarchie beginnt und zu zunehmend niedrigeren Ebenen fortschreitet.

touch screen Sensorbildschirm
– Form of input by marking the intended action with a finger.
– Eingabeform durch Markierung der auszulösenden Aktion mit dem Finger.

trace Ablaufverfolgung
– A record of the execution of a computer program; it exhibits the sequence, including other information required, in which the instructions were executed.
– Eine Aufzeichnung über die Ausführung eines Computerprogramms. Sie zeigt die Folge und andere wählbare Informationen, in der die Befehle ausgeführt werden.

track Spur
– The ring-shaped surface of a disc or

drum or the segment of a magnetic tape running parallel to its edge.
- Kreis auf Platte oder Segment eines Bandes.

trailer label Nachsatz
- A record providing a control total for comparison with accumulated counts or values of records processed.
- Datensatz mit Kontrollsumme für den Vergleich von Werten bereits verarbeiteter Datensätze.

transaction code Transaktionscode
- A field within a transaction record that designates the nature of the transaction.
- Ein Feld innerhalb eines Datensatzes, das die Art der Bewegung (Transaktion) kennzeichnet.

transaction file Bewegungsdatei
- A file containing transient information that will cause changes to a master file during a file maintenance or updating process.
- Datei mit Bewegungen.

transcription Datenübertragung
- Copying recorded information from one medium to another.
- Datenübertragung von einem Speichermedium auf ein anderes.

translator Umsetzer
- Computer program to assemble and compile.
- Rechenprogramm für Übersetzer von Objekt- in Maschinen- bzw. von einer Maschinensprache in eine andere.

transmit, to senden
- To send data from one location to another.
- Daten von einem Ort zu einem anderen senden.

transmittal document Sendekontrolldokument
- The medium for communicating control totals over movement of data.
- Kontrolldokument über gesandte Daten.

turnaround documents Rücklaufbeleg
- A computer-produced document

which is intended for resubmission into the system.
- Ein maschinell erstellter Beleg, der wieder als Eingabe in das System dient.

U

updating Fortschreibung
- Changing information in a file through the addition or subtraction from a value in a field.
- Zugang, Änderung oder Löschung von Informationen einer Datei auf Satzund Feldebene.

upstream resubmission Fehlerkorrektureingabe
- The resubmission of corrected error transactions.
- Eingabe von Fehlerkorrekturen.

utility program Dienstprogramm
- A standard routine that performs a process required frequently such as sorting, merging, data transcription, printing etc.
- Standardprogramm für Verarbeitungen wie Sortieren, Mischen, Übertragung oder Drucken.

V

validity check Gültigkeitsprüfung
- The characters in a coded field are either matched to an acceptable set of values in a table or examined for a defined pattern of format, legitimate subcodes, or character values, using logic and arithmetic rather than tables.
- Prüfung der Eingabedaten auf Gültigkeit gegen festgelegte Werte in Tabellen oder gegen vorgegebenes Format, Unterkodierung oder Druckzeichen.

variable-length record Datensatz mit
variabler Satzlänge
- A machine-readable record that may
contain a variable number of fields.
Contrast with fixed-length record.
- Datensatz mit variabler Satzlänge im
Gegensatz zu fester Länge.
verify, to prüfen
- The act of determining whether data
is accurate.
- Daten auf Richtigkeit prüfen.
virtual machine virtueller Rechner
- A functional simulation of a computer and its associated devices.
- Eine funktionale Simulation eines
Computers und seiner mit ihm verbundenen Geräte.
virtual storage virtueller Speicher
- The set of storage locations that may
be regarded as addressable storage
space by the user of a computer system. The contents are distributed between main storage and external
storage components and are interchanged between those without notice to the user (paging).
- Der Speicherraum, der durch den
Benutzer eines Computersystems als
adressierbarer Speicher angesehen
werden kann. Dabei ist der Inhalt
physisch auf Haupt- und externe
Speicher verteilt und wird, vom Benutzer unbemerkt, zwischen diesen
ausgetauscht (paging).
volume Datenträger
- A medium such as a tape reel, disc
pack, etc.
- Speichermedium für Daten.

W

wire matrix printer mechanischer Matrixdrucker
- Character printer creating the characters with a matrixlike block of fine
needles.
- Zeichendrucker, bei dem die Zeichen

aus einem matrixförmigen Block
kleiner Nadeln gebildet werden.
wiring Schaltung
wiring diagram Schaltschema
word Wort
- A character string that is convenient
for some purposes to consider as an
entity.
- Eine Zeichenfolge oder Bitfolge, die
in einem bestimmten Zusammenhang
als Einheit betrachtet wird.
word processing Textverarbeitung
- Computer aided processing of text
with variability of margins, line spacing, page dimensions, etc.
- Rechnergestützte Bearbeitung von
Text mit jederzeitiger Veränderbarkeit von Textbreite, Zeilenabstand,
Seitengröße, u. v. a. m.
work storage Arbeitsspeicher

Z

zero access storage Schnellspeicher
zero balancing Nullkontrolle
zero suppression Nullunterdrückung
zone selection Zonenauswahl

Appendices
Anhang

A. Annual financial statements of a British corporation XYZ Balance sheet as of December 31, 19 . .

A. **Called-up share capital not paid** *(or: C II 5.)*

B. **Fixed assets**
I. **Intangible assets**
　　1. Development costs
　　2. Concessions, patents, licenses, trade marks and similar rights and assets
　　3. Goodwill
　　4. Payments on account

II. **Tangible assets**
　　1. Land and buildings
　　2. Plant and machinery
　　3. Fixtures, fittings, tools and equipment
　　4. Payments on account and assets in course of construction

III. **Investments**
　　1. Shares in group undertakings
　　2. Loans to group undertakings
　　3. Participating interests
　　　Interests in associated untertakings
　　　Other participating interests
　　4. Loans to undertakings in which the company has a participating interest
　　5. Other investments other than loans
　　6. Other loans
　　7. Own shares

C. **Current assets**
I. **Stocks**
　　1. Raw materials and consumables
　　2. Work-in-progress
　　3. Finished goods and goods for resale
　　4. Payments on account

II. **Debtors**
　　1. Trade debtors
　　2. Amounts owed by group undertakings
　　3. Amounts owed by undertakings in which the company has a participating interest
　　4. Other debtors
　　5. Called-up share capital not paid *(or: A)*
　　6. Prepayments and accrued income *(or: D)*

III. **Investments**
　　1. Shares in group undertakings
　　2. Own shares
　　3. Other investments

IV. **Cash at bank and in hand**

D. **Prepayments and accrued income** *(or: C II 6.)*

A. Jahresabschluß einer britischen Kapitalgesellschaft XYZ Bilanz zum 31. Dezember 19 . .

A.   Eingefordertes, aber nicht eingezahltes Eigenkapital *(oder: C II 5.)*

B.   **Anlagevermögen**
I.   **Immaterielle Vermögenswerte**
1. Entwicklungskosten
2. Konzessionen, Patente, Lizenzen, Warenzeichen und ähnliche Rechte und Werte
3. Geschäfts- und Firmenwert
4. Geleistete Anzahlungen

II.   **Sachanlagen**
1. Grundstücke und Bauten
2. Technische Anlagen und Maschinen
3. Betriebs- und Geschäftsausstattung
4. Geleistete Anzahlungen und Anlagen im Bau

III.   **Finanzanlagen**
1. Anteile an verbundenen Unternehmen
2. Ausleihungen an verbundene Unternehmen
3. Beteiligungen
   Beteiligungen an verbundenen Unternehmen
   sonstige Beteiligungen
4. Ausleihungen an Unternehmen, mit denen ein Beteiligungsverhältnis besteht
5. Andere Finanzanlagen als Darlehen
6. Sonstige Darlehen
7. Eigene Anteile

C.   **Umlaufvermögen**
I.   **Vorräte**
1. Roh-, Hilfs- und Betriebsstoffe
2. Unfertige Erzeugnisse, unfertige Leistungen
3. Fertige Erzeugnisse und Waren
4. Geleistete Anzahlungen

II.   **Forderungen**
1. Forderungen aus Lieferungen und Leistungen
2. Forderungen gegen verbundene Unternehmen
3. Forderungen gegen Unternehmen, mit denen ein Beteiligungsverhältnis besteht
4. Sonstige Forderungen
5. Eingefordertes, aber nicht eingezahltes Eigenkapital *(oder: A)*
6. Vorauszahlungen und aktive Rechnungsabgrenzungsposten *(oder: D)*

III.   **Wertpapiere**
1. Anteile an verbundenen Unternehmen
2. Eigene Anteile
3. Sonstige Wertpapiere

IV.   **Schecks, Kassenbestand, Bundesbank- und Postgiroguthaben, Guthaben bei Kreditinstituten**

D.   **Vorauszahlungen und aktive Rechnungsabgrenzungsposten** *(oder: C II 6.)*

Corporation XYZ
Balance sheet as of December 31, 19 . .

E. Creditors: amounts falling due within one year
1. Debenture loans
2. Bank loans and overdrafts
3. Payments received on account
4. Trade creditors
5. Bills of exchange payable
6. Amounts owed to group undertakings
7. Amounts owed to undertakings in which the company has a participating interest
8. Other creditors including taxation and social security
9. Accruals and deferred income *(or: J)*

F. Net current assets (liabilities) (C + D – E)

G. Total assets less current liabilities (A + B + F)

H. Creditors: amounts falling due more than one year
1. Debenture loans
2. Bank loans and overdrafts
3. Payments received on account
4. Trade creditors
5. Bills of exchange payable
6. Amounts owed to group undertakings
7. Amounts owed to untertakings in which the company has a participating interest
8. Other creditors including taxation and social security
9. Accruals and deferred income *(or: J)*

I. Provisions for liabilities and charges
1. Pensions and similiar obligation
2. Taxation including deferred taxation
3. Other provisions

J. Accruals and deferred income *(or: E 9. and H 9.)*
Minority interests

K. Capital and reserves
I. Called-up share capital

II. Share premium account

II. Revaluation reserve

IV. Other reserves
1. Capital redemption reserve
2. Reserve for own shares
3. Reserves provided for by the articles of association
4. Other reserves
5. Profit and loss account

Minority interests

Kapitalgesellschaft XYZ
Bilanz zum 31. Dezember 19 . .

E. Verbindlichkeiten, innerhalb eines Jahres fällig
1. Anleihen
2. Verbindlichkeiten gegenüber Kreditinstituten
3. Erhaltene Anzahlungen
4. Verbindlichkeiten aus Lieferungen und Leistungen
5. Verbindlichkeiten aus der Annahme gezogener Wechsel und der Ausstellung eigener Wechsel
6. Verbindlichkeiten gegenüber verbundenen Unternehmen
7. Verbindlichkeiten gegenüber Unternehmen, mit denen ein Beteiligungsverhältnis besteht
8. Sonstige Verbindlichkeiten (einschließlich Steuern und soziale Abgaben)
9. Rückstellungen und passive Rechnungsabgrenzungsposten *(oder: J)*

F. Netto-Umlaufvermögen (Passiva) (C + D – E)

G. Gesamtvermögen abzüglich der kurzfristigen Verbindlichkeiten (A + B + F)

H. Verbindlichkeiten, nicht innerhalb eines Jahres fällig
1. Anleihen
2. Verbindlichkeiten gegenüber Kreditinstituten
3. Erhaltene Anzahlungen auf Bestellungen
4. Verbindlichkeiten aus Lieferungen und Leistungen
5. Verbindlichkeiten aus der Annahme gezogener Wechsel und der Ausstellung eigener Wechsel
6. Verbindlichkeiten gegenüber verbundenen Unternehmen
7. Verbindlichkeiten gegenüber Unternehmen, mit denen ein Beteiligungsverhältnis besteht
8. Sonstige Verbindlichkeiten (einschließlich Steuern und sozialer Abgaben)
9. Rückstellungen und passive Rechnungsabgrenzungsposten *(oder: J)*

I. Rückstellungen
1. Rückstellungen für Pensionen und ähnliche Verpflichtungen
2. Steuerrückstellungen (einschließlich latenter Steuern)
3. Sonstige Rückstellungen

J. Rückstellungen und passive Rechnungsabgrenzungsposten *(oder: E 9. bzw. H 9.)*
Ausgleichsposten für Anteile anderer Gesellschafter

K. Eigenkapital und Rücklagen

I. Gezeichnetes Eigenkapital

II. Rücklage für Aktienaufgeld (Agio)

III. Rücklage für Neubewertungen

IV. Sonstige Rücklagen
1. Kapitaltilgungsrücklage
2. Rücklage für eigene Anteile
3. Satzungsmäßige Rücklagen
4. Sonstige Rücklagen
5. Jahresüberschuß/-fehlbetrag

Ausgleichsposten für Anteile anderer Gesellschafter

Profit and loss account applying the cost of sales method
Corporation XYZ
Statement of income for the year ended December 31, 19..

1. Turnover

2. Cost of sales

3. Gross profit or loss

4. Distribution costs

5. Administrative expenses

6. Other operating income

7. Income from participating interests

    (a) Income from interests in associated undertakings

    (b) Income from other participating interests

8. Income from other fixed asset investment

9. Other interest receivable and similar income

10. Amount written off investments

11. Interests payable and similar charges

12. Tax on profit or loss on ordinary activities

13. Profit or loss on ordinary activities after taxation
    Minority interests

14. Extraordinary income

15. Extraordinary charges

16. Extraordinary profit or loss

17. Tax on extraordinary profit or loss
    Minority interests

18. Other taxes not shown under the above items

19. Profit or loss for the financial year

Gewinn- und Verlustrechnung bei Anwendung des Umsatzkostenverfahrens Kapitalgesellschaft XYZ Gewinn- und Verlustrechnung für das Geschäftsjahr 19..

1. Umsatzerlöse

2. Herstellungskosten der zur Erzielung der Umsatzerlöse erbrachten Leistungen

3. Bruttoergebnis vom Umsatz

4. Vertriebskosten

5. Allgemeine Verwaltungskosten

6. Sonstige betriebliche Erträge

7. Erträge aus Beteiligungen

    (a) Erträge aus Beteiligungen an verbundenen Unternehmen

    (b) Erträge aus sonstigen Beteiligungen

8. Erträge aus anderen Wertpapieren und Ausleihungen des Finanzanlagevermögens

9. Sonstige Zinsen und ähnliche Erträge

10. Abschreibungen auf Finanzanlagen und auf Wertpapiere des Umlaufvermögens

11. Zinsen und ähnliche Aufwendungen

12. Steuern vom Ergebnis der gewöhnlichen Geschäftstätigkeit

13. Ergebnis der gewöhnlichen Geschäftstätigkeit nach Besteuerung
    Ausgleichsposten für Anteile anderer Gesellschafter

14. Außerordentliche Erträge

15. Außerordentliche Aufwendungen

16. Außerordentliches Ergebnis

17. Steuern vom Einkommen und vom Ertrag
    Ausgleichsposten für Anteile anderer Gesellschafter

18. Sonstige Steuern

19. Jahresüberschuß/Jahresfehlbetrag

Cash flow statement
Corporation XYZ

Net cash inflow from operating activities

Returns of investment and servicing of finance
Interest received
Interest paid
Interest element of finance lease rentals
Dividends received
Dividends received from associated undertakings
Dividends paid
Dividends paid to minority interests in subsidiary undertakings

Net cash outflow from returns on investment and servicing of finance

Taxation
UK corporation tax paid
Overseas tax paid

Tax paid

Investing activities
Purchase of tangible fixed assets
Purchase of subsidiary undertaking
Purchase of investments
Purchase of investments in associated undertakings
Sale of tangible fixed assets
Sale of subsidiary undertaking
Sale of investments
Sale of investments in associated undertakings
Sale of intangible fixed assets

Net cash outflow from investing activities

Net cash inflow before financing

Financing
Issue of ordinary share capital
New loans
Repayment of loans
Redemption of shares
Issue of shares of subsidiary undertakings to minority interests
Capital element of finance lease rental payments

Net cash inflow from financing

Increase in cash and cash equivalents

Cash-flow-Rechnung
Kapitalgesellschaft XYZ

Zahlungsmittelüberschuß/-fehlbetrag aus betrieblicher Tätigkeit

Cash-flow aus dem Beteiligungs- und Finanzbereich
Zinserträge
Zinsaufwand
Zinsanteil am Leasingaufwand
Dividendenerträge
Dividendenerträge aus Beteiligungen an verbundenen Unternehmen
Dividendenzahlungen
Dividendenzahlungen an Minderheitsgesellschafter in Tochterunternehmen

Zahlungsmittelüberschuß/-fehlbetrag aus dem Beteiligungs- und Finanzbereich

Besteuerung
Körperschaftssteuer Inland
Auslandssteuern

Steuern

Cash-flow aus Investitionstätigkeiten
Zugänge zu Sachanlagen
Zugänge zu Tochterunternehmen
Zugänge zu Beteiligungen
Zugänge zu Beteiligungen an verbundenen Unternehmen
Abgänge von Sachanlagen
Abgänge von Tochterunternehmen
Abgänge von Beteiligungen
Abgänge von Beteiligungen an verbundenen Unternehmen
Abgänge von immateriellen Vermögenswerten

Zahlungsmittelüberschuß/-fehlbetrag aus Investitionstätigkeiten

Zahlungsmittelüberschuß/-fehlbetrag vor Finanzierung

Cash-flow aus dem Finanzierungsbereich
Ausgabe von Anteilen
Neu aufgenommene Darlehen
Darlehenstilgungen
Rückkauf von Anteilen
Ausgabe von Anteilen von Tochterunternehmen an Minderheitsgesellschafter
Tilgungsanteil an Leasingraten

Zahlungsmittelüberschuß/-fehlbetrag aus dem Finanzierungsbereich

Zunahme flüssiger Mittel

Directors' report
Corporation XYZ

The directors present their annual report on the affairs of the group, together with the accounts and auditors' report, for the year ended 31 December 19..

Principal activities

...

Business review

...

Results and dividends

...

Directors

...

Fixed assets

...

Charitable and political contribution

...

Substantial shareholdings

...

Contracts with controlling shareholders

...

Acquisition of the company's own shares

...

Disabled employees

...

Employee consultation

...

Auditors

...

Special business

...

Liability insurance for company officers

...

Bericht der Geschäftsführer
Kapitalgesellschaft XYZ

Die Geschäftsführer legen ihren Jahresbericht über die Geschäftstätigkeiten des Unternehmens (der Gruppe) gemeinsam mit den Geschäftsbüchern und dem Bericht des Wirtschaftsprüfers für das Geschäftsjahr 19.. (Ende 31. 12. 19..) vor.

Hauptgeschäftsführer
...

Geschäftsübersicht
...

Ergebnisse und Dividende
...

Geschäftsführer
...

Aktiva
...

Spenden für wohltätige Zwecke, Parteispenden
...

Hauptaktionäre
...

Verträge mit Mehrheitsgesellschaftern
...

Rückkauf von eigenen Anteilen
...

Behinderte Mitarbeiter
...

Mitarbeiterbefragung, -gespräche
...

Wirtschaftsprüfer
...

besondere Geschäfte
...

Haftpflichtversicherung für leitende Angestellte
...

Auditors' Report (UK)

To the Shareholders of the Group XYZ:
We have audited the accounts on pages ... to ... which have been prepared under the historical cost convention (as modified by the revaluation of certain fixed assets) and the accounting policies set out on page ....

Respective responsibilities of directors and auditors:
As described on page ... the company's directors are responsible for the preparation of the accounts. It is our responsibility to form an independent opinion, based on our audit, on those accounts and to report our opinion to you.

Basis of opinion
We conducted our audit in accordance with Auditing Standards issued by the Auditing Practices Board. An audit includes examination, on a test basis, of evidence relevant to the amounts and disclosures in the accounts. It also includes an assessment of the significant estimates and judgements made by the directors in the preparation of the accounts and of whether the accounting policies are appropriate to the circumstances of the company and of the group, consistently applied and adequately disclosed.

We planned and performed our audit so as to obtain all the information and explanations which we considered necessary in order to provide us sufficient evidence to give reasonable assurance that the accounts are free from material misstatement, whether caused by fraud or other irregularity or error. In forming our opinion we also evaluated the overall adequacy of the presentation or information in the accounts.

Opinion
In our opinion the accounts give a true and fair view of the state of affairs of the company and of the group at 31 December 19.. and of the group's profit and cash flows for the year then ended and have been properly prepared in accordance with the Companies Act 1985.

Bestätigungsbericht (UK)

An die Gesellschafter der Gruppe XYZ:
Wir haben den Jahresabschluß auf Seiten ... bis ..., der nach dem Anschaffungskosten-prinzip (unter Berücksichtigung von Neubewertung bestimmter Anlagevermögens-positionen) und den Bilanzierungsgrundsätzen auf Seite ... erstellt ist, geprüft.

Verantwortlichkeit der Geschäftsführer und Abschlußprüfer:
Wie auf Seite ... erläutert, sind die Geschäftsführer der Gesellschaft für die Erstellung des Jahresabschlusses verantwortlich. Unsere Aufgabe ist es, ein Testat zu erteilen, das auf unserer Abschlußprüfung dieses Jahresabschlusses beruht, und ihnen unseren Be-stätigungsvermerk zu übermitteln.

Grundlage für den Bestätigungsvermerk
Wir haben unsere Abschlußprüfung entsprechend den von dem Auditing Practices Board herausgegebenen Berufsgrundsätzen durchgeführt. Eine Abschlußprüfung bein-haltet die Überprüfung auf Stichprobenbasis von Unterlagen, auf die sich die ausge-wiesenen Zahlen und Erläuterungen im Jahresabschluß beziehen. Sie beinhaltet weiter eine Beurteilung der wesentlichen Schätzungen und Wahlrechtsausübungen der Ge-schäftsführer bei der Erstellung des Jahresabschlusses und inwieweit die Bilanzierungs-grundsätze den Gegebenheiten der Gesellschaft und der Gruppe gerecht werden, stetig angewandt und angemessen erläutert sind. Wir haben unsere Prüfung so angelegt und durchgeführt, daß wir alle Informationen und Erläuterungen erhalten, die aus unserer Sicht notwendig sind, um angemessener Sicherheit ausreichend belegen zu können, daß der Jahresabschluß keine wesentlichen Fehler enthält, gleichgültig, ob diese durch Betrug, andere Unregelmäßigkeiten oder Irrtum hervorgerufen sind. Bei der Erteilung unseres Bestätigungsvermerks haben wir auch die allgemeine Angemessenheit der Er-läuterungen zum Jahresabschluß beurteilt.

Bestätigungsvermerk
Unseres Erachtens gibt der Jahresabschluß eine zutreffende und angemessene Dar-stellung der Lage der Gesellschaft und der Gruppe am 31. Dezember 19.. und des Jahresergebnisses und Cash flows der Gruppe für das an diesem Stichtag endende Wirtschaftsjahr und wurde unter zutreffender Anwendung des Companies Acts 1985 erstellt.

Independent Auditor's Report (US)

We have audited the accompanying balance sheet of XYZ Company as of December 31, 19.., and the related statements of income, retained earnings, and cash flows for the year then ended. These financial statements are the responsibility of the Company's management. Our responsibility is to express an opinion on these financial statements based on our audit.

We conducted our audit in accordance with generally accepted auditing standards. Those standards require that we plan and perform the audit to obtain reasonable assurance about whether the financial statements are free of material misstatement. An audit includes examining, on a test basis, evidence supporting the amounts and disclosures in the financial statements. An audit also includes assessing the accounting principles used and significant estimates made by management, as well as evaluating the overall financial statement presentation. We believe that our audit provides a reasonable basis for our opinion.

In our opinion, the financial statements referred to above present fairly, in all material respects, the financial position of XYZ Company as of (at) December 31, 19.., and the results of its operations and its cash flows for the year then ended in conformity with generally accepted accounting principles.

Bestätigungsbericht des Abschlußprüfers (US)

Wir haben die beigefügte Bilanz der XYZ Gesellschaft zum 31. Dezember 19.. und die zugehörige Gewinn- und Verlustrechnung, Eigenkapitalentwicklung und Cash flow-Rechnung für das dann endende Geschäftsjahr geprüft. Die Geschäftsführung der Gesellschaft ist für diesen Jahresabschluß verantwortlich. Unsere Aufgabe und Verantwortlichkeit ist es, auf Grundlage unserer Abschlußprüfung diesem Jahresabschluß einen Bestätigungsvermerk zu erteilen.

Wir haben unsere Abschlußprüfung unter Beachtung der allgemeinen Grundsätze zur ordnungsgemäßen Durchführung von Abschlußprüfungen durchgeführt. Diese Grundsätze verlangen, daß wir unsere Abschlußprüfung so planen und durchführen, daß sie uns mit angemessener Sicherheit erlaubt festzustellen, daß der Jahresabschluß frei von wesentlichen Fehlern ist. Eine Abschlußprüfung beinhaltet die Prüfung auf Stichprobenbasis der Unterlagen, die die Zahlen und Erläuterungen im Jahresabschluß belegen. Eine Jahresabschlußprüfung beinhaltet weiterhin die Beurteilung der angewandten Bilanzierungsgrundsätze und der wesentlichen Schätzungen der Geschäftsführung sowie die Beurteilung der Gesamtdarstellung im Jahresabschluß. Wir glauben, daß unsere Abschlußprüfung eine angemessene Basis für unseren Bestätigungsvermerk ist.

Unseres Erachtens ist der oben bezeichnete Jahresabschluß in allen wesentlichen Aspekten eine angemessene Darstellung der finanziellen Lage von XYZ Gesellschaft zum 31. Dezember 19.. und dem Ergebnis ihrer Geschäftstätigkeit und ihres Cash flows für das dann endende Geschäftsjahr in Übereinstimmung mit den Grundsätzen ordnungsmäßiger Buchführung und Bilanzierung.